JN091433

中小企業論

藤井喜一郎 著

時潮社

はしがき

　中小企業は、日本経済発展のインフラとして重要な役割を果たしている。日本の中小企業を知ることは、日本経済の全体を知ることに通じる。本書の執筆にあたって、構想の出発点に置いたのは、まさにこの点である。

　本書は中小企業という切口からみた日本企業部門の分析であり、中小企業が地域経済に果たす役割の大きさを鑑みれば、中小企業を通じてみた地域経済論ともいえる。

　人びとが生活する上での最小単位は、家庭ないし家族である。家族のメンバーの誰かが働いて所得を稼ぎ、それを資金源として家族が消費行動を行い生きているのである。この「誰かが」働いている場の多くを中小企業が占めている。日本の国民所得のざっと半分は、中小企業が生みだしている。

　中小企業にはものづくりを行う工場もあれば、商店街の八百屋やパン屋などの小売店、さらには飲食店、床屋といったサービス業まで、幅広い業種が含まれる。雇用従業員のいない小規模の町工場から、大企業に迫る規模の設備を備えた中堅企業もある。創業間もないベンチャー企業もあれば、100年以上続く老舗のファミリー・ビジネスも存在する。歴史を振り返れば、現代を代表する巨大企業となったソニーやホンダも、はじめは小さな町工場であった。このように、元気な中小企業は、地域企業から、全国へ、グローバル企業へと市場を広げて経済を牽引し、イノベーションの担い手となっているのである。

　ところが、21世紀の日本経済を支える柱の一つとなるべき観光業や飲食業は、2020年2月頃から新型コロナウイルス感染症が一気に世界中を席巻したため、需要が大幅に減り、企業経営が大きな打撃を受けている。猛スピードで走っていた車が急停車したようなもので、日本の地域経済の至る所で軋みが生じている。このままでは地域の雇用が消失してしまうのではないかと、多くの識者が危機感を持っている。中小企業はまさに大多数の人々が働くこ

とを通して自己を実現する場であるから、中小企業の苦境は人びとの、そして日本経済にとっての危機でもある。こうした中にあって、本書を上梓するのは、中小企業を元気にしたいという著者の思いからである。

本書は、以下のような特徴を持っている。

第1に、日本の中小企業を理論的に解説することを重視している。中小企業の現状と課題をより深く知り解決策を見出すため、背後にあるメカニズムやあるべき姿を十分に理解する必要があるからである。本書が重視しているのは、「理論を学ぶ」ことではなく、「理論で考えること」である。理論はそれを学ぶことが目的なのではなく、問題を解決するためのものだからである。このため、本書のタイトルを、あえて『中小企業論』とした。

第2に、『中小企業白書』を活用し、中小企業にとって何が問題なのかを多面的に解説している。すべての問題は相互に関連しているが、読者はその中から、最も関心の大きいテーマを見出し、中小企業問題をより深く追求するヒントを手に入れることができるだろう。

第3に、通常の中小企業論のテキストと比べて、中小企業の資金調達手法に重きを置いていることである。資金調達とは、企業のあるべき状況に応じて「お金」を生み出すことができるかどうかということである。本来、資本主義社会（株式会社制度）の中で資金調達を行う場合に第一義で考えるべき手法は、返済義務のない資本による調達である。しかし、これは日本の実情にややそぐわない面もある。そのため、本書では、中小企業が活用できる日本の実態に近い資金調達手法をあきらかにしている。さらに、著者の博士論文をもとに、日本の中小企業信用補完制度をめぐり、中小企業への制度融資について取り上げている。

中小企業論は、経済学、経営学など、さまざまな学問領域の応用科学であり、中小企業を知るには、統計的な分析、理論、歴史の知識が必要である。一見難解に感じられるかもしれないが、何を知れば中小企業を理解できるのか、中小企業はどのような仕組みで動いているのか、何を目的に誰が中心になって何を決めているのかなどについて、本書は具体例や図表を織り込んで

わかりやすく説明しており、初学者にも十分興味をもって理解していただけるはずである。

　本書は、全12章で構成されている。各章の冒頭には、学習の目的と概要を紹介し、章末には、理解のチェックのために、演習問題を用意している。このため、大学の一般教養科目（共通科目）における中小企業論の教科書として、あるいは、中小企業に関心を持つ社会人の自習用教材としても、活用できるものと思っている。

　本書が構想されたのは、数年前のことである。そのきっかけを与えてくださったのは、恩師の埼玉大学名誉教授箕輪徳二先生である。恩師は、筆者に研究者への道を開き、深い学恩を与えてくださった。その後、筆者は帰化日本人として新たな人生を歩むことができてとても嬉しく思っている。この場を借りて、恩師に深い敬意を表したい。

　本書が、紆余曲折を経てようやく刊行に至ったのは、一橋大学名誉教授小松章先生の強い励ましのお陰である。2008年より小松先生に教わり、客員研究員として一橋大学には恵まれた研究環境を支えていただいたこと、その後も先生の変わらぬ温かいご厚情に恵まれたことに、ひたすら頭を垂れるのみである。

　本書の完成までには埼玉大学名誉教授加藤秀雄先生からの厳密なご指導と表現できないほどのご支援をいただいた。本書は、先生の貴重な先行研究を探ったお陰であると感謝している。

　中小企業金融実務については、金融プラスフォーラム事務局長野澤隆先生、事業創造大学院大学副学長唐木宏一先生より厳密なご指導を受けながら執筆した。そして、一般財団法人商工総合研究所主任研究員江口政宏氏より貴重なコメントをいただいた。一般財団法人ゆうちょ財団ゆうちょ資産研究センター宮下恵子氏より信用格付についてご教示いただいた。皆様の心深さに大変感激している。

　本書の企画に賛同し、かつ原稿の執筆を厳密にご指導していただき、刊行に至るまでより良いものにしていくために最大のご尽力をいただいた埼玉大

学名誉教授相沢幸悦先生に深く感謝申し上げたい。

　もちろん、残された誤りは著者の責に帰するものである。紙幅の制約のため、先行研究の紹介、参考文献の提示において多くの貴重な研究を割愛せざるを得なかった点、ご寛恕いただければ幸いである。

　本書の出版に際して、最大の謝辞を述べなければならないのは時潮社の相良社長である。コロナ禍という厳しい時期にも関わらず、出版をご快諾していただいた。さらに編集にあたって多くのご尽力をいただいた同社編集部・阿部進氏に深く感謝申し上げたい。また、本書の出版にご支援いただいたマグナ通信工業株式会社顧問門脇愼吾氏をはじめ、実業界のすべての方々にこの場を借りて厚くお礼申し上げたい。本書を通じて、多くの方々が中小企業問題に関心を持っていただけるようになることが、著者としての私の願いである。

　なお、私事で恐縮ではあるが、単著の習いとして記すことを許していただくとすれば、仕事と子育てに励む妻と、元気な子供たちに支えられてこれまで研究を続けてこられたことに深く感謝し、この本を捧げることにする。

　　　　　　2022年8月20日　小平市内の愚居にて　藤井　喜一郎

目　次

第1章

中小企業とは何か

【ポイント】

　「中小企業」とは単に中小規模であるというだけでなく、本来、大規模な企業とは質的に異なる面がある経営体のことを意味する。

　現代社会の主役である「中小企業」、なかでも経済で中心的な役割を果たしているのは、「株式会社」である。日本では、多くの中小企業は株式が市場に出回ることがなく、創業者やその家族など限られた株主が所有し、経営を行っていることから、中小企業の多くが個人企業ということになる。

1.1　日本における中小企業の定義

　現代経済活動の担い手として最も主要かつ典型的な存在は、私企業である。多くの場合、企業といえばこの私企業を指す。そしてこの企業で行われているビジネスを進めるための学問が経営学の原点である。

　企業とは、あくまでも家計から独立し、従業員を雇用することによって、利益の獲得を目的とする事業組織である。企業は、創業をもって始まる。そして、はじめは中小企業からスタートする。中小企業という概念は、学問的な概念であり、日常用語そのものではない。

　一般に、企業は「ヒト・モノ・カネ」で成り立っているといわれ、これを企業の三要素と呼ぶ。情報通信革命（IT革命）が本格化した1980年代に、企

業の三要素に「情報」を加え、企業の 4 つの経営資源と呼ぶようになった。「ヒト」とは、企業を支える役員や従業員のことで、「モノ」とは、企業活動を行う上で必要な原材料、部品、生産設備、店舗などのことである。また、「カネ」とは、企業活動を行うために必要となる資金のことを指す。「情報」とは、企業の技術・ノウハウ、特許、ニュース、顧客情報などである。

　現代企業の基本形態は、株式会社である。[1]株式会社は、株主の責任が払い込まれた資本金に限定されており、企業の損失が資本金を超えて拡大しても株主は出資額以上の責任は問われない（有限責任）。株主には会社の利益から配当金が支払われるほか、株式は自由に売却できるため値上がりすれば売却益（キャピタル・ゲイン）が得られる。このような仕組みにより、株式会社は比較的大きな出資金を集めやすい。

　企業は、規模別に基づいて細分化すると、図表1.1のように分類できる。企

図表1.1　企業規模に基づく概念整理

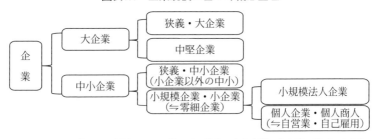

注1．あくまでも大まかな関係である。例えば、狭義・中小企業や大企業の範疇に含まれる個人企業も極めて少数ながら存在する。また、研究者ごとに異なる定義が用いられることもある。
注2．資本金10億円以上を大企業、それ未満を中小企業と区分する（ただし、常用労働者については従業員1,000人以上を大企業とする）。
注3．経済産業省の定める中堅企業の定義：製造業/農林漁業/鉱業/建設業/その他/ 資本金３億円超10億円以下、卸売業/資本金１億円超10億円以下、小売業/サービス業、資本金５千万円超10億円以下。
注4．中堅企業は、量的、質的いずれの面においても中小企業と大企業の性格が混在している。中堅企業の定義に資本金１億〜10億円、他の法人企業の子会社ではないもの（持ち株比率50％未満）という条件が含まれることが一般的なため、数量的な基準だけで言えば大企業に近いとみなせる。しかし、よく聞かれる「中堅・中小企業」といった表現がなされた場合には、むしろ中小企業に近い捉え方のように思われる。
注5．自営業（あるいは自己雇用）とは、家族経営等の生活と事業との関連が深い小規模企業者・個人企業を指す場合が多い。
資料：後藤康雄〔2014〕『中小企業のマクロ・パフォーマンス』日本経済新聞出版社、p.30（一部筆者加筆）。

業の中で、日本のみならず世界各国の法律で中小企業を定義することで、産業政策の対象を明確化しているのである。

　中小企業とは大企業に対置する相対的な概念であり、「中小規模」事業者の総称である。日本における中小企業の法的な定義は、中小企業基本法第 2 条第 1 項の規定に基づく「中小企業者」をいう。また、小規模企業とは、同条第 5 項の規定に基づく「小規模企業者」をいう。さらに、中規模企業とは、「小規模企業者」以外の「中小企業者」をいう。「中小企業者」、「小規模企業者」については、具体的には、下記に該当するものを指す（図表1.2）。

図表1.2　中小企業基本法上の中小企業の定義

業　種	中小企業者 （下記のいずれかを満たすこと）		うち 小規模企業者
	資本金	常時雇用する 従業員	常時雇用する 従業員
①製造業・建設業・運輸業 その他の業種（②〜④を除く）※	3 億円以下	300人以下	20人以下
②卸売業	1 億円以下	100人以下	5 人以下
③サービス業※	5,000万円以下	100人以下	5 人以下
④小売業	5,000万円以下	50人以下	5 人以下

注 1 ．ただし、この定義は一意的なものではなく、参照する法律や制度によって異なるため注意が必要である。たとえば、2020年 4 月に改正が施行された租税特別措置法によると「常時雇用する従業員」に該当する従業員は、「日雇いなど雇用形態に関係なく働いている職員の総数」であるとされている。しかし、中小企業倒産防止共済の制度では、「常時雇用する従業員」に該当する従業員は「雇用が 2 ヵ月を超えている者、週ごとの所定労働時間が通常の従業員とおおむね同等である者」とされている。中小企業に関連する制度を利用する際には、自社が制度の対象条件に当てはまっているかの確認する必要がある。
注 2 ．下記業種については、中小企業関連立法における政令に基づき、以下のとおり定めている。
【中小企業者】
①製造業
・ゴム製品製造業：資本金 3 億円以下又は常時雇用する従業員900人以下
③サービス業
・ソフトウェア業・情報処理サービス業：資本金 3 億円以下又は常時雇用する従業員300人以下
・旅館業：資本金 5 千万円以下又は常時雇用する従業員200人以下
【小規模企業者】
③サービス業
・宿泊業・娯楽業：常時雇用する従業員20人以下
注 3 ．法人企業の場合は資本金基準と従業員基準のいずれかを満たす、個人企業の場合は従業員基準を満たすと中小企業の範囲に入る。
資料：中小企業基本法

中小企業には国際的に統一の定義がなく、それぞれの国・地域によって、支援対象の範囲を政策的な判断で設定されている[2]。

　日本の中小企業の定義は、量的基準による定義であり、質的基準が含まれていない。つまり、企業の三要素のうち、資本金と従業員数（常時使用従業員）の2つの基準を採用しているが、中小企業は、独立した企業であるという、独立性要件・質的基準が含まれていない。質的基準としては、①独立性がある（大企業の子会社でない等）、②市場支配力を持たない、③企業の所有と経営が一致している、④経営者の労働過程への参加、⑤同族経営、⑥経営者が従業員全体を掌握しうること、等々の指標が考えられる。したがって、量的には中小規模であっても、大企業の子会社は中小企業とはみなされない。例えばソフトバンク、ユニクロ、マクドナルド、ローソンなどの大企業の子会社が先の中小企業の量的基準（定義）を満たしていたとしても、それを独立した中小企業と同列に日本の中小企業政策支援対象とすべきではない[3]。

1.2　中小企業の経営特性

　では、なぜ、中小企業を大企業と区別して認識する必要があるのだろうか。それこそが中小企業研究の原点でもある。中小企業を国の政策対象として支援していくために、大企業と中小企業を明確に区分しておかなければならない。区分する基準としては、量的なものに加え、質的なものも考えられる。中小企業という場合は、企業的経営と企業的家族経営（オーナー経営）が想定できる。

　中小規模ということは、基本的に使用資本量が少ないことを意味する。このことは同時に、企業内部に雇用できる被雇用者の数が少なくならざるをえないことを意味する。

　企業形態（家業などの個人企業か規模の大きい株式会社か）、立地（地域に立地した会社か全国規模の会社か）、独立性（下請企業か親会社か）などが、中小企業と大企業を分ける基準とされる。しかし、これらの質的要素は把握が困難なため、一般的には規模で区別される。

　企業規模の変化に伴う資本の調達様式、生産・管理の様式、経営目的など
の変化に着目すると、企業は規模に沿って図表1.3のように質的に分類できる。

図表1.3　規模に沿った企業の質的分類

規模	分類	資本の調達様式、生産・管理の様式、経営目的等
小	中小企業	経営者個人が資本を調達・所有し、経営過程は経営者の個人管理の下に置かれている企業。製造業では、機械を道具的に使う機械制小工業、非製造業では、個人商店（法人化されていない個人経営の小売業）が多い。
	a．家族オンリー企業・生業（暮らしを立てるための仕事）的経営	経営組織は個人事業である。資本は事業主が店主貸しで出資している。一家の生計維持を目的に行われる家族労働者中心の経営。家族が生活できる範囲での業務で地域住民への貢献や特定企業の下請業務が中心。役員及び社員は家族・身内中心で総数も1～5人程度。利潤概念は成立しておらず、家計と経営は未分離。資金調達の内容は、家族に支給し、店主勘定で引き出した資金のうち、生活費以外を経費として管理する手法。後継者については、親族への承継か、一代限りでの廃業・清算。その特徴は、一つのチームであり、まとまりが良い。企業と家族が一緒で、ほとんど顧客は仲間内であるため、安心感がある。利益を得るより生活費を得るという仕組みになり切っている。したがって、トップの健康と無借金（もしくは保険でカバー）が最も重要である。製造業における生業的な中小企業は、事業主とその家族が生活を維持できる水準であれば事業を成り立たせることができる。そのため、利潤の低い下請構造の末端の部分において生業的な中小企業が広範に存在している。 小売業の分野においては、典型的には、商店街に軒を連ねているパパ・ママストア・個人商店が挙げられる。その事業は、事業主夫婦を中心にその家族や数名のパート労働者によって担われている。
	b．小規模同族企業・企業的家族経営	経営組織は制約的株式会社であり、社長及び社長の同族関係者が資金の大半を出資している。家族労働者中心の経営だが、利潤と賃金は分離され（家族労働の有償化）、形式的に資本・賃労働関係が成立している。利潤の最大化を目的とするが利潤を経営の拡大再生産に向ける場合と個人資産蓄積に向ける場合がある。資金調達の内容は身内から集めた資金が中心だが、資本金は1,000万円以内が大半のため、設備投資などについては公的資金や金融機関からの資金を利用する。役員及び社員は家族・身内に若干の非同族者を含めて5～20人規模。後継者は親族もしくは技術力ある社員、或いは特徴ある分野のM&A。
	c．小規模同族企業又は創業5年内のベンチャー企業・企業的経営	経営組織は株式会社であり、資本金は社長及び社長の友人達が出資しているが、50%超は社長が抑えている。株主総会は開催されている。雇用労働者中心の経営で、資本・賃労働関係が成立し、利潤の最大化と経営の拡大再生産を目的とする。ただし、個人資産蓄積を目的とすることもある。会社組織それぞれが得意分野を担当しており、技術か商品、或いは売り方などに特徴を持っている。社会に対するインパクトも生まれ出している。資金調達については経営者の親族などからの資金の他、会社の利害関係者などから株式や社債などにより資金を調

		達し、金融機関や公的資金なども利用する。種類株式の発行などによる社員株主も生じ出している。役員及び社員は10〜50人規模。同族関係者が中心か、一つのビジネスモデルに集結したスタッフの企業に分類される。後継者は同族会社の場合は親族中心だが、人材が育っていないと外部からの招聘もある。ベンチャー企業の場合は、年齢が若い経営者や社員が多いため、後継者などは考えたこともない。これが小規模企業の中で比較的多いタイプである。
	d．中規模同族企業または認知されたベンチャー企業・企業的経営	経営組織は株式会社であり、同族関係者が資本金の大半を出資しているが、社員や取引先も出資し出している。会社に独自性があり、広い意味で社会的にも認知され出している。資金調達については、同族関係者だけではなく、取引先なども含めた利害関係者から株式や社債を引き受けてもらうだけではなく、公的ベンチャーキャピタルの株式引き受けや金融機関の社債引き受けなども考えられる。役員及び社員は30〜300人程度で、社員には同族関係者よりは非同族者が多い。ただ、取締役の大半は同族関係者が占めている。後継者には社内昇格、もしくは親族が多いが、親族の場合は余程のレベルが必要となる。そしてトップの経営理念が明確に打ち出され、事業計画の立案などが要求され出している。
	e．中規模企業またはベンチャー企業・企業的経営	経営組織は株式会社であり、資本金は同族関係者や利害関係者の他、大企業やベンチャーキャピタルなども出資しているケースが多い。取締役会体制が完備しており、上場するかしないかを、トップや利害関係者が検討している。資金調達についてはあらゆる資金調達方法が考えられるため、資金運用の内容によって、直接金融や間接金融あるいは市場型間接金融などによって資金を調達する。役員及び社員の大半が一般社員であり、取締役も同族以外が多くなっている。後継者は社内昇格、外部招聘、親族抜擢の3タイプあるが、M&Aもある。つまり、企業的スタンスが強くなり、組織や制度などが確立している。ディスクロージャーするなど、経営のオープン化を図る。最近では、上場するよりプライベートエクイティとして継続を図る考え方の企業も多い。
	大企業	経営組織は株式会社であり、資本市場での株式発行などにより資本を広く社会的に調達するようになる。上場していることも多いため、資金調達方法に制限がない。役員及び社員はほとんどが一般社員である。多くの場合、労働者を付属物とする大規模機械体系による連続生産が生産様式の中心となり、大量の生産物を確実に販売するため事前の流通組織も構築する。大規模化した経営システムを運営するため、専門的管理者集団による組織的管理も行う。このような発展段階に達した企業が大企業である。
大	寡占大企業	大企業のうちさらに資本の集積・集中を進め、高度の市場集中度と高い参入障壁を持つ独占的市場構造を構築した企業が寡占大企業である。独占的市場構造を基盤に価格競争を制限するなど、市場を管理する力を持つ。

資料：黒瀬直宏〔2018〕『複眼的中小企業論』同友館、p.3、塩見哲〔2020〕『中小企業の資金調達大全』、日本法令、p.10より引用。

　中小企業の多くは、大企業と同じように株式会社の形態をとっている。しかし、中小企業である株式会社を会社法という観点で位置づけるとしたら、公開会社ではない会社（非公開会社：株式の全部に譲渡制限が設定）であり、かつ大会社でない会社（非大会社：資本金が5億円未満かつ負債が200億円未満）ということになると思われる。

　つまり、中小企業の本質を模索する中で、世の中に2種類の株式会社が存在することに改めて気が付く。大企業(株)と中小企業(株)である。株式会社とは株式市場で資金調達ができる企業のことである。そのために法的制度で株式会社が定義され、その権利・義務が規定されている。こう考えると、零細な町工場の株式会社は擬制ないし擬態株式会社である。法的に定められた株式会社の定義を拡張解釈して適用されたものである。「株主が統治するわけでもなく、株を持ち合う法人が統治するわけでもなく、銀行が統治するわけでもない、中小企業株の本質は何か」という問題が浮かび上がってくる[4]。

　それに、中小企業には、生業のような小規模企業から中堅企業までの規模が含まれており、同一に取り扱うことができない。小規模企業は、家計に犠牲を強いることによって存在している場合が多いと考えられる。この点で、小規模企業は、中小企業とは別の存在とみなした方がいいのではないかという疑問が生まれる[5]。

　このように、中小企業のほとんどは、その存立形態から見れば、個人企業ということができよう。日本の中小企業の多くは株式会社や有限会社[6]といった会社形態をとっているが、基本的に経営者が資本を所有し、直接経営する企業である。したがって、中小企業のほとんどは、上位3株主グループの持株比率合計が50%超の同族会社である（図表1.4）。経営者は、企業を所有すると同時に、企業を支配し、企業の経営戦略を決定する。製造業で言えば、中小企業の経営者は、自分の資産を使って、何をどうやってつくり、どのように売り、そこからの収益をどのように蓄積するかを決定する。そればかりでなく、日本の会社形態をとっている多くの中小企業においては、所有者である経営者が、個人的に会社の債務の保証を行い、個人資産を会社の借入の

際の担保として利用している。そこに見えるのは、会社形態を採用することによる表面的な中小企業の所有者である経営者の有限責任制と、会社債務に対する所有経営者の実質的な無限責任である。まさに、個人企業としての特徴である個人が自らの資産を自己責任で運用するという点を、現代の会社形態の中小企業の多くは共有しているのである。また、このことが、現代経済を考える際に、企業一般ではなく、大企業と対比される、「中小」企業を取り上げる理由ともなる。[7]

図表1.4　資本金規模別同族会社の割合（2018年）

資本金	全会社法人数	同族会社法人数	非同族会社法人数
1,000万円以下 （構成比、％）	2,355,590 100.0	2,290,233 97.2	65,357 2.8
1,000万円超 1 億円以下 （構成比、％）	349,235 100.0	324,363 92.9	24,872 7.1
1 億円超10億円以下 （構成比、％）	13,860 100.0	11,360 82.0	2,500 18.0
10億円超 （構成比、％）	4,857 100.0	2,931 60.3	1,926 39.7

資料：一般財団法人 商工総合研究所 江口政宏「中小企業とは何か」
　　　（https://www7.econ.hit-u.ac.jp/shokochukin/schedule/2020/20200916.pdf～
　　　2021年 8 月 2 日に最終閲覧）。

1.3　中小企業が日本経済に占める地位

　総務省・経済産業省によると、2016年における日本の産業別規模別企業数は、図表1.5の通りである。一般的に、大規模経済利益が存在する分野では大企業の比重が高く、逆に市場規模が小さく、多品種少量生産（供給）分野では中小企業の比重が高い。例えば、愛知県には日本企業で最大のトヨタ自動車が立地している。トヨタ自動車の存在感が大きいために、愛知県は大企業中心の経済であるとの印象が強く、確かにトヨタ自動車を頂点とした自動車産業クラスターが形成されている。しかし、その産業クラスターを支えてい

るのは、県内の中小企業であり、中小企業の重要性は決して低くない。[8]

図表1.5　産業別規模別企業数（民営、非一次産業、2016年）
企業数（会社数＋個人事業者数）

	中小企業				大企業		合計	
			うち小規模企業					
産業	企業数	構成比(%)	企業数	構成比(%)	企業数	構成比(%)	企業数	構成比(%)
鉱業、採石業、砂利採取業	1,310	99.7	1,138	86.6	4	0.3	1,314	100.0
建設業	430,727	99.9	410,820	95.3	272	0.1	430,999	100.0
製造業	380,517	99.5	327,617	85.7	1,961	0.5	382,478	100.0
電気・ガス・熱供給・水道業	975	96.9	699	69.5	31	3.1	1,006	100.0
情報通信業	42,454	98.7	27,782	64.6	552	1.3	43,006	100.0
運輸業、郵便業	67,220	99.7	48,326	71.6	236	0.3	67,456	100.0
卸売業、小売業　卸売業・小売業計	831,058	99.5	659,141	78.9	4,076	0.5	100.0	100.0
卸売業、小売業　卸売業	207,986	99.3	146,481	69.9	1,544	0.7	100.0	100.0
卸売業、小売業　小売業	623,072	99.6	512,660	81.9	2,532	0.4	100.0	100.0
金融業、保険業	27,338	99.0	26,180	94.8	271	1.0	27,609	100.0
不動産業、物品賃貸業	299,961	99.9	292,610	97.4	322	0.1	300,283	100.0
学術研究・専門・技術サービス業	181,763	99.6	154,892	84.9	683	0.4	182,446	100.0
宿泊業、飲食サービス業	509,698	99.9	435,199	85.3	736	0.1	510,434	100.0
生活関連サービス業、娯楽業	363,009	99.8	337,843	92.9	572	0.2	363,581	100.0
教育、学習支援業	101,663	99.9	88,993	87.4	136	0.1	101,799	100.0
医療、福祉	207,043	99.9	143,291	69.1	275	0.1	207,318	100.0
複合サービス事業	3,375	100.0	3,360	99.5	1	0.0	3,376	100.0
サービス業（他に分類されないもの）	130,065	99.2	90,499	69.0	1,029	0.8	131,094	100.0
非一次産業計	3,578,176	99.7	3,048,390	84.9	11,157	0.3	3,589,333	100.0

資料：総務省「平成21年、26年経済センサス―基礎調査」、
　　　総務省・経済産業省「平成24年、28年経済センサス―活動調査」再編加工

先述の通り、企業は大企業と中小企業に分けられる。中小企業基本法では製造業等で資本金３億円以下、従業員300人以下の企業を中小企業と呼んでいる。また、日本銀行の「短期経済観測調査」では、資本金10億円以上を大企業、10億円未満１億円以上を中堅企業、１億円未満を中小企業と呼んでいる。

　2017年現在、日本の規模別の企業数、売上高、設備投資額、常用労働者数、自己資本比率は図表1.6の通りである。全企業数（日本銀行「短期経済観測調査」を基準として）286万社のうち、大企業は約6,000社と全体の0.2％に過ぎず、残りの99.8％は中小企業が占めている。売上高で見ると、大企業の36.8％に対し中小企業は63.2％を占め、設備投資では大企業の46.8％に対し中小企業は53.2％である。雇用では大企業の41.4％に対し中小企業は58.6％と全体の６割を占めており、経済全体に占める中小企業の役割は大きなものがある。この傾向は1960年以降ほぼ変わらず、日本経済社会を支える屋台骨として、決して無視できない存在となっている。日本は多数の小さな企業が生きる生業資本主義の国だと考えられる。

　また、銀行（都市銀行、地方銀行、第二地方銀行、信用金庫、信用組合、信託銀行を含めた民間金融機関）企業向け貸出残高のうち、中小企業が占める割合は2020年３月末の時点では66.3％となっている。しかし、資産に対する自己資

図表1.6　企業規模別に見た日本の企業：大企業と中小企業（2017年）

		企業数 （社）	売上高 （兆円）	設備投資額 （兆円）	常用労働者数 （千人、％）	自己資本比率 （平均、％）
合計		2,858,357	1,544	45	49,428	41.7
うち	大企業	5,889	569	21	29,483	45.2
	中小企業	2,852,468	975	24	28,946	38.1
構成比（％）合計		100.0	100.0	100.0	100.0	—
うち	大企業	0.2	36.8	46.8	41.4	—
	中小企業	99.8	63.2	53.2	58.6	—

注１．便宜上、大企業は、資本金10億円以上の企業（ただし常用労働者数については従業員1,000人以上の企業）、それ未満を中小企業と定義する。自己資本比率は金融・保険業を除いた数値。
注２．中小企業定義は、中小企業庁『中小企業白書』における定義とは異なる。詳細は
　　　https://www.chusho.meti.go.jp/soshiki/teigi.htmlを参照されたい。
資料：浅子和美・飯塚信夫・篠原総一編（2020）『入門・日本経済』〔第６版〕、有斐閣、p.132。

本の比率でみると、大企業の45％に対し中小企業は38％であり、大企業に比べて財務の安定性は低い。

　以上の通り、いずれの統計を見ても中小企業は日本経済において大きなウェイトを占めていることが分かる。

演習問題

1．　日本の中小企業の定義について説明しなさい。
2．　日本の中小企業の経営特性について説明しなさい。
3．　私企業の特徴はどこにあるか、また私企業がなぜそのような特徴を持つのかを説明しなさい。そして私企業を3社挙げ、各社でそれぞれどのような事業が営まれているか、インターネットのホームページを閲覧するなどして具体的に調べなさい。

注
1　企業とは利益を得ることを目的として事業活動を行う主体を指す。「企業」という概念は、「法人」のみでなく、「個人」も含んでいる。会社とは、会社法法律の規定によって法人格を認められて事業を経営するもののうち、株式会社（有限会社を含む）、合同会社、合資会社及び合名会社という会社制度を採用した「法人企業」を指す。個人企業は、個人商人であり、「法人企業」ではない。個人とは、個人で事業を営んでいるものをいう。なお、共同経営の場合であっても、法律の規定によって法人格を認められていない場合は、個人に含まれる。
2　本文でも記載されているが、「定義」とは言いながら、現実的には「支援対象の範囲」を規定しているということになる。その支援対象をどこまでの範囲とするかは、まさに各国の「政策」そのものといえる。
3　資本金区分では、大企業である親会社から出資を受けていることについて「基本法」には特に規定されていないが、個別の中小企業立法または制度の運用基準により中小企業にならないことがある。大企業子会社への支援は、たとえそれが中小企業の規模的要件を満たしていても、事実上大企業を支援することと変わらないとの見方が成り立ち、大企業の子会社には中小企業を対象とする支援制度を適用しないのが一般的である。

4 鵜飼信一〔2018〕、pp. 4 - 5。

5 家業として製造業や小売業、個人向けサービス業を行う場合そのようなタイプは確かに存在しているが、開発型ベンチャー企業や個人の副業などそうでないタイプも多数存在している。小規模企業を分けて考える必要がある理由は存立形態に求める方がいいと考える。

6 2006年6月の「会社法」の施行により、有限会社の設立が廃止された。この理由の一つは、株式会社の設立に規定されていた最低資本金の制度が廃止され、資本金1円から株式会社が設立できるようになったことである。

7 吉野直行・渡辺幸男〔2006〕、pp. 3 - 4。

8 家森信善〔2010〕、p. 3。

9 大和総研「新型コロナ禍の企業の資金調達環境にみられる特徴と今後の展望」2020/9/10

(https://www.dir.co.jp/report/research/capital-mkt/securities/20200910_021761.html〜2021年2月21日に最終閲覧)。

参考文献

（各章を執筆するにあたって引用したり参考にしたりした文献を五十音順で掲載している。外国語文献については翻訳書のみを、また執筆にあたり参考にしたURLについては末尾にまとめて掲載している。）

浅子和美・飯塚信夫・篠原総一〔2020〕『入門・日本経済』〔第6版〕有斐閣。

井上善海・木村弘・瀬戸正則〔2014〕『中小企業経営入門』中央経済社。

鵜飼信一〔2018〕『日本社会に生きる中小企業』中央経済社。

加藤秀雄〔2011〕『日本産業と中小企業―海外生産と国内生産の行方』新評論。

黒瀬直宏〔2018〕『複眼的中小企業論』同友館。

小松章〔2003〕『基礎コース　経営学』新世社。

小松章〔2008〕『企業形態論』〔第3版〕新世社。

後藤康雄〔2014〕『中小企業のマクロ・パフォーマンス』日本経済新聞出版社。

塩見哲〔2021〕『中小企業の資金調達大全』日本法令。

中小企業庁編『中小企業白書』（各年版）日経印刷。

中小企業創造研究機構〔2013〕『日本の中小企業研究』2000〜2009、第1巻、第2巻、同友館。

長山宗広〔2020〕『先進事例で学ぶ地域経済論×中小企業論』ミネルヴァ書房。

箕輪徳二〔1997〕『戦後日本の株式会社財務論』泉文堂。

家森信善〔2010〕『地域の中小企業と信用保証制度―金融危機からの愛知経済復活への道』中央経済社。

吉野直行・渡辺幸男〔2006〕『中小企業の現状と中小企業金融』慶應義塾大学出版会。

Drucker, P.F〔1992〕Managing for the Future, Talley Books Duttou.（上田惇生・佐々木実智男・田代正美訳『未来企業』ダイヤモンド社、1992年）

Marshal, A.〔1890〕Principles of Economics, London Macmillan.（馬場啓之助訳『経済原理』東洋経済新報社、1965〜1967年）

URL:

https://go.chatwork.com/ja/column/efficient/efficient-085.html（2021年11月8日最終閲覧）。

https://www.chusho.meti.go.jp/soshiki/teigi.html（2021年2月21日に最終閲覧）。

第2章

中小企業の歴史的変遷

【ポイント】

　世界における中小企業の史的変遷をみると、19世紀末に、当時の先進国において大企業が登場するが、それまではすべての企業が中小企業であった。そして、その後の100年は、大企業体制確立の過程であった。

　日本における中小企業の史的変遷をみると、日本経済の成長に伴い、中小企業は、誕生期から高度経済成長期にかけて下請生産システムの形成；安定成長期には日本経済の活力維持；低成長期から今日までは企業家的自立を遂げ、地域再生と日本経済の主役としての役割を担ってきた。

2.1　誕生から戦時期まで

　日本企業の始まりについては、飛鳥時代にまで創業が遡るとされる金剛組[1]（建築会社）を筆頭に、長い歴史を持つ"老舗企業"が数多く存在している。特に江戸時代に創業した企業は数多く、今日に続く会社の中にも、呉服店を起源とする百貨店や酒造業、製薬業、建設業、醸造業などにおいて江戸時代から続く老舗企業が多く見られる。織物業についてみれば、京都の西陣織物業では江戸時代にはすでに家内工業の発達があり、商業の中心であった大坂（現在の大阪）には1715年に5,600軒の問屋が存在していたといわれている。[2]

　日本に初めて木綿（の種）が伝わったのは、平安時代の799年、その後、

一時的な断絶を挟んで1490年代から1510年代に木綿栽培が開始され、江戸時代には綿織物が庶民の間に普段着として広く普及したといわれる。

　江戸時代の企業の特徴は、商人たちが独自の商法を生み出し、ビジネスの形を築き上げた点にある。この時期の日本企業から読み取れるのは、"たくましくも誠実な日本企業ならではの価値観"である[3]。

　約260年間に及ぶ江戸時代は市場経済が発達し、農民家計もかなりの程度、市場向け生産を行っていたことが明らかである。また、明治以降の経済発展に江戸時代以来の在来産業[4]が大きな役割を果たしたことが評価されている。さように、江戸時代に何の準備もなく、明治以降に急速な経済発展が起こるとは考え難い。

　江戸時代の綿織物材料である綿糸を大規模にかつ機械を使って生産しようという動きが、明治期に活発化する。それは、「富国強兵」をスローガンに掲げた維新政府による官営模範工場の経営といった紡績業の動きであった。しかし、紡績業の発展を牽引したのは、民間レベルの自律的動きであった。その代表例は、渋沢栄一の提唱によって進められた株式会社方式に基づき、多額の資金導入に基づく大規模紡績工場の建設計画だった。1882年（明治15年）5月3日、渋沢栄一らによる念願の大阪紡績会社（現・東洋紡株式会社）が日本の紡績業のセンターとなる大阪の地に誕生した。江戸時代以来の紡績技術を踏襲しながら、近代的な紡績業として大阪を中心に発展したため、大阪はイギリス紡績業にちなんで、「東洋のマンチェスター」と称された[5]。

　さて、日本で会社組織が生まれるのは明治になってからである。1872年に制定された国立銀行条例によって成立した第一国立銀行（1873）が、日本で最初の株式会社といわれている。1880年代末には株式会社の設立が急増する一方で、官営工場の多くが払い下げられ、民間企業による工業生産が急速に広まっている。

　ここで注意すべきは、日本の産業革命をリードした産業部門である紡績企業・大阪紡績が創設された1882年当時の株式会社（企業）に対する認識が、現在のそれとはまったく異なるという点である。例えば、株式会社の特質の

一つである「有限責任制」はまったく自明のことではなかった。

　繊維産業などの製造業は、明治以降に小工業として始まり、近代的な大工場へと発展したことから、家族を主体とした日本の伝統的な事業形態である小規模経営に影響を与えた。

　小規模経営は、明治以降の近代化、産業化の中で変化していき、重工業による工業化が進んでいく中で、小工業として増加してきた。

　19世紀末に、当時の先進国において大企業が登場するが、それまではすべての企業が中小企業であった。そして、その後の100年は、大企業体制確立の過程であった。

　19世紀から20世紀への世紀転換期は、まさに日本の産業革命期であった。日本の産業革命の過程は、近代企業の生成過程と軌を一にしている。中小規模の経営体は、産業革命以降さまざまな形で存在してきた。日本の「中小企業」概念は第一次世界大戦を経て、大正期から昭和恐慌に至るプロセスにおいて登場し、一般化した。

　日本は戦前、地主的土地所有の下、膨大な過剰労働力が堆積していたが、地主制の解体した戦後も、敗戦に伴い推定1,300万人の庖大な過剰労働力が発生し、農村や都会に堆積、低賃金労働者の供給源となった。低賃金労働者を雇用し、労働集約的に生産すれば小資本で開業できるため、軍需転換や廃業を強制されていた中小企業が次々復活した。失業を回避するため過剰労働者自身も開業に向かった。

　第1次世界大戦以降、大正期から昭和恐慌期に至る日本経済の発展過程で、政策対象として「中小工業」あるいは「中小商工業」という概念が現れた。

　大正時代から昭和時代にかかるこの時期、日本はたびたび恐慌に見舞われた。中でも、1929年10月、ニューヨーク株式市場の暴落を機に始まった世界恐慌は世界中を巻き込み、戦前の日本における最大規模の"昭和恐慌"を起こした。大戦景気が崩壊したことで日本の銀行は不良債権を大量に抱え、その後の金融政策により、デフレが到来した。

　つまり、大正期から昭和期に至る中小企業を理解するキーワードは"恐慌"

と"軍需"である。第一次世界大戦や日中戦争など、戦争時には軍事需要が拡大し、中小企業は大きく発展した。戦争も恐慌も"商機"ととらえられ、これまでのしきたりやルールに縛られることなく、時代に合った形で発展を遂げていった。そして、この直後に勃発した第二次世界大戦を経て、日本は"高度成長期"を迎えた。

2.2 戦後復興期（1945～54年）

　戦後日本企業の経営組織は、戦後の経済復興時から幾度かの不況期を経て高度成長までは、経済拡大のために極めて有効に機能した。世界の模範とされた日本型経営システムである。例を挙げれば、日本的雇用慣行（年功序列、終身雇用、企業別組合）、企業のピラミッド型経営組織等である。経済拡大という目標が明確な時代には極めて有効だった。産業構造も大企業を頂点とした下請構造や、系列といった日本的な産業システムは、膨大な中小企業に支えられた、極めて日本的な産業構造であった[7]。

　経済規模を測る代表的な指標は、国内総生産（GDP）である。日本の終戦直後の1946年の経済規模は、戦前のピーク水準（1938年）の約半分まで落ち込んだ。日本の戦後の復興は、第二次世界大戦でGDPの86％に上る資本ストックを毀損した状態から始まった。

　一般的に、経済規模の変化は供給と需要の両面からとらえることができるが、終戦後の経済規模の落ち込みは供給側の要因が大きかったといえる。

　供給を支えるのは労働力、資本（工場設備など）、そしてエネルギーや原材料などの中間投入の3つの要因である。このうち、資本については日本の建造物の4分の1が戦争によって失われたといわれるように量の減少もさることながら、質の面の影響が大きいといわれている。

　戦後の日本の大きな課題は、戦争により壊滅した日本経済を立て直すことにあった。GHQ（連合国軍総司令部）による財閥解体、農地改革、労働三法の制定の措置は経済民主化の動きを促進させ、中小企業の設立や育成につながった。

　戦後の中小企業政策は、「中小企業庁設置法」（1948.8.1施行）の制定により本格化するが、その究極の目的を「経済民主主義」の実現に置き、そのために独立の中小企業を発展させるとしたのである。同じ時期に経済民主化理念に立って制定された法律が「独占禁止法」（1947.7.20全面施行）である。同法が財閥解体の成果を守るため大企業の経済支配力の強化を防止するのに対し、「中小企業庁設置法」は大企業の経済支配力への対抗力として中小企業を発展させるものであり、共に財閥解体政策の延長上にある経済民主化政策の一環であった。[8]

　そして、1950年に勃発した朝鮮戦争は、特需をもたらした。特に中小企業製品の輸出は、外貨の獲得に大きく貢献した。中小企業製品は、繊維、日用雑貨、衣類などの労働集約的軽工業製品と、自転車、ミシン、カメラ、双眼鏡などの軽機械工業製品に大別される。労働集約的工業製品の国際競争力の源泉は、農村から供給される低賃金の労働力にあった。一方、軽機械工業製品のそれは、戦時経済体制において、軍需機械産業の下請として組み込まれてきた中小企業が、戦後その設備や技術を民需機械工業に転用したことにある。終戦後に半分近くに落ち込んだ経済規模は1950年代初頭には戦前水準（1934〜36年平均）を回復し、53年には戦前のピーク水準（1938年）を上回った。[9]

　しかしながら、これらの中小企業は、未熟な国内市場での販売力に乏しかったため、海外販売先との相手先ブランドによる輸出（OEM輸出）[10]に活路を見出し、輸出志向を強めていった。かくして、戦後の復興過程における輸出の担い手として、中小企業は成長していくことになる。中小企業は、日用生活物資の生産、輸出、失業者の雇用などを担い急増した。

　しかし、石炭、鉄鋼などの大企業が復興すると同時に、中小企業は、繊維・金属工業における下請化や大企業による中小企業分野への進出などにより事業活動の縮小を余儀なくされた。この頃に大企業との生産性、労働力などの格差、家族経営による小・零細企業の多さなどといった二重構造問題が生じることになった。

　ちなみに、戦後経済の出発時点において日本では中小企業のウエイトが大

きかったが、その後の経済成長の過程でもますますそのウエイトを高めた。

　戦後復興期の中小企業の中心問題は、中小企業の生産した価値が寡占大企業により奪われるという収奪問題だったが、財閥解体、農地改革、労働三法の制定や高度成長期における中小企業の市場拡大は、中小企業の相対価格（販売価格/仕入価格）を改善し、収奪問題を緩和した。

　要するに、戦後日本経済を特徴づける現象の一つは、膨大な数の中小企業の存在である。日本の企業構造は、高度成長の以前には、独占的大企業・中小企業・零細企業の３層構造であった。高度成長の中で、それが独占的大企業（企業集団）・中堅企業・中小企業・零細企業という４層構造になった。中小企業の中から中堅企業が成長したからである。中堅企業の上位にあった独占的大企業は、高度成長の過程で、さらに企業規模を拡大し日本経済をリードした。企業集団の成長が日本経済の成長の機動力であった。

2.3　高度経済成長期（1955〜1970年）

　日本経済が、本当の意味で近代化し、国民にとって豊かな社会に向かって進み出したのは、戦後の高度経済成長期である。1955年から70年の間に実質国内総生産は4.0倍（年率9.7%増）にもなり、67年には旧西ドイツ、フランスを抜き、資本主義社会ではアメリカに次いで２位となった。

　日本の高度成長を可能にした条件として、以下の３つが重要だといえる。[11]

　第１は、有利な人口動態である。高度成長期に人口は毎年１%のペースで増加し、若い労働人口が生産・消費の担い手として成長に貢献した。高度成長が始まった時期の農業人口比率は約 40%にも上ったが、農村の余剰労働力の都市への移動という形で、生産性の高い工業部門の成長が可能となった。

　第２は、競争メカニズムの活用である。日本の高度成長の背景として、政府の産業政策の影響と競争メカニズムが大きく作用した。競争は、旺盛な企業家精神を刺激し、先進国へのキャッチアップのための技術革新を生み出すことで、日本の高度成長を支えた。

　第 3 は、世界の自由貿易体制の恩恵を享受したことである。日本の高度成長の主役は圧倒的に内需であったが、このことは海外経済の果たした重要な役割を否定するものではない。鉄鋼や電気製品、自動車産業に代表されるように、日本は、拡大する世界市場を対象に生産財や消費財を大量に生産し、その輸出で得た外貨で原材料を輸入するという形で、経済を発展させた。そうした成長モデルが可能であった基本的な条件は、世界経済が成長し、自由貿易体制が維持されていることであった。

　振り返ってみると、日本の中小企業の発展に特に大きな影響を与えたものは、高度成長期における下請システムの形成とその後の下請分業構造の変化である。

　図表2.1は、1954年以降 6 年間毎の規模別事業所数の増加率（年平均）を示している。図表最右欄の54年から72年の間の年平均増加率を見ると重化学工業化を先導した大事業所（従業者300人以上）の増加率も高いが、最も高いのは100〜299人で、重化学工業化とともに中小企業上層の事業所が増加したのが分かる。それに対し 9 人以下の零細事業所の増加率が低いが、その理由は50年代後半に事業所数が減り、60年代前半の増加率も他より低かったためで、60年代後半から70年代にかけては増加率が高まり、特に零細事業所でもより規模の小さい 4 人以下が増加率トップになったのが注目される。

図表2.1　民営事業数の年平均増加率（製造業）1954〜72年

単位：％

従業者規模	1954〜60	1960〜66	1966〜72	1954〜72（年）
1 〜 9 人	−0.7	2.9	3.3	1.8
（うち 4 人以下）	−1.8	2.8	3.6	1.5
10〜99人	5.3	3.9	1.9	3.7
100〜299人	10.5	4.9	3.2	6.2
300人〜	9.2	4.0	3.4	5.5
全体	0.8	3.2	2.9	2.3

注．数値は各機関における年平均増加度（幾何平均）。
資料：黒瀬直宏〔2018〕『複眼的中小企業論』同友館、p.223。

1950年代以降長い間、量産型中小企業・中堅企業が日本中小企業発展の主流であり、その代表格が下請企業（後述、第6章）である。中堅企業とは、「中小企業」の枠を超えて成長する企業群のことである。[12]特に製造業における中小企業の特徴は、大企業の活動を補完する点にある。製造業分野ではこの補完関係が下請制であり、商業では自動車や電子・電気機械製品の卸売、小売販売などにみられる流通系列である。なかでも製造業の下請制に関して強い関心が寄せられた。全製造業に占める下請企業の割合は、1966年と71年でそれぞれ53.3％と58.7％になっている。

　一方、労働をめぐる大企業と中小企業の「二重構造」は、高度成長期のはじめ頃まで日本経済の主要な論点の一つとなっていた。「二重構造論」とは、大企業は近代化が進み、生産性や賃金が高っているのに対し、中小企業は前近代的で低い生産性と賃金を余儀なくされているというマルクス経済学的な意味での見方である。

　こうした二重構造論や、中堅企業論などの論争は、その後の中小企業政策にも影響を与え、中小企業の近代化が政策目標として掲げられるようになった。1963年には、その後の中小企業政策の柱となる中小企業基本法が制定された。そして、次節で検証する1970年代の日本の安定成長期には、小規模で開発型の知識集約的な存在としてのベンチャー企業の概念が生まれた。[13]

2.4　安定成長期（1971～1985年）

　およそ15年間続いたいざなぎ景気も1970年に入ると終止符を打つ。1971年から安定成長期に入ったこの15年間の平均成長率は4％程度と、高度成長期の半分以下にとどまる。それでも1970年代から1980年代を通して、先進主要国の中では相対的に高い成長率を維持した。生産年齢人口の増加と高い国際競争力が、日本経済の成長を支え続けたことが基本的な背景として挙げられる。

　オイルショックにより鉄鋼や造船、石油などの重厚産業は低迷し、これらの産業では構造不況と呼ばれる不況が到来した。重厚産業が低迷する中でエネ

ルギーをあまり消費せず付加価値の高い自動車や電気製品、半導体などが発達した。また、サービス化やソフト化が進行し情報処理産業やレジャー産業など第三次産業が発達した。日本のGDP成長率は、第一次オイルショックのあった1974年にマイナス成長になった以外は、概ね 1 ～ 5 ％の範囲で推移した。[14]

　国際的な環境を見ると、1970年代前半、貿易自由化措置として一般特恵関税制度の導入や一律20％の関税引下げが行われるとともに、外国為替市場では 1 年半のうちに 2 度の円切上げを経験した後に変動相場制へ移行することとなった（1973年）。円は 1 ドル＝360円から 1 ドル＝265円に上昇（1973年 5 月）、さらに、円高は77～78年に約200円台まで進んだ。この「円高」の深刻な影響について触れたのが1978年の『中小企業白書』であった。厳しい経済環境の下で自らの経営資源の強みと中小企業の特性を活かすことが求められていたのを背景として、優れた中小企業やそのグループがどう対応しているか、取組の事例として具体的な中小企業、商店街、さらには共同事業を白書の中で取り上げるようになったのもこの時期であった（図表2.2）。

図表2.2　『中小企業白書の主題（副題・鍵用語）の変遷

	発行年	主題（副題・鍵用語）
高度経済成長期	昭和39年（1964年）	二重構造と格差問題
	昭和40年（1965年）	産業構造の高度化と中小企業
	昭和41年（1966年）	不況下の中小企業
	昭和42年（1967年）	中小企業における構造変化
	昭和43年（1968年）	国際化時代の中小企業
	昭和44年（1969年）	先進国への道と中小企業
	昭和45年（1970年）	中小企業分野の新展開
安定成長期	昭和46年（1971年）	変わりゆく中小企業
	昭和47年（1972年）	変化と多様性時代への適応
	昭和48年（1973年）	発展への試練
	昭和49年（1974年）	新たな課題に向かって
	昭和50年（1975年）	安定成長経済への適応と発展
	昭和51年（1976年）	試練の中の中小企業

安定成長期	昭和52年（1977年）	厳しさの中に活路を求めて
	昭和53年（1978年）	新たな試練を生き抜く中小企業
	昭和54年（1979年）	変わりゆく時代への活力ある対応
	昭和55年（1980年）	80年代を開く中小企業の活力
	昭和56年（1981年）	技術と知識で拓く中小企業の経営
	昭和57年（1982年）	多様化する経済社会への新たな対応
	昭和58年（1983年）	活力ある経済社会を支える中小企業の新たな展開
	昭和59年（1984年）	新しい流れを開く中小企業の活力
	昭和60年（1985年）	変革の時代に挑む中小企業の課題—技術・情報・人材—
	昭和61年（1986年）	新たな国際化時代を生き抜く中小企業の活力
低成長期	昭和62年（1987年）	新たな産業構造の転換に挑戦する中小企業
	昭和63年（1988年）	円高下における産業組織構造の変化と新たな発展への模索
	平成元年（1989年）	円高定着下で進展する構造転換と新たな課題
	平成 2 年（1990年）	景気拡大下で進行する中小企業構造の変化と新たな発展への課題
	平成 3 年（1991年）	21世紀に向けて挑戦を続ける中小企業
	平成 4 年（1992年）	新中小企業像—多様化し増大する中小企業の役割—
	平成 5 年（1993年）	中小企業の課題と進路—新しい経済社会への構造変化の中で—
	平成 6 年（1994年）	構造変化の中での「変革」と「創造」
	平成 7 年（1995年）	新たなる可能性へのチャレンジ
	平成 8 年（1996年）	中小企業の時代—日本経済再建の担い手として—
	平成 9 年（1997年）	"中小企業"、その本領の発揮
	平成10年（1998年）	変革を迫られる中小企業と起業家精神の発揮
	平成11年（1999年）	経営革新と新規創業の時代
	平成12年（2000年）	IT革命・資金戦略・創業環境
	平成13年（2001年）	目覚めよ！自立した中小企業へ
	平成14年（2002年）	「町の起業家」の時代へ—誕生、成長発展と国民経済の活性化
	平成15年（2003年）	再生と「起業家社会」への道
	平成16年（2004年）	多様性が織りなす中小企業の無限の可能性
	平成17年（2005年）	日本社会の構造変化と中小企業者の活力
	平成18年（2006年）	「時代の節目」に立つ中小企業—海外経済との関係深化・国内における人口減少
	平成19年（2007年）	地域の強みを活かし変化に挑戦する中小企業

平成20年（2008年）	生産性向上と地域活性化への挑戦
平成21年（2009年）	イノベーションと人材で活路を開く
平成22年（2010年）	ピンチを乗り越えて
平成23年（2011年）	震災からの復興と成長制約の克服
平成24年（2012年）	試練を乗り越えて前進する中小企業
平成25年（2013年）	自己変革を遂げて躍動する中小企業・小規模事業者
平成26年（2014年）	小規模企業者への応援歌
平成27年（2015年）	地域発、中小企業イノベーション宣言！
平成28年（2016年）	未来を拓く　稼ぐ力
平成29年（2017年）	中小企業のライフサイクル―次世代への継承―
平成30年（2018年）	人手不足を乗り越える力　生産性向上のカギ
令和元年（2019年）	令和時代の中小企業の活躍に向けて
令和 2 年（2020年）	新たな「価値」を生み出す中小企業（上）；地域で「価値」を生み出す小規模企業（下）
令和 3 年（2021年）	危機を乗り越える力（上）；小規模事業者の底力（下）

資料：井上善海・木村弘・瀬戸正則編著〔2014〕p.32（一部筆者加筆）。

　2度の石油危機を乗り越えた日本の工業の国際競争力は、1980年代に入り、強固なものとなった。この工業をリードしたのが広義の機械工業である。機械工業での多数の中小企業の存在と外注関係を軸とする大企業と中小企業との双方を含めた社会的分業関係が、日本機械工業の強力な国際競争力形成の根拠の一つである[15]。

　1985年のプラザ合意に伴い、円高はさらに進み、1 年間で240円から170円水準まで上昇した。その結果、国内ではバブル経済が形成されるとともに、産業分野では大企業を中心に、海外直接投資を軸にした経済のグローバル化が進む契機となった。

　一方、日本ほど第一次オイルショックの影響を受けなかった欧米諸国では、日本のような産業構造の転換が進まなかった。そのため、アメリカは1980年と82年にマイナス成長、ドイツも同じく82年にマイナス成長となった。

2.5 低成長期から今日まで（1991年以降）

1980年代後半期は、地価や株価等の資産価格の高騰期であったが、その後、これらの資産価格は90年代に入ると急落し、今日ではバブル（投機の泡）であったと理解されている。

1989年末に3万8,915円の最高値を付けた日経平均株価は翌年から下がり始め、1992年8月にはおよそ3分の1の1万4,309円にまで下落した。株価の他に地価も暴落し、日本銀行は金利を上げ、また大蔵省（現財務省）が銀行に対して通達を出し不動産融資の「総量規制」に踏み切り地価の下落に拍車をかける結果になった。

バブル経済は円高を直接の原因とするのではなく、円高による景気後退への対策として大規模な金融緩和が実施されてカネ余りの状況となりそれが株式や不動産への投機に向かったことが背景としている。

1991年のバブル経済の崩壊をきっかけに、2008年のリーマン・ショック、2011年の東日本大震災、2020年のコロナ禍の影響を受け、日本経済は2021年現在でも脱出の兆しの見えない長期停滞に突入した。

1997～2017年の日本経済の成長率をみると、ほとんど経済成長していないことがわかる。この期間の名目年度平均成長率は0.28％である。同期間の実質年度平均成長率は0.96％である。この間マイナス成長も4回記録している（図表2.3）。つまり、この期間において消費者物価が上昇しない、デフレ経済現象を呈していたのである。

図表2.3　経済成長率の推移（1997～2017年度）

（単位：兆円、％）

年度	1997	1998	1999	2000	2001	2002	2003	2004	2005	2006	2007
国内総生産（GDP）	533.4	526	521.9	528.4	519.1	514.8	517.7	521.3	525.6	529	530.9
名目前年度比	0.9	−1.4	−0.8	1.2	−1.8	−0.8	0.6	0.7	0.8	0.6	0.4
実質前年度比	0.0	−0.9	0.7	2.5	−0.5	0.9	2.0	1.7	2.0	1.4	1.2

年度	2008	2009	2010	2011	2012	2013	2014	2015	2016	2017
国内総生産（GDP）	509.4	491.9	499.4	494	494.3	507.2	518.2	532.9	536.8	547.4
名目前年度比	−4.0	−3.4	1.5	−1.1	0.1	2.6	2.2	2.8	0.7	2.0
実質前年度比	−3.4	−2.2	3.3	0.5	0.8	2.6	0.4	1.3	0.9	1.9

資料：箕輪徳二「マイナス金利下の株式会社財務の分析的考察（Ⅱ）―2000〜2017年度における全産業・製造業・非製造業の比較分析―」『川口短大紀要』第34号、2020年12月、p.22（原資料：内閣府『経済財政白書』令和元年度版）。

　90年以降の中小企業動向については、信金中央金庫が実施する「全国中小企業景気動向調査」の主要指標である業況判断D.I.（全業種）を比較対照できる形で示している（図表2.4参照）。2000年代に入り、戦後最長の景気拡大期間といわれた時期でさえ、中小企業の資金繰りD.I.は、ほぼマイナスで推移していることである。中小企業の資金繰りが大きく改善しないままに、2007年のサブプライムローン問題に端を発する世界的な金融危機が明らかとなり、翌08年にはリーマン・ショックが世界経済を襲った。中小企業に対する金融機関からの貸し渋りが生じ、借入困難は、97、98年の頃に匹敵するといわれている。

　経済の長期停滞化と同時に、低成長期に悪化し始めた中小企業問題は深刻の度を増している。「バブル景気」で減少した中小企業の倒産は、1990年代以降再び増加、2000年代初めまで高水準を維持した。倒産は2004年から減少に向かったがそれと入れ替わるように休廃業・解散件数が増加、16年には倒産件数の3.5倍になった。

　図表2.5が示すように、倒産と休廃業・解散を合わせた企業の消滅件数は、2000年以降も高水準で推移し、バブル崩壊後の「失われた30年」とも言われるこの間に、企業の廃業率は常に開業率を上回り、企業数は100万社以上減少している。2019年現在、中小企業の半数以上が赤字会社となっている。地域金融・中小企業金融の担い手である中小企業向け金融機関においても、企業向け貸出先数の減少などの面で大きな影響を受けている。

図表2.4　企業規模別業況判断D.I.の推移

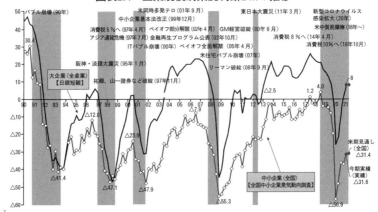

注1．日本銀行「全国企業短期経済観測調査」、中小企業庁「中小企業白書（各年版）」、
　　　信金中央金庫「全国中小企業景気動向調査」をもとに信金中央金庫地域・中小企業
　　　研究所作成。
注2．シャドーは内閣府による景気後退期を示している。
資料：信金中央金庫「信用金庫の視点でひも解く2021年版中小企業白書・小規模企業白書」
　　　『信金中金月報』2021.10、pp.30-41。

図表2.5　企業倒産件数の推移（年別）

年 項目	倒産件数	前年比	大企業	中規模	小規模
00	18,769	22.3	70	3,214	15,485
01	19,164	2.1	74	3,752	15,338
02	19,087	▲0.4	65	3,755	15,267
03	16,255	▲14.8	67	2,986	13,202
04	13,679	▲15.8	50	2,664	10,965
05	12,998	▲5.0	57	2,675	10,266
06	13,245	▲1.9	44	3,199	10,002
07	14,091	▲6.4	76	3,893	10,122
08	15,646	▲11.0	123	5,369	10,154
09	15,480	▲1.1	85	5,806	9,589
10	13,321	▲13.9	75	5,057	8,189
11	12,734	▲4.4	47	4,687	8,000

12	12,124	▲4.8	47	4,022	8,055
13	10,855	▲10.5	7	1,417	9,431
14	9,731	▲10.4	8	1,251	8,472
15	8,812	▲9.4	6	1,159	7,647
16	8,446	▲4.1	7	N.A	8,439
17	8,405	▲0.4	8	N.A	8,397
18	8,235	▲2.0	0	N.A	8,235
19	8,383	1.79	5	N.A	8,378
20	7,773	▲7.2	4	N.A	7,769
21	6,030	▲22.4	3	N.A	6,027

注1．中小企業の定義は中小企業基本法第2条第1項に基づく。
注2．負債額1千万円以上。
注3．倒産とは、企業が債務の支払い不能に陥ったり、経済活動を続けることが困難になった状態
　　　となること。私的整理（取引停止処分、内整理）も倒産に含まれる。
注4．企業倒産は「不況型倒産」が原因であり、倒産主因のうち、販売不振（約70％）、売掛金回収
　　　難、不良債権の累積、業界不振、輸出不振などによるものが多い。そして、放漫経営、設備
　　　投資の失敗、経営計画の失敗、その他などの原因が指摘されている。
資料：東京商工リサーチ（http://www.tsr-net.co.jp/）調べ。

　さらに今後、団塊の世代が2025年に75歳に達することに伴い、その世代の経営者が一斉に引退することで、企業数が10年間で80万社一気に減少するという推計もある。

　経済の長期停滞化と中小企業問題悪化の原因は何なのか、それはともに「戦後大企業体制」の変容にある。「戦後大企業体制」の変容が経済の長期停滞化を引き起こし、さらに中小企業問題を悪化させ、中小企業への打撃を倍加させる作用も持っていたことが明らかである。[16]

　経済グローバル化の影響としては、80年代の貿易摩擦や90年代以降の中国の改革開放路線、アジア経済のキャッチアップにより日本企業の海外進出が加速し、産業の空洞化が進んだことも事実である。

　今後の見通しとしては、人口減少や高齢化が進む中で、中長期に日本の経済拡大は期待しにくい。特に機械金属工業などでは、創業が難しくなってい

く可能性が高く、廃業はさらに進むとみられる。

演習問題

1. 日本の経済はどのように発展してきたのか、またその中で中小企業はどのように誕生し成長してきたのかについて述べなさい。
2. 「日本資本主義の父」と称される渋沢栄一の歩みについて調べなさい。
3. 日本におけるバブル経済崩壊後の中小企業の変化について述べなさい。

注

1 世界最古の企業といわれている寺社建築の金剛組（創業578年）は、2006年に経営の体制が変わるまでは、ファミリー・ビジネスであった。
2 金原達夫〔2013〕、p. 8。
3 「日本企業の成り立ちと近代経営の確立」
https://job.mynavi.jp/conts/2021/tok/p/sonzaikachi/003.html
（2021年2月5日最終閲覧）。
4 その当時の日本の中小企業はヨーロッパ先進国から導入された移植産業に対比して、在来産業と呼ばれる。在来産業とは、「近世以来の伝統的な商品の生産流通ないしサービスの提供に携わる産業であって、主として家族労働、時には少数の雇用労働に依存する小経営によって成り立っている産業である」（中村・1985）。例えば、在来産業の一つである紡績は、綿花や羊毛、麻といった比較的短い繊維を撚り合わせながら伸ばして糸を作ることを指す。撚りをかけることで、糸に均一性、弾力性、収縮性、光沢性といった性質を与えるわけである。糸は、原料によって綿系、絹糸、毛糸などに分けられる。紡績は、家族を主体とした小零細規模経営がその特徴である。
5 吉沢正広〔2013〕、pp.21-23。
6 戦後発生した厖大な過剰労働力にも関わらず、1947年の完全失業率は0.74%に過ぎない。49年のドッジ・デフレの時にも完全失業者はそれほど増えず、54年の不況時に急増したが、それでも完全失業率は54年2.27%、55年2.50%にとどまった（以後失業率は低下している）。過剰労働力は中小企業労働者、自営業主・家族従業者の増加によって吸収・全部雇用が実現され、社会秩

序が保たれた点が重要である。

7　相田利雄・小川雅人・毒島龍一〔2002〕、p.275。

8　黒瀬直宏〔2018〕、p.198では、「経済民主主義」の全体像を次のように述べている。a.市場では多数の独立的な企業による対等取引と参入自由（「市場民主主義」）、b.企業内では対等な労使関係と労働者の経営参加（「経営民主主義」）、c.政策では以上のために必要な大企業規制・中小企業支援・労働者支援の装置の整備及び中小企業経営者労働者の政策形成への参加（「政策民主義」）、が実現している経済であること。このような「経済民主主義」が存在しなければ、経済権力を持つ者に政治権力も集中し、真の民主主義社会は実現しない。「設置法」の目的にはb.は含まれないが、c.の一環であり、a.を目指すものである。

9　黒瀬直宏〔2013〕において、「1950年代に始まった大企業体制の復活と共に、中小企業問題は大企業体制そのものに起因するようになった」、と述べている。

10　Original Equipment Manufacturingの略で、完成品もしくは半完成品を相手先ブランド名で生産することを指す。一般的に、海外市場に参入する場合に利用されやすい。

11　白川方明〔2011〕、フィンランド中央銀行創立200周年記念会議における発言の邦訳。

12　中村秀一郎〔1964〕は、中堅企業の特徴として、大企業の別会社ではなく独立的であること、証券市場を通じての資本調達可能な規模にたっしていること、個人・同族会社としての性格も残していること、その製品は独自の技術、設計考案によるものが多く、量産化により独占的地位も獲得し、大企業の購入寡占に対抗しうること、を挙げた。

13　ベンチャー企業の概念は、清成忠男・中村秀一郎・平尾光司『ベンチャー・ビジネス─頭脳を売る小さな大企業』日本経済出版社、1971年、と中小企業庁による政策研究に基づいている。

14　黒瀬直宏〔2018〕、pp.198-221。

15　前田重郎・石崎忠司〔1999〕、p.4。

16　黒瀬直宏〔2018〕、pp.351-352。

参考文献

相田利雄・小川雅人・毒島龍一〔2002〕『新版・現代の中小企業』創風社。

加藤健太・大石直樹〔2013〕『ケースに学ぶ日本の企業～ビジネスヒストリーへの

招待』有斐閣ブックス。

川上義明編著〔2006〕『現代中小企業論』、税務経理協会。

清成忠男・田中利見・港徹雄編著〔2001〕『中小企業論』、有斐閣。

金原達夫〔2013〕『やさしい経営学』第4版、文真堂。

黒瀬直宏「戦後復興期の中小企業問題」『嘉悦大学研究論集』2013年3月20日
(https://kaetsu.repo.nii.ac.jp/?action=repository_action_common_download&
item_id=272&item_no=1&attribute_id=18&file_no=1/2021年11月1日最終閲覧)。

黒瀬直宏〔2018〕『複眼的中小企業論』同友館。

白川方明〔2011〕「高度成長から安定成長へ―日本の経験と新興国経済への含意―」
https://www.boj.or.jp/announcements/press/koen_2011/data/ko110506a.pdf

中垣昇〔2011〕『日本企業のダイナミズム』、文真堂。

中村秀一郎〔1964〕『中堅企業論』東洋経済新報社。

橋本寿朗・長谷川信等〔2019〕『現代日本経済』第4版、有斐閣アルマ。

前田重郎・石崎忠司〔1999〕『中小企業の現状とこれからの経営』中央大学出版部。

松野周治・今田治・林松国編著〔2016〕『東アジアの地域経済発展と中小企業』、
晃洋書房。

吉沢正広〔2013〕『歴史に学ぶ経営学』、学文社。

第 **3** 章

中小企業の創業

【ポイント】

　企業は生まれて成長して、そして成熟していく。そのスタートラインである企業の誕生は、経済社会の発展にとって重要な役割を担うと考えられる。新興企業の登場は、経済の新陳代謝を促すからである。

　時代とともに新しい事業分野が生まれ、そこを焦点に創業が重ねられていく。戦後から1990年代の中頃まではモノづくり産業、一般的な商店、サービス業、90年代以降はIT産業、2000年からスタートした介護保険を焦点とする「医療・福祉」などが、その時々の創業の主要な受け皿となっていた。

　創業には、3つの要素が不可欠である。①アントレプレナー、②事業機会、③経営資源。

　1999年には中小企業基本法が改正され、創業支援は中小企業政策の柱の一つと位置づけられた。中小企業が過小過多と形容されていた時代とは隔世の感がある。

3.1　創業の要件

　日本では1990年代から創業を支援する動きが始まった。中小企業庁が1990年に発表した「90年代の中小企業ビジョン」では、中小企業を企業家精神の発揮の場と捉え、創業促進が初めて中小企業政策の重点として掲げられた。

さらに、1999年には、1963年に制定された中小企業基本法の大改正が行われ、創業支援が中小企業政策の一つとして位置づけられるに至った。21世紀に入っても創業支援は引き続き重要な政策課題とされている。

その背景には、創業・新規開業が果たしうる多様な役割が広く認識されるようになったことがある。その役割とは、少なくとも次のような点である。第1に雇用の創出である。この点は厚生労働省「雇用動向調査」の分析を通じて確認されており、1990年代のほぼすべての年において新規開業企業は、存続企業以上に雇用を創出していることが明らかにされている[1]。第2に成長企業の苗床としての役割である。米国を見ると、マイクロソフトやインテル、グーグルをはじめ数多くの世界的企業が誕生し経済を活性化してきた。日本においてもソニーや京セラなど、創業期に「国民金融公庫（当時。現・日本政策金融公庫）の融資を受けたような企業がその後大きく成長し、リーディング・カンパニーになったという例は少なくない。もちろん、すべての企業が成長するわけではない。大きく成長するのはごく一部である。それだけに、多くの成長企業が輩出するためには、より広い苗床が必要となる。第3は競争の促進である。新たな企業が誕生し市場に参入すれば競争が始まり、生産性が低い企業が退出する。そこに投下されていた資源がより効率的な企業にシフトすれば経済全体の生産性は上昇する。競争の中でイノベーションが誘発されることも少なくない。第4は、変化への対応である。経済や社会は日々刻々と変化しており、その結果として新たなニーズが次々に誕生している。新しい企業の誕生と成長は、新たな製品サービスを生み出し顧客満足を生み出す、既存企業では対応できなかった社会的課題を解決する、など社会的にも大きな意味がある。

全体的な開業率が低下している中で、創業・開業が目に付くのは、パソコン1台からでも起業可能なIT関連、居抜きの貸店舗で開始されるカフェなどの飲食業や美容業など、さらに農産物の直売、加工など、そして介護・福祉関係、多様なコンサルティング業などが挙げられる。特に、近年の日本で事業所が増加しているのは、「医療・福祉」と「農業」関連分野なのである。

その多くは初期投資が少なくて済む事業分野である。また、これらの領域では、女性による起業が目立つことも指摘できる。

　創業には、3つの要素が不可欠であるといわれている。それは、①アントレプレナー、②事業機会、③経営資源、である。これら要素は、互いにバランスがとれていなければならないし、いずれかの要素が著しく欠けると、成功は難しくなる。またこれらの要素を他の人に伝わるように表現したものが「ビジネスプラン」である[2]（図表3.1）。

　アントレプレナーとは、起業家といい、事業機会に気づき、その機会を追求する組織をつくる人である。創業のプロセスは、不確実性やリスクにあふれているが、アントレプレナーは、それを受け入れ対処する。どのような事業を始めるにしろ、アントレプレナーが新しい事業の成功のカギを握っている。

　事業機会とは、アントレプレナーが、利益を生み出すと確信できるような経営資源の組み換えのための新たな手段・目的のアプローチを作れるような状況のことである。つまり、事業機会がある状態とは、自社が事業を行ったときにそこに顧客が存在することなのである。事業機会を見つけるには、技術の変化、政策・規制の変化、社会の変化、産業の変化に着眼することが必要となる。

図表3.1　創業のフレームワーク

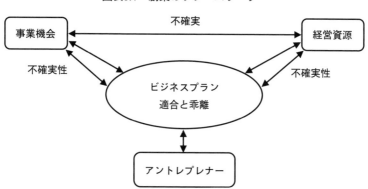

（資料）東北大学経営学グループ〔2019〕、『ケースに学ぶ経営学』［第3版］有斐閣、p.22。

経営資源には「ヒト・モノ・カネ・情報」が含まれる。創業間もない企業にとってヒトと並んで最も重要なのはカネだといえる。創業してからしばらくは赤字が累積していくのが一般的で、創業期の企業の生死はそのときの資金調達力によって決定されるといっても過言ではない。

　そして、ビジネスプランはアントレプレナーが、市場のニーズを踏まえた創業目的を達成するために、事業機会を分析し、それを達成するための経営資源を集め、それを実行するためにどのような組織をつくり実行していくかについてのストーリーが描かれ、それが実現可能であり妥当なものであることを示す文書のことである。

　企業が創業をするときには、次のようなアクションが欠かせない。①生産する財やサービスに関する技術を導入、開発する。②労働者を集め、学習させる。③売り先を決める。④必要な設備などを投資・設立する。⑤必要な原材料などを調達、財の生産、販売を行う。⑥企業が利益を上げる。

　一方、開業までの準備の中で最も大きな課題となっているのが、資金調達である。事業を始めるには、初期の投資額と事業が順調に推移するまでの期間の運転資金等は、業種にもよるが、約1,000万円が必要となるだろう。このような大金は、金融機関からの調達が難しいため、開業しようとすれば親族や友人からの借入で資金を調達し事業をスタートする起業家も少なくない。資金調達ができれば、人材の確保と販売先の確保といった開業までの課題も解決できる。

　中小企業白書によると、開業後の課題は、(1)質の高い人材の確保、(2)資金調達、(3)販売先の確保の順となっている。特に起業家を補佐する優秀な人材の確保は重要な課題であるが、それがなかなか実現できないという企業が全体の約半数存在している。開業後、経営に関する知識・ノウハウの習得、自社の事業・業界に関する知識・ノウハウの習得、などといった経営課題も考えられる。そして、従業員への給与の支払、事務所等の維持管理費用、営業活動費など、さまざまな費用の支出に耐えうるような資金を確保する必要がある。近年、開業率を高めるために、国・地方自治体等を中心に数多くの

支援策が実施されてきている。

3.2　企業形態

　企業の種類のことを企業形態と呼んでいる。少し詳しく言えば企業資本の出資と、それに伴って生ずる出資者の責任形態の関係から企業には各種の形態が考えられる。これを一般に企業形態という。企業形態は、大きく公企業と私企業と分類することができる。

　まず、公企業とは、所有と支配の主体が国または地方公共団体の企業のことである。つまり、公企業は、国あるいは地方公共団体が出資を行って、公共性を追求しながら事業を行う企業である。公共性が高い事業であったり民間企業では負担が大きすぎる事業を、国や地方公共団体が公企業として運営するのである。

　次に、私企業とは、民間の出資により民間の経営支配が行われる企業のことである。つまり、私企業の「私」とは、個人という意味ではなく、民間という意味である。私企業は、個人企業と会社と各種組合に分けられる。

　企業を創業するにあたっては、企業形態に関して、いくつかの選択肢が与えられている。まず個人として事業を営むのか、それとも会社を設立して事業を営むのかの選択である。

　企業資本の出資を個人で行い、従業員を雇用して営む営利事業組織が「個人企業」である。会社組織でない個人商店は、個人企業の例である。個人企業は、経営者と所有者が一致しているのが普通で、経営に自由があり弾力性がある一方で、労働力、資本とも限られるので事業の範囲が狭くなる。このため、現実には多くの個人企業が、家族や親族の名前を出資者に連ねて会社形態を装うことになる。実質的には個人企業でありながら、法律上、会社形態を採用することを「法人成り」と称する。法人成りによって税制上の恩典を受けられる効果も、小さくはない。

　この事実から知られるように、事業の発展と企業の成長を考えるならば、

初めから会社形態を選択することが賢明である。副業目的の事業、初期投資の少ないIT関連事業、ニッチ狙いの事業（販売やサービス）では個人企業も有力な選択肢となりえる。

　会社とは、厳密に定義するなら、複数の出資者を擁しうる企業形態を意味する。実際、出資を多数者に仰ぐことができるならば、資本が豊かになり、事業の運営にも、ゆとりが生じることはいうまでもない。

　あらゆる事業に認められる一般的な会社形態としては、2006年施行の新会社法では、合名会社、合資会社、合同会社、株式会社の合計4種類がある。そして過去に設立が認められていた会社形態の一つである有限会社も存在している[4]（図表3.2）。

　出資者は、合名会社、合資会社、合同会社の場合には、社員（普通に使う従業員としての会社員とは意味が異なる）、株式会社の場合には株主という。これら会社形態の相違は、出資者が債権者に対してどこまで責任を負うか、さらには、株式会社の場合には、株式を自由に売れるか否かの違いによって区別されている。

図表3.2　企業の形態別の特徴

形態	個人	法人				組合	
		株式会社		持分会社		LLP（有限責任事業組合）	民法上の組合
		公開	非公開	LLC（合同会社）	合名会社（合資会社）		
構成員	事業主・出資者	株主	株主	社員	社員	組合員	組合員
法人格の有無	なし	あり	あり	あり	あり	なし（組合契約の存在）	なし（組合契約の存在）
事業主・株主・社員・組合員の責任のあり方	無限責任	有限責任	有限責任	有限責任	無限責任と有限責任	有限責任	無限責任

出資者の数	1名以上	1名以上	1名以上	1名以上	2名以上	1名以上	1名以上
出資の目的物	—	金銭又は金銭以外の財産	金銭又は金銭以外の財産	金銭又は金銭以外の財産	金銭等の財産に加え、労務も可	金銭又は金銭以外の財産	金銭等の財産に加え、労務も可
必要機関	なし	株主総会と取締役（任意機関として取締役会・監査役（会）・委員会など）	株主総会と取締役（任意機関として取締役会・監査役（会）・委員会など）	定款の定めによる（必要機関はなし）	定款の定めによる（必要機関はなし）	組合契約による（必要機関はなし）	組合契約による（必要機関はなし）
業務執行	事業主	取締役	取締役	社員	社員	各組合員（義務でもある）	各組合員
会社の代表	事業主	各取締役（代表取締役を定めた場合は代表取締役または代表執行役）	各取締役（代表取締役を定めた場合は代表取締役または代表執行役）	業務執行社員	業務執行無限責任社員	業務執行組合員	業務執行組合員
最低資本金	制限なし	制限なし	制限なし	制限なし	制限なし	制限なし	制限なし
出資持分の譲渡	制限なし	原則…譲渡自由 例外…定款による制限	譲渡につき会社の承認が必要	他の社員全員の承諾が必要	原則…他の社員の全員の承諾	他の組合員全員の承諾が必要	他の組合員全員の承諾が必要
議決権・利益の配分	事業主の裁量による配分	原則として出資比率に応じた均等配分	原則として出資比率に応じた均等配分	定款の定めにより、出資比率と異なる配分が可能	定款の定めにより、出資比率と異なる配分が可能	総組合員の同意により、出資比率と異なる配分が可能	総組合員の同意により、出資比率と異なる配分が可能
課税	事業主に課税	法人に課税、株主に対しても課税	法人に課税、株主に対しても課税	法人に課税、社員に対しても課税	法人に課税、社員に対しても課税	組合には課税されず、組合員に対して課税	組合には課税されず、組合員に対して課税

資料：木村重雄〔2007〕「企業形態の選択」太田一樹・池田潔・文能照之編『ベンチャー・ビジネス論』実教出版、p206に一部筆者加筆。

ごく少数の出資者で小規模事業を起こすつもりなら、合名会社が便利である。

　合名会社は、資本の提供者である出資者全員が無限責任を負って共同して経営に従事する会社形態をいう。

　出資者は共同経営者でもあり、社員の名前を連ねたことから、合名会社という名称がつけられた。その代表的な事例は、現在の三井グループの前身である三井合名会社である。

　無限責任とは、事業から生ずる債務について、出資者がその出資額を超えて、連帯してその債務の返済責任を負うことを意味している。

　このことは、事業に失敗し会社資産では債務を返済できないときには、個人の家や土地を売却してでも出資者はその債務を返済しなければならないということである。そのため出資者は、無限責任によって生ずる事業のリスクを小さくするために、親、兄弟のような血縁関係で結ばれた狭い範囲の少人数に出資者を限定しようとする。つまり、合名会社はリスクの小さな事業になりがちである。合名会社にはこのように無限責任のリスクがあるため、出資持分の譲渡については出資者全員の同意を必要としている。

　比較的少数の出資者で比較的小規模の事業を行おうというのであれば、合資会社が準備されている。

　合資会社は、資本を出して経営に加わる無限責任の出資者と、資本を出しても事業の経営には参加しない有限責任の出資者の２種類が存在するのである。有限責任社員を設けることにより出資者の数を増やすことができ、より大きな資金を集めることができる。この代表的な事例は三菱グループの前身である三菱合資会社である。

　合資会社も合名会社も、社員に無限責任を含み、個人あるいは家族の財産を運用し、それを増大させようとする古典的な会社である。

　合同会社は、2006年の会社法改正により新たに設けられた会社制度である。株式会社と同様に、合同会社ではすべての出資者が有限責任であるが、内部関係については社員全員の一致で意思決定が行われ、各社員が自ら会社業務の執行にあたるなどの点で、株式会社とは異なっている。つまり、合同会社は、

共同事業を運営することを想定した会社形態で所有と経営が一致し、内部的には協同組合、外部的には有限責任の特徴を備えている。設立が簡単であり、財務情報公開の義務がないため、設立が増えている。合名会社、合資会社と同様に、他の出資者の全員の承認がなければ、その持ち分を他人に譲渡することができない。合同会社とは言いながら、1人でも設立することができる。

　株式会社は、出資者（株主）が経営にかかわることを必要とせず、全出資者が事業のリスクに対して有限責任を負い、出資者数に制限がない企業形態である。その基本的な特質は、①法人格、②全出資者の有限責任制、③資本の証券化と譲渡可能性、④会社機関の成立、⑤所有と経営の分離（出資者（株主）による所有）の5つである。

　株式会社は、「公開株式会社」と「非公開株式会社」から構成されている。まず、「公開株式会社」は、会社の承認を必要とせずに株式を自由に譲渡できると定款で定めている株式会社である。しかし、会社法上の「公開会社」は「証券取引所への上場会社（IPO）」を意味しているわけではない。

　一方、すべての株式を定款で譲渡制限している会社は、「非公開会社」（会社法第二条の五以外の会社）である。非公開株式会社は有限責任社員から構成され、有限会社という名称で活動している場合がある。従来の有限会社は、2006年から施行された会社法では、非公開の株式会社として分類されている。中小企業のための会社形態ともいわれ、株式会社に比べ機関の規定が緩和され、運営が簡便になっている。

　以上のように、私企業形態には、大きく、合名会社、合資会社、合同会社、株式会社がある。東京商工リサーチの発表によると、2018年の新設法人数は13万社であり、法人格別では、株式会社が8.8万社（構成比68%）、合同会社は2.9万社（同23%）である。設立や会社運営に関わる費用が安く、経営の自由度が高い合同会社は、増加の傾向にある。新設法人数を産業別にみると、1位はサービス業他の5.3万件、2位は不動産業の1.6万件、3位は建設業の1.4万件、4位は情報通信業の1.1万件、5位は小売業の1.0万件となっている。既存の法人数で言えば卸・小売業が1位であるが、新設法人数はサービス業

が1位となっている。そして企業形態の中で、非公開の株式会社は中小企業を中心としており、公開の株式会社は大企業を中心としている。

3.3　株式会社の設立

株式会社を設立する場合、発起設立か募集設立か、発起人が1人か、複数いるかなどで手続きが若干異なるが、基本的には定款の認証→出資金の払い込み→登記という流れになる。

具体的には、次の手続きが必要となる。①株式会社の設立企画者である発起人（自然人1名以上または法人）の確定、②会社の根本規則である定款の作成、③出資金の提供者の範囲とその出資金額の確定、④会社活動の基礎となる取締役の選任、⑤会社設立の登記申請である。

株式会社と持分会社は、組織形態などにおいて相違点があるが、設立方法に関しては、最初に定款を作成し、最終的に「設立登記」を行うことによって会社が成立する点で一致している（会社法第26条、第49条、第575条、第579条）。

定款認証は株式会社のみ必要となり、持分会社設立時には必要がない（会社法第30条）。

株式会社設立の手順は、以下の通りである。[6]

3.3.1　発起人の決定

発起人は1株以上の出資が必要となる。発起人の氏名または名称、住所とともに、発起人の引受株数の記載が必要となる。

3.3.2　基本事項の決定

会社の目的、社名、事業内容、本店所在地、資本金の額、持株比率、役員構成、決算期などの会社の基本的な事項を決定する。

3.3.3　定款の作成

定款とは、会社の憲法とも呼べるもので、会社の根本となる重要な規則である。定款の作成では、書籍やwebサイトにある記載例を参考につくるのが

一般的である。いくつかの記載例をもとに、自分たちの状況に合わせて修正して原案をまとめる。

3.3.4　定款の認証

公証人によって、定款の記載に法令上の問題がないかなどをチェックし、間違いのない定款であることを証明してもらう。公証人は、法務大臣に任命された法律事務の専門家である。

3.3.5　会社の印章を注文する

登記では会社の印鑑を届け出す。社名が決定したら代表者印（実印）や銀行印、角印などをつくる。

3.3.6　出資金の払込

発起人は引き受けた株数に相当する金額を、金融機関に払い込む。まだ会社設立前で、会社名義の口座はつくれないので、発起人の口座に振り込むことが多い。自分の口座であれば、自分の預金残高がすでにあっても、出資金の金額をいったん引き出して、入金し直す。

3.3.7　登記申請

設立登記は、本店所在地を管轄する法務局などに申請する。設立登記の申請には、取締役 1 人で書類を減らした場合でも「株式会社設立登記申請書」「登録免許税の収入印紙貼付台紙」「定款」「設立時取締役の就任承諾書」「取締役の印鑑証明書」「払い込みを証する書面」「印鑑届書」といった書類が必要である。これらの必要書類は定款の記載内容などによって変わる。設立登記には登録免許税が必要である。

登記を申請した日が原則として会社の設立日になる。

3.3.8　設立後の手続き

登記が完了すれば会社は設立されているが、年金事務所や税務署、役場への書類の提出が必要である。また、一般的には金融機関の口座も開設する。これらの手続きには「履歴事項全部証明書」（登記簿謄本）が必要な場合がある。

株式会社の発起人だけでは当初必要と考えている出資金が不足するので広く出資金を集めたい、出資者が遠方に住んでいるので設立手続きに関わるの

が面倒、といった理由で募集設立を選択することがあるが、一般的には手続きがシンプルな発起設立を選択する。

　会社機関は、株式会社の発生史においては、株主総会、取締役会、監査役を指している。株主総会は出資者の集まる場である。出資者は、法律的には会社の所有者であるため、株式会社における最高の意思決定機関は株主総会である。これに対し、取締役会は、株主の委託を受けて業務執行の基本的意思決定を行う機関である。

　株式会社のアウトラインを決めたら、いよいよ定款を作成し、公証人の認証を受ける。

　株式会社を設立するには、発起人がまずこの定款を作成し、これに署名または記名押印する必要がある（この最初に作成される定款を原始定款という）。

　この原始定款は、公証人の認証を受けて初めてその効力が発生する。そしていったん効力が生じると、一部を除いては変更できなくなる。

　定款に記載すべき事項は会社法で定まっており、その性質によって絶対的記載事項、相対的記載事項、任意的記載事項に分かれる[7]。以下、絶対的記載事項を取り上げる。

　絶対的記載事項はとは、定款に必ず記載しておかなければならない事項であり、これらの記載がないと定款は無効になる。その内容は以下の通りである。

①商号。商号は社名である。株式会社であれば商号に「株式会社」の文字を入れなければならない。「株式会社」の文字を前に付けるか後ろに付けるかは経営者の好みで自由に決めることができる。漢字やひらがな、カタカナの他に、アルファベットやアラビア数字なども使える。

②目的。会社は、目的として記載された範囲内でのみ法人格を持ち、事業を行うことができる。目的は、以下のように会社が行う事業を列挙する。

　1．○○の製造及び販売

　2．△△の企画及び運営

　3．××料理店の経営

　4．前各号に附帯または関連する一切の事業

③本店の所在地。「当会社は、本店を○県○市に置く。」と最小行政区画
　（市町村、東京の23区）まで書くか、「○県○市○丁目○番○号」と住居
　表示まで書く。

④設立に際して出資される財産の価額またはその最低額。設立時に出資さ
　れる財産価額もしくは最低額を書くが、これに関連して、資本金の額、
　発行する株式の数、発行可能株式総数も書くことが多い。1株の価格を
　いくらとするかは自由であるが、1株1万円や5万円をよく見かける。

⑤発起人の氏名または名称および住所。発起人については、最後の方の附
　則に、発起人が引き受ける株数と合わせて書くことが一般的である。

⑥発行可能株式総数。

　中小企業庁が2018年発表した「経済センサス・活動調査（確保）」による
と、2016年の企業数は386万社である（中小企業基本法基準）。そのうち、会
社以外も含めて「法人」に該当するものが188万、「個人経営（個人事業主）」
が198万と、およそ半々となっている。業種別の企業数をみると、1位は卸
売業・小売業の84万社（22%）、2位は宿泊業・飲食サービス業の51万社
（13%）、3位は建設業の43万社（11%）、4位は製造業の38万社（10%）、5
位は生活関連サービス業の37万社（10%）となっている。この上位5業種の
合計で、企業数全体の66%と、限られた業種でかなり高いシェアを占めてい
ることがわかる。

　都道府県別の企業ランキングは、1位は東京都の42万社、2位は大阪府の
27万社、3位は愛知県の21万社、4位は神奈川県の19万社、5位は埼玉県の
16万社となっている。神奈川や埼玉に住みながら、東京の会社に勤務してい
る、東京に会社を設立している経営者が多いということである。逆に、企業数
が少ないのは、鳥取県の1.6万社、島根県2.2万社、佐賀県2.4万社の順である。

3.4　経営計画

　株式会社設立後、事業開始には、しっかりした経営計画が不可欠である。

計画性のない行きあたりばったりの経営では、事業がすぐに破綻することは、目に見えている[8]。

経営計画は、次の3つの内容から構成される[9]。

①企業目標を設定すること

②目標達成のための方針を確立すること

③方針に従って手順を決定すること

要するに、「目標の設定→方針の確立→手順の決定」という流れである。例えば、環境整備に関する方針、商品に関する方針、仕入れに関する方針、お客様に関する方針、販売に関する方針、ライバルに関する方針、新規開拓に関する方針、など。

経営計画は、見通す時間的長さに応じて、長期計画、中期計画、短期計画の3つを作成するのが普通である（図表3.3）。短期計画とは、1年以内を見通すものをいう。中期計画、長期計画の長さについては、決まりがあるわけではないから、企業が状況に応じて、適宜、決めればよい。一般的には、中期計画といえば2～5年、長期計画といえば5～10年というのが相場であろう。

経営計画書は、社長の決意を文章にしたものである。そこに経営環境の分析や評価が加味されれば、実現性が高い経営計画となる。

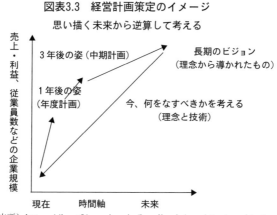

図表3.3　経営計画策定のイメージ

（出所）https://j-net21.smrj.go.jp/handbook/org/strategy.html

演習問題

1．会社設立前から設立 1 年までのスケジュールの中で、特に押さえて
　　おきたいポイントをチェックしながら進めてみよう。
2．皆さんが関心のある企業の創業者を選び、その創業者が起業するこ
　　とになった経緯や理由を、創業者の自伝や雑誌記事、新聞記事など
　　から調べてみよう。
3．次の会社企画シートに従い、魅力ある会社を企画せよ。

会社企画シート

事業内容：

商品・サービス内容：

だれに

どんな商品・サービスを

業種：

会社名：

メンバー：

社長

財務担当

営業・宣伝担当

社会貢献担当

（資料）日本証券業協会ホームページ
（https://www.jsda.or.jp/gakusyu/edu/curriculum/mrx.html/2021年 7 月 28 日最終閲覧）

注

1　鈴木正明〔2012〕、p. 4 。
2　東北大学経営学グループ〔2019〕、pp.21-23。
3　小松章〔2006〕、p.14。

4 https://ja.wikipedia.org/wiki/有限会社（有限会社（ゆうげんがいしゃ）とは、日本において過去に設立が認められていた会社形態の１つである。2006年（平成18年）５月１日の会社法施行に伴い根拠法の有限会社法が廃止され、それ以降、有限会社の新設はできなくなった。会社法施行の際に存在していた有限会社は、以後は株式会社として存続するが、従来の有限会社に類似した経過措置、特則が適用される。また、商号の変更も強制されないため、有限会社法廃止後も有限会社を名乗る会社が多数存在する。）

5 上林憲雄・奥林康司等〔2020〕、p.50-54。

6 https://j-net21.smrj.go.jp/startup/manual/list6/6-2-1.html「株式会社の設立手続き」。

7 山口毅〔2012〕、p.92-93。

8 https://www.chusho.meti.go.jp/pamflet/hakusyo/2020/shokibo/b3_2_1.html（株）野村総合研究所が「令和元年度中小企業支援機関の在り方に関する調査事業」において実施した、「中小企業・小規模事業者と中小企業支援機関を対象としたアンケート調査」結果によると、中小企業における経営計画又は事業計画の策定状況については、小規模事業者における策定状況は５割を下回る。他方、中規模企業では、約７割の企業が経営計画等を策定していることが分かる。

9 小松章〔2006〕、p.23。

参考文献

上林憲雄・奥林康司等〔2020〕『経験から学ぶ経営学入門』［第２版］有斐閣ブックス。

小松章〔2006〕『企業形態論』（第３版）新世社。

鈴木正明〔2012〕『新規開業企業の軌跡―パネルデータにみる業績，資源，意識の変化』，勁草書房。

高田亮爾・上野紘ほか〔2011〕『現代中小企業論［増補版］』同友館。

東北大学経営学グループ〔2019〕『ケースに学ぶ経営学』［第３版］有斐閣。

山口毅〔2007〕『小さな会社のつくり方』ナツメ社。

渡辺真理子「産業発展における企業の戦略、競争をどうやって捉えるか―需要関数推定の応用可能性に関するメモ―」『アジア研究所調査報告書』2011年３月（https://www.ide.go.jp/Japanese/Publish/Reports/InterimReport/2010/2010_411.html/2021年８月20日最終閲覧）。

第4章

中小企業経営

【ポイント】

　「経営」とは何かという問いに対して、古くから言い表されてきた最もシンプルな解答は、"Plan-Do-See"というものである。日本語でいえば、「計画―実行―統制」ということになる。

　少し丁寧にいえば、経営とは、一定の目的を達成するために多数の人が集まってつくる組織を管理運営することである。

　ヒト、モノ、カネ。俗称にならって表現すれば、企業活動に投入される経営資源は、この3つになる。これらの三要素は、常に連鎖的に循環する関係にあってとどまることがない。ヒトがモノを企画・生産・販売し、その売上収入の内からヒトに報酬が支払われ、原材料・部品の仕入れがまかなわれる。さらに残った留保利益を資本化して新たな拡大再生産のためのカネが充当される。そして、この連鎖的循環のための潤滑油の役割を果たすのが、第四の要素、情報なのである。

　リンカーンの言葉をもじっていえば、「株主・出資者を所有主体とし、経営者・従業員を運営主体として、顧客・消費者を目的主体とする企業」(enterprise of the shareholders, by the employees, for the customers) あるいは語順を変えて「消費者のために、従業員によって運営される、出資者所有の企業」こそが、われわれの想定するプロトタイプなのである。

　ヒト、モノ、カネ。俗称にならって表現すれば、企業活動に投入される経

営資源は、この3つになる。これらの三要素は、常に連鎖的に循環する関係にあってとどまることがない。ヒトがモノを企画・生産・販売し、その売上収入の内からヒトに報酬が支払われ、原材料・部品の仕入れがまかなわれる。さらに残った留保利益を資本化して新たな拡大再生産のためのカネが充当される。そして、この連鎖的循環のための潤滑油の役割を果たすのが、第四の要素、情報なのである。

2015年国連サミットで「持続可能な開発のための2030アジェンダ」が採択されて以来、SDGs（持続可能な開発目標：Sustainable Development Goals）は産業界や教育界を中心に広く知られるようになってきた。中小企業にとっても、企業価値や競争力の向上を図るうえで、SDGsへの取り組みが重要となってきている。SDGsは、価値の源泉である。

近江商人の「売り手よし」「買い手よし」「世間よし」の「三方よし」の精神にも見られるように、「会社は社会のためにある」と考える日本企業は多い。日本企業にとってSDGsとは、決して舶来の未知のものではなく、企業理念や社訓を礎に、長らく自ずと意識し実践してきた取り組みが、別の形で具体化されたものといえる。

4.1　中小企業の経営者

企業の目的が顧客を創造することにあるので、企業はマーケティングと革新だけが成果を生み、その他の職能は費用だけしか生まない。マーケティングは、企業やその他の組織における、その提供する商品（物資、サービス、アイディア）についての流通関係の企業活動であり、商品を意図的に計画的に流通させることを目的とする。生産を行う事業経営においては、購買、生産、研究開発（R&D）などとともに実体的な活動を構成し、これらは財務や人事などの活動によって支えられている。経営者がその全体を統括する（図表4.1）。

図表4.1　経営の諸活動

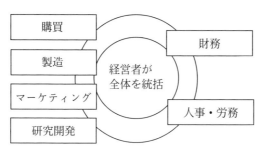

資料：中川涼司・高久保豊〔2017〕『現代アジアの企業経営—多様化するビジネスモデルの実態』ミネルヴァ書房、p.208。

　経営者という言葉は、社長のような個人を意味して使用されることが多い。しかし、法人経営におけるすべての最終意思決定は、取締役会において社長を含む取締役全員の決議になされるのであって、企業経営は社長一人の意思決定によって執り行われるわけではない。社長は、株主総会直後の取締役会において取締役の中から選任される代表取締役を指すことが多い。

　大企業はこのような取締役会組織によって動くが、中小企業では所有者・経営者個人の決定権限が強く、その意思決定が行動に直接的に反映されるので、経営者の資質や能力が、成長の限界を決める場合が多く、また倒産の要因になりやすい。この点で、経営者と成長の関係に関心がもたれる。

　つまり、会社組織に設置が義務づけられている取締役について、中小企業の場合には経営者たる社長が取締役の代表を兼務していることが多いため、中小企業の社長は、経営者＝株主＝取締役という１人３役を兼務していることになる。

　そして、経営者のタイプを、生産性指標である売上高規模で見るとそれぞれ特徴がある。中小企業庁は、中小企業の全体像をつかむため、2016年度のCRDデータ（約95万社）の売上高、営業利益、総資産、純資産の４つの財務指標における中小企業の分布状況を公表している[2]。

　図表4.2は、売上高から見た中小企業の企業構成割合の分布である。中央値は９千９百万円で、売上高１億円以下の中小企業が全体の50％強を占めて

いる。また、構成比として最も多いのは売上高3〜4千万円の企業である。

　卸・小売業等販売業でいえば売上高3千万円未満の企業は、従業者は1人もしくは家族と2人程度である。この規模の経営者はいわゆる生業で自分の生活を維持することが責任である。

　売上高5千万円前後の経営者は、家族2人もしくはパートが1人程度の規模で経営者としての自覚を持つ人が多い。生業から企業の途上にある規模ということができるだろう。

　生業と企業の違いを経営管理面から言えば、この規模の経営者は経営管理を実践しなければこの規模を保つのは難しく、逆に規模拡大するためには経営管理を徹底する必要がある。3千万円以下の企業がこの売上高5千万円の規模の企業へ到達するのはかなり厚い壁である。

　売上高1億円あるいはそれ以上の企業になると明確な経営理念と具体的な経営管理手法を持っていなければ経営を維持できない。規模的には家族以外にも雇用従業員が必要な規模で経営者としての知識と自覚がより強く求められる。家族以外の他人（従業員や専属下請企業など）に対して経営責任を持つことが経営者としての自覚を意識させることになる。

図表4.2　CRDデータから見た、中小企業の売上高の分布（2016年）

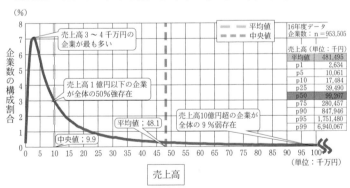

資料：『中小企業白書　2019年版』(原資料：一般社団法人CRD協会「平成30年度財務情報に基づく中小企業の実態調査に係る委託事業」(2019年3月))。

　そして、経営者のタイプを、企業の所有という視点から「オーナー経営者」と「専門経営者」に分けてみると、2017年におけるオーナー経営企業が約72％、オーナー経営でない企業が約28％となっており、オーナー経営企業の比率が高い。また、オーナー経営企業でかつ外部株主がいないという、所有と経営が一致している企業は全体の約30％存在している。[3]

　オーナー企業は、創業者やそのメンバー、創業家の血縁者が会長・社長・相談役等となって経営の第一線に立っている企業である。このような企業の社長等は、大半の株式を保有し支配権を握っている。この支配権を握っている人が「オーナー社長・経営者」となる。自身が出資して株主となり実際に経営も行っているという形態である。

　一方で、企業のオーナーに雇用されている「専門経営者」は、代表取締役等の肩書を持ち経営を行う立場ではあるものの、オーナー社長のように企業に出資して大半の株式を保有しているわけではない。当然ながら議決権を保有していないケースもあり、企業の重要事項を決定する権限は持ち合わせていない。こちらは大企業に多く見られる形態だが、中小企業でも「専門経営者」が経営しているケースは存在する。

　オーナー経営者は、自身や他の役員等の報酬額をはじめ、役員の選任や解任、定款の変更、会社の分割や解散等、重要事項を含めた経営に必要な決議をすることが可能である。しかし反面、役員・従業員など関係者の意見を聞かず、独りよがりの独善的な経営に陥ることもある。そして後継者に適任者がいないことや会社が倒産した場合、社長個人に返済義務が生じるというリスクがある。

　そして専門経営者は、企業の業績を上げることが責務であることはオーナー社長と変わりないが、大株主ではないため万が一業績が悪化した場合や倒産をした場合のリスクはオーナー社長よりは少ないと言える。ただし、経営責任を問われる場合がある他、連帯保証人となっていた場合等には返済義務が個人に残るリスクもある。それに、最終的な意思決定はオーナーが行うというデメリットがある。[4]

経営者の必要な資質・能力も極めて大事である。企業が「付加価値を売る商売」であるとすれば、その付加価値を生み出すものは何かということを洞察する必要がある。付加価値は、人の持つ知識・ノウハウ・技能・技術と道具・設備、そして材料の3つの組み合わせにより生み出される。中小企業は資本力が小さいから、かなり限られた量しかこれらを活用できない。そうなると最終的には、経営者自身の持つ知識・ノウハウ・技能・技術が付加価値を付ける源となる。ならば「中小企業とは経営者の身体と精神そのものである」と定義してもおかしくない。

このような経営者に求められる資質としては、第一に経営理念が挙げられる。

経営理念とは、会社経営に当たっての経営哲学や自社の社会的な存在価値を明確にしたものである。具体的には、次の点があげられる。

➤ 経営者は自社の事業の何にこだわりたいのか

➤ 今、取り組んでいる事業で何を実現したいのか

➤ 社長の会社への思いを言葉で表すとどんな表現が適切か

社会全体、顧客、社員等の利害関係者に対して、なぜこの会社の事業を継続したいのか、社長の熱き思いを自分の言葉で伝えるのである。

経営理念は、単に立派な言葉を並べた形式的なものではなく、経営者自身の根源的な人生観、世界観、人間観からできあがったものでなければ、経営力には結びつかない。

松下幸之助は、経営理念の他にも、経営者に必要な資質として統率力、決断力、実行力、先見性、人徳などをあげているが、それらは、経営理念があってこそ成り立つ資質であると説いている。

4.2　中小企業（法人企業）の経営指標（第8章詳述）

中小企業の売上高は、リーマン・ショック後及び2011年の東日本大震災後に大きく落ち込み、2013年頃から横ばいで推移した後、2016年半ばより増加

傾向となっていた。2019年以降は減少傾向に転じた中で、感染症の影響により、中小企業の売上高は更に減少した。中小企業庁「令和2年中小企業実態基本調査確報」によると、中小企業（法人企業）の経営指標は、図表4.3のようになっている。

図表4.3　中小企業（法人企業）の経営指標（2020年度）

経営指標名および算出式 産業	A.総合力 自己資本当期純利益率（ROE）＝当期純利益÷純資産（自己資本）×100	B.収益性 売上高経常利益率＝（経常利益÷売上高）×100	C.効率性 総資本回転率＝売上高÷総資産（総資本）	D.安全性 自己資本比率＝（純資産（自己資本）÷総資産（総資本））×100	E.健全性 財務レバレッジ＝総資本（総資産）÷純資産（自己資本）	F.生産性 付加価値比率＝（付加価値額÷売上高）×100
全業種	7.40	3.25	0.97	39.21	2.55	25.54
建設業	11.60	4.64	1.12	43.80	2.28	25.90
製造業	7.10	3.85	0.91	46.04	2.17	29.24
情報通信業	10.08	5.99	0.95	51.77	1.93	42.28
運輸業、郵便業	5.94	1.26	1.07	35.93	2.78	40.04
卸売業	5.06	1.89	1.62	38.41	2.60	11.20
小売業	8.64	1.90	1.70	31.43	3.18	19.68
不動産業、物品賃貸業	7.40	8.36	0.28	32.35	3.09	37.13
学術研究、専門・技術サービス業	9.24	8.01	0.56	51.27	1.95	48.74
宿泊業・飲食サービス業	▲24.70	▲4.16	0.85	13.98	7.15	47.42
生活関連サービス業、娯楽業	▲0.91	▲0.01	0.80	33.97	2.94	27.48
サービス業（他に分類されないもの）	13.67	5.11	1.04	38.93	2.57	50.39

注：付加価値額＝労務費＋売上原価の減価償却費＋人件費＋地代家賃＋販売費及び一般管理費の減価償却費＋租税公課＋支払利息・割引料＋経常利益＋能力開発費
資料：中小企業庁『中小企業白書（2022）』を基に筆者作成。

4.3 中小企業の経営課題

　(株)日本政策金融公庫取引先のうち、原則として従業員数20人以上の中小企業が抱える経営課題を長期時系列で見てみると、全体としては、「売上・受注の停滞、減少」を挙げる者が多いが、足元では「求人難」を挙げる者が多くなっていることが見て取れる。[6]

　図表4.4は、自社が直面する経営課題のうち、重要と考える課題を企業規模別、業種別に示したものである。これを見ると、規模や業種を問わず、「人材」と「営業・販路開拓」と回答する者の割合が6割を超えており、特に、中規模企業の非製造業においては、「人材」と回答する者の割合が8割を超えている。

　一方、一般社団法人日本能率協会が行ったアンケート調査では、「現在」「3年後」「5年後」の課題認識の製造業・非製造業における違いが見て取れる。[7]

　「現在」の課題については、製造業・非製造業ともに、「収益性向上」が第1位の課題となっている。業種に関わらず、コロナ禍が収益に大きな影響を及ぼしていることがわかる。製造業の方が重視度が高くなっている項目としては、「新製品・新サービス・新事業の開発」「技術力・研究開発力の強化」が挙げられる。一方、非製造業では、「人材の強化」「売り上げ・シェア拡大」の比率が製造業よりも高くなっている。また、「働きがい・従業員満足度・エンゲージメントの向上」が高くなっているのも特徴である。

　次に、「3年後」の課題について見ると、製造業・非製造業ともに「人材の強化」が第1位に挙げられている。中期的な観点で、人材を重視する姿勢に変わりはないようである。製造業の方が比率が高くなっている項目は、「現在」と同様、「新製品・新サービス・新事業の開発」「技術力・研究開発力の強化」である。非製造業において高くなっている項目は、「収益性向上」「売り上げ・シェア拡大」「働きがい・従業員満足度・エンゲージメントの向上」となっている。「顧客経験価値・満足度の向上」も非製造業の方が製造業より高くなっている。

図表4.4　重要と考える経営課題（企業規模別、業種別）

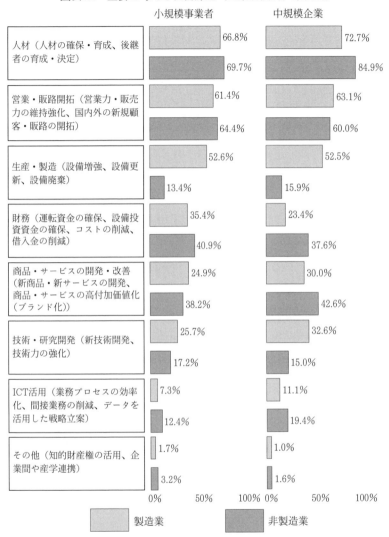

注1　重要と考える経営課題は、直面する経営課題のうち、上位三つまでを確認している。
　　　ここでは、上位3位までを集計。
注2　複数回答のため、合計は必ずしも100％にはならない。「特になし」の項目は表示して
　　　いない。
注3　各回答数の（n）は以下の通り。小規模事業者製造：n＝918、同非製造：n＝1,255、
　　　中規模企業製造業：n＝1,166、同非製造業：n＝680。
資料：中小企業庁『小規模企業白書（2020）』

図表4.5 「5年後」の経営課題の製造業・非製造業の比較

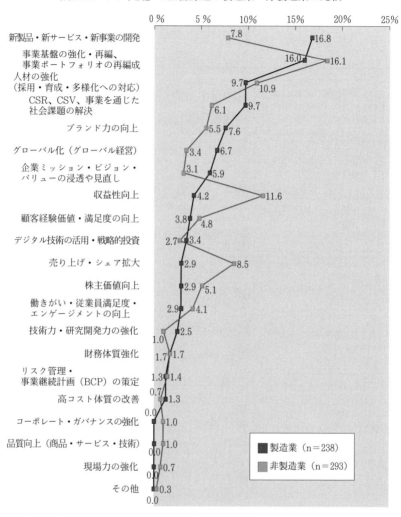

資料：JMA一般社団法人能率協会『日本企業の経営課題2020』。

　中期的な課題認識として、製造業では技術力強化を通じた新製品や新事業の開発、非製造業では顧客満足と従業員満足の両立による収益回復を意図していることがうかがえる。

　最後に、「5 年後」の課題認識を比べると、図表4.5のとおり、製造業では「新製品・新サービス・新事業の開発」、非製造業では「事業基盤の強化・再編、事業ポートフォリオの再構築」が第 1 位の課題となっている。「事業基盤の強化・再編、事業ポートフォリオの再構築」については、製造業でも第 2 位となっており、重視度が高い。製造業・非製造業ともに、長期的な観点で、事業の見直しが経営課題となっていることがわかる。

　また、非製造業では、「現在」「3 年後」と同様に、「5 年後」の課題においても、「収益性向上」や「売り上げ・シェア拡大」への重視度が高めになっていることが見てとれる。非製造業の方が、コロナ禍による業績への影響が長期に及ぶ見込みであるようである。

4.4　中小企業の経営戦略

　中小企業にとって経営戦略は、環境変化に対して企業の方向性を定め、経営資源を集中投入する経営意思決定である。例えば下請企業が自社製品を開発していく、卸売業が主力得意先を変更していく、小売店では酒類小売店がコンビニエンス・ストアになるなど企業の経営構造を変えていくことなどの戦略的展開が中小企業にとっては特に必要である。[8]

　経営戦略は、ヒト・カネ・モノと並んで中小企業の重要な経営資源である。商品やサービスの収益を最大化するために、経営やマーケティングは戦略的に行うのが大事である。

　中小企業の経営戦略を体系化すると、図表4.6のようになる。

　日経新聞社が、江戸時代以前に創業した老舗企業の約2,100社を対象に、「なぜ現代に生き残ることができたか」というアンケートを実施したことがある。各社からの回答の集計結果から、日経新聞社は「伝統は革新の連続である」と結論付けた。会社を取り巻く様々な環境変化に対し、自社を変え続けることにより、それらの企業は現代まで生き残ったのである。[9]

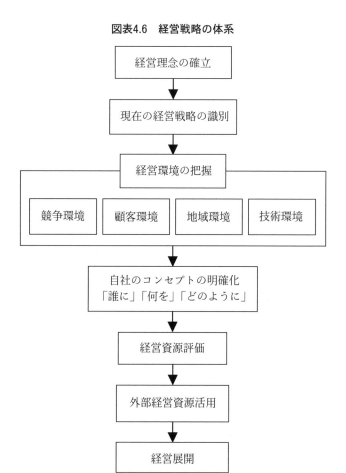

図表4.6　経営戦略の体系

```
┌──────────────────────┐
│     経営理念の確立      │
└──────────────────────┘
           │
           ▼
┌──────────────────────┐
│   現在の経営戦略の識別   │
└──────────────────────┘
           │
           ▼
┌────────────────────────────────────────────┐
│ 経営環境の把握                                │
│  ┌──────┐ ┌──────┐ ┌──────┐ ┌──────┐       │
│  │競争環境│ │顧客環境│ │地域環境│ │技術環境│       │
│  └──────┘ └──────┘ └──────┘ └──────┘       │
└────────────────────────────────────────────┘
           │
           ▼
┌──────────────────────┐
│  自社のコンセプトの明確化 │
│ 「誰に」「何を」「どのように」│
└──────────────────────┘
           │
           ▼
┌──────────────────────┐
│     経営資源評価        │
└──────────────────────┘
           │
           ▼
┌──────────────────────┐
│    外部経営資源活用      │
└──────────────────────┘
           │
           ▼
┌──────────────────────┐
│       経営展開         │
└──────────────────────┘
```

資料：相田利雄・小川雅人・毒島龍一〔2002〕『新版・現代中小企業』創風社、p.272
　　　（一部筆者加筆）。

　今日では、それまで安定していた市場が、突然別の業界から強力なライバルが出現して、根こそぎ市場を奪われることがある。例えば、フィルムカメラは、2000年に入ると急速にデジタルカメラにとって代わられた。そのデジタルカメラも2010年代に入ると市場をスマートフォンに奪われ、デジタルカメラ市場は年率30％以上という猛烈なスピードで縮小した。

　したがって、中小企業には経営戦略が必要である。特に製造業の経営にお

いて経営戦略の知識は必要である。その理由は中小企業の取引先の多くが大企業だからである（図表4.7）。取引先の市場、競争環境や社会環境の変化、そして取引先の経営戦略の情報を収集することは、自社の経営を安定させるためには不可欠である。その上で、自社が長期的に発展する経営戦略を立てる必要がある。

図表4.7　中小企業と取引の経営戦略の影響

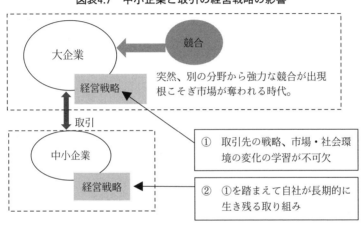

資料：「中小企業が使える経営戦略手法は？」（https://ilink-corp.co.jp/2021年 5 月18日最終閲覧）。

　中小企業が経営戦略を展開していくためには、まず経営環境の変化を的確に捉えねばならない。経営環境とは、事業活動を取り巻く外部環境と内部環境のことである。

　経営環境は、外部環境と内部環境として捉え、さらに、次の 4 つに分けてみることができる。

　第 1 は競争環境である。M・ポーターによれば、「会社が成功するか失敗するかを決めるのが、競争である」。競争環境の視点は、競争相手は誰かである。競争相手が多くいる中で最も意識しなければならない相手を具体的に明確にすることにより、対策が取りやすくなる。

　中小企業の収益性を決める最初の基本要因は、それが属する業界の魅力度

である。競争戦略は、業界の魅力度を決める競争のルールを上手く利用し、できるならば、自社に有利な方向へ変えることである。

第2は顧客環境である。誰を主たる顧客とするかが視点である。顧客分析とは、主に潜在顧客の分析を指しており、具体的には、購買人口、潜在顧客のニーズ、購買決定者、などがあげられる。企業は潜在顧客をよく知らなければ、効率的かつ効果的なマーケティング戦略を構築することはできない。

第3は地域環境である。立地の動向について把握することが地域環境の視点である。例えば小売業であれば人口や年齢の変化、居住環境の変化、製造業や卸売業では交通体系の変化、開発動向など立地環境の変化が経営の存立基盤に大きな変化を与えるのである。

第4は技術環境である。技術面からの分析では、将来普及する可能性を見越し、そこに生じる好機と危機を予測することが大切なポイントとなる。近年では、スマートフォン、ブルーレイ、電気自動車、デジタルカメラなどが代表的な例として挙げられる。

戦略を立てる場合、自社の経営資源はできるだけ客観的に評価しておく必要がある。人的・物的・財務的資源に情報的資源・経営組織・企業文化・技術・のれんなど無形資産を加えて評価するのが一般的である。何が強くどこが弱いか明確にしておかねばならないからである。

例えば、知的資産（自社の強み）は、企業の競争力の源泉であり、人材、技術、技能、知的財産（特許、ブランド等）、組織力、経営理念、顧客とのネットワークなど、財務諸表には表れてこない、目に見えにくい経営資源の総称である（図表4.8）。

人的資産は従業員が退職時に一緒に持ち出す資産である。例えば、イノベーション能力、想像力、ノウハウ、経験、柔軟性、学習能力、モチベーションなど。

構造資産は従業員の退職時に企業内に残留する資産である。例えば、組織の柔軟性、データベース、文化、システム、手続き、文書サービスなど。

関係資産は、企業の対外的関係に付随したすべての資産である。例えば、

イメージ、顧客ロロイヤリティ、顧客満足度、供給事業者との関係、金融機関への交渉力など。

図表4.8　知的財産権、知的財産、知的資産、無形資産の分類イメージ図

無形資産（借地権、電話加入権等）

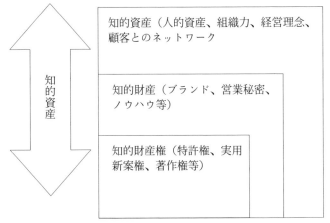

注：上記の無形資産は、貸借対照表上に計上される無形固定資産と同義ではなく、企業が
　　保有する形の無い経営資源全てと捉えている。
資料：村本孜「明日の地域金融機関の経営革新を考える」、ニューファイナンス研究会、
　　　2016年3月18日。

　より具体的に言うと、製造業における製造段階での「すりあわせ」に代表される製品の細部へのこだわり（技術・ノウハウ）；顧客との意思疎通による問題解決型の商品・サービス開発（スピード、組織、システム）；要求レベルの高い消費者の存在と企業の結びつき（質の高い顧客とのネットワーク）；レベルの高い従業員のモチベーションの維持・能力発揮を可能にした雇用・組織関連のシステムなどは、企業競争力の源泉である。

　特に2000年以降、中小企業が同業種・異業種の企業と協力するだけでなく、研究機関、大学、NPO、行政機関、経済団体などと協力して新たな事業を始めたり共同開発を行うケースが全国的にみられるようになってきた。こう

した組織間の関係は、戦略提携やネットワーク組織という用語で表現される。

　人的経営資源が必ずしも豊かでない中小企業にとって、必要に応じて外部の人材を活用することは有効な戦略と言える。また、創業期、成長初期、安定・拡大期、衰退期などの企業のライフサイクルやステージによっても必要な人材のニーズは異なり、人材不足を克服する手段として外部人材を戦略的に活用する方法が存在する。

4.5　中小企業の経営管理

　企業の経済活動を適切にコントロールすることは、企業が掲げる業績目標を達成するために必要不可欠な努力といえる。生産・販売、マーケティングだけでなく、人事・労務までを適切に管理する経営管理は、経営陣の重要な職務である。

　経営管理とは、会社や組織などが経済活動の促進や効率的に目標を達成する上で、調整や総括を行う経営手法のことである。事業部単位や会社単位で行うのが一般的で、代表的な経営管理の対象には以下のようなものがある。[10]

・生産管理
・販売管理
・人事・労務管理
・財務管理

　生産管理と販売管理は、生産や在庫の計画、予算と連動した製造工程の総合的な管理などを行う。また、人事・労務管理は、共通の人事・評価制度の策定や生産向上に向けた労働環境の改善などを行う。財務管理は、予算の計画や資金の調達、資金の運用などを行う。

　経営管理でやるべき会社の具体的業務は、大きく以下の4つに分かれる。[11]

　①ヒトに関すること・分析業務

　人事・評価制度の策定、生産性向上に向けた労働環境の改善、人事考課制度の見直し、社内研修や就業規則の改定など

→主に人事部門が担当する・ダイバーシティ・マネジメント[12]の導入や従業員のモチベーションアップ施策・制度の導入など

②カネに関すること・分析業務

業績管理、予算管理、原価／収益管理（一部、販売管理費を含む）

→主に、経営者が担当する

③カネに関すること・オペレーション業務

一般会計、債権管理、債務管理、固定資産、原価計算、制度連結、財務管理など、キャッシュフローの観点、税務的な観点といった、さまざまな側面の「数字」による流れを把握することなど

→主に、経理や財務部門が担当する・統一された会計方針・勘定科目での管理など

④モノに関すること・分析業務

業績管理、S&OP（顧客・マーケティング分析、サプライチェーン最適化、リスクマネジメント）など

※Sales and Operations Planning：経営層、生産、販売、在庫などの情報を共有することでサプライチェーン全体を最適化する手法

→主に、生産、販売・営業、在庫管理、マーケティング部門が担当する・業務基幹システム[13]の導入による業務コントロール

⑤モノに関すること・オペレーション業務

研究開発、調達、生産、物流、販売、マーケティングなど

→主に、開発、生産、販売・営業、マーケティング部門が担当する

　上記を見てわかるように、経営者自らが関わらなくてはならないのは、お金に関する分析業務（業績管理、予算管理、原価／収益管理（一部、販管費を含む））だけである。

　しかし、実際のところ、特に中小企業の場合には、会社で起きているすべてのことに対して社長が首を突っ込みたがる傾向にあるといえよう。

　そして経営に関する用語として、「Plan＝計画」「Do＝実行」「Check＝評価」「Action＝改善」という用語があるが、一般的に「Plan」と「Action」

を経営企画、「Do」と「Check」を経営管理が担当している。

　要するに、計画―実行―統制 (Plan-Do-See) というプロセスは、経営管理の基本原則である。計画―実行―統制はその時で終わりでなく次の行動に向け結果を評価し、次の計画に役立てるという意味でサイクルなのである (図表4.9)。

図表4.9　マネジメントサイクル

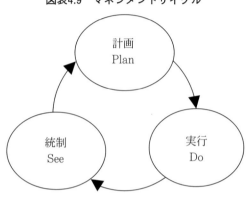

資料：相田利雄・小川雅人・毒島龍一〔2002〕『新版・現代中小企業』創風社、p.274。

4.6　中小企業の経営組織

　組織は戦略に従う。

　組織とは、2人以上の人間によって構成される集団であり、経営は1つの組織体である。つまり、組織は経営の一部分であり、経営の手段である。現在の豊かな生活は、企業組織の活動によってもたらされている。

　経営組織を作る原則としては、まず、職務の専門化と分業化によって、企業全体の効率が高まることが挙げられる。かつて、経済学の父といわれるアダム・スミスが分業によって、能率が向上する例を挙げている。

　企業は、まず資金を調達し、その資金で土地や建物、機械、原材料、商品、半製品、労働等を購買し、それらの資源を使って製品を製造し、その製品を販売し、その代金を回収して利益を上げるという経済活動を行っている。そ

れらの経営活動は大別すると、製造活動、販売活動、購買活動、財務活動になる。これらの第一次的活動を担当する部門をライン部門という。ただし、どのような部門をライン部門とするかは、企業の業種や研究者により、さまざまな見解がある。

　企業部門は、以上のようなライン部門だけでなく、その他にもいろいろな部門がある。ライン部門以外の部門を総称してスタッフ部門という。スタッフ部門は、全般経営者（トップ・マネジメント）や各部門の補助をする第二次的部門である。ラインとスタッフは、それぞれ果たすべき役割が異なるだけであり、それぞれが十分にその役割を果たさなければ、効率的に経営活動を行うことができないのである。

　通常の株式会社では、次のような職位が置かれている。取締役会、代表取締役（社長、副社長、専務、常務などで常務会を構成することが多い）、部長、課長、係長などである。そして、1 人の係長が何人かの係員を監督し、1 人の課長が何人かの係長を監督し、1 人の部長が何人かの課長を監督する。そして、社長がそれらの部長を統括する。

　このような組織があることによって、次のようなことが明確になる。

➢　誰が何をするのか

➢　誰が誰に仕事させるのか

➢　誰がどのような仕事をするのか

　会社が創業間もない頃は、常にコアとなる少人数で意思決定しながら仕事を進めることができるから、組織構造は不要だろう。例えば、小売店の場合は、「仕入」「販売」機能が最小単位の部門となる。町の個人商店の魚屋さんや八百屋さんでは仕入も販売も同じ人＝社長＝店主がやる。しかし、会社が大きくなるに伴い、組織構造を作らないと、誰が何をやってよいのかわからなくなり、会社が健全に発展できない事態に陥ってしまう。

　組織は、最低限、以下のような 3 つの仕組みが回っていなければ成立しない。

■　組織を作る（役割・権限・責任をはっきり決める）

①業務分掌：部課ごとの業務の割り振り、責任の範囲と内容、権限の範囲
　と内容

②職務分野（職務権限表）：部長、課長、係長などのライン上の役割と権限
　と、人材育成、生産性向上（図表4.10）。

■　組織運営の仕組み（コミュニケーション・助け合い（多能工）・OJT）

①業務マニュアル、業務フロー（見える化）

②部内会議、課内会議、朝礼

③部門間連絡会議（品質会議、生産会議、マネジメントレビューなど）

■　組織を成長させる（組織の方向性の決定、組織力の結集）

①トップの方針の明確化（将来どのような企業にしたいのか？）

②部門別年間目標と業務計画書作成と実行（小集団活動と連携）

図表4.10　職務権限表

○…決定する権限あり　△…検討する権限あり（決定権の代行）

		分掌事項（業務項目）	課長	次長・部長	取締役
経営・計画	1	経営指針（経営理念・方針・計画の策定）		△	○
	2	新規事業の立案・検討・決定		△	○
	3	部門の年次計画の検討・決定	△	○	
	4	部門の月次計画の検討・決定	△	○	
	5	部門の日次計画（スケジュール）の検討・決定	△	○	
	6	業務の社外委託		△	○
	7	取引先の決定		△	○
	8	取引先との基本契約の締結		△	○
業務	9	会社印の押印			○
	10	代表者印の押印			○
	11	見積書の適正値引きの決定・検印	△	○	
	12	販売奨励金の決定		△	○
	13	自社備品・レンタル在庫品の修理・廃棄	△	○	
	14	幹部会議への出席参加	△	○	○
	15	部門長会議への出席参加	△	○	○
予算	16	販売予算計画と修正	△	○	
	17	経費予算計画と修正	△	○	
	18	会計帳簿、台帳、伝票の確認	△	△	○

資料：合同会社 高崎ものづくり技術研究所（http://monozukuri-takasaki.com/）

　組織構造には、主に集権的機能別組織（ライン・アンド・スタッフ組織）、分権的事業部制組織（ライン組織）、マトリックス組織という 3 つの種類がある。

　集権的機能別組織とは、製造、販売、調達、経理、総務など、担当する機能ごとに分けて組織を作成したものである。一般的に、機能別組織は、急激な変化の少ない安定的なビジネス環境において、組織内部の効率性や生産性の向上が成功要因となるような企業組織に適していると言われている。また、創業して成長期にある企業や、事業や製品のバラエティのそれほど大きくない企業でも採用されている。企業が成長するに伴って人数や規模が拡大すると、職能（行われるべき仕事）により分割するようになる。分割の例としては、財務部門、営業部門、生産部門、購買部門などの組織が挙げられる。

　分権的事業部制組織とは、「ピラミッド型組織」と呼ばれ、会社の中で、製品別あるいは顧客別に事業単位を区切った組織のことである。顧客や製品の特性、ビジネスの仕組みが異なる事業を複数運営するのに適した組織である。事業規模が大きくなると、企業を取り巻くビジネス環境の変化に対応するために、多角化が起こる。分かれた部門での意思決定を早められるように分権が始まる。特に大企業は基本的にこの組織形態を採用している。

　マトリックス組織とは、機能別組織と事業部制組織をミックスした組織形態である。この組織に所属する人は機能部門のリーダーと事業部のリーダーの 2 人のリーダーを持つことになる。上司が 2 人いる状態である。

　商品やサービスが増え、市場が拡大すると、ピラミッド型の事業部制組織では意思決定に時間がかかるようになる。そこで組織編成の軸をマトリックス的に組み合わせて編成する複合的組織が必要になる。組み合わせの軸としては、たとえば、「地域―商品」や「商品―顧客」などが挙げられる。

　マトリックス組織は横に広くなることから、フラット組織と呼ばれることもある。

　一般的に言えば、企業規模や環境変化に伴い、組織の形態は機能別組織→事業部制組織→マトリックス組織形態に変わっていく。つまり、環境→戦略

→組織という図式が描かれる。まず環境に変化が起こる。企業はその環境の変化に適応すべく戦略を立て、それに基づいて行動を起こす。しかし、従来の組織のあり方ではその戦略を遂行するのに支障がある場合、組織の変革が求められる。このようにして、企業は環境適応の1サイクルを経るが、それがうまくいった場合には企業の業績は上がる。そうでない場合は業績が低下し、最悪の場合は倒産ということになる。

20世紀から現在に至るまで、よくある組織形態のひとつだったのが機能別組織（職能別組織とも呼ばれる）であった。これは、社長直下に、人事、財務、法務、R&D（研究開発）、マーケティング、製造、購買などの各機能を配置するという形態である。この形態の特徴は、各機能の専門性に特化して日々のビジネスを運営できるというメリットがある一方で、各部門が部門最適を追求し、部門をまたぐ複雑な意思決定がすべてトップにあげられる形になるので、ときにビジネス運営のスピード感を欠く組織体制になる。

中小企業という経営組織は、構成員数が限定的であることから、特に小規模企業の多くでは、職位に基づく階層をピラミッド型で形成する組織体系ではなく、非階層的なフラット型の組織体系を形成している。一般的な製造業の組織は、ピラミッド型組織（ライン組織）、あるいはライン・アンド・スタッフ組織を採用している場合が多い。

フラット型組織は、経営権限が社長（トップ）に集中している組織であり、その特徴は、①社長がすべて判断、指示を行うのでスピード処理ができる、②情報の流れがスムーズ、③組織が大きくなると、社長の処理能力が追い付かなくなる、④開発部門など、日常業務は個人の裁量で動く業務に向いているなどである。図表4.11は、中小製造業のフラット型組織を示したものである。

つまり、意思決定が迅速で指揮命令が直接伝わる効率的な組織であり、そのプロセスは厳しい環境変化を繰り返す現代において有効といえる。ただし、中小企業に多く見られる独善的な経営者によるワンマン経営を助長し、社員は指示待ち化して自発力が低下する懸念がある。また、管理者が育ちにくい横一列の組織に陥る場合もあり、自律的、自発的な言行の定着に向けた意識

図表4.11　フラット型組織図

資料：合同会社高崎ものづくり技術研究所（http://monozukuri-takasaki.com/）。

改革が必要である。[14]

　ピラミッド型組織は、組織図のトップに最も権力が大きい者（経営者）を設置し、その下に権力が大きい順に部長、課長、係長、主任、そして一般的な従業員が置かれている。権力の構造を図にするとまさにピラミッドのような三角形となるため、「ピラミッド型組織」と呼ばれている（図表4.12）。

　一方、ピラミッド型組織は、指揮命令系統が明確、量産製造業種に適している組織であり、その特徴は、①各組織の機能が明確であるがゆえに、変動要素があると、対応が遅くなる、②新規事業への進出、社内改革などの取り組みが困難である、③部門最適化（自部門の利益、効率化追求の傾向が強く、全体最適のための調整が困難である）などが挙げられる。

図表4.12　ピラミッド型組織図（ライン組織）

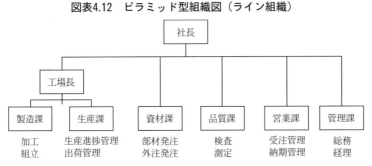

資料：合同会社高崎ものづくり技術研究所（http://monozukuri-takasaki.com/）。

マトリックス組織とは、フラット型組織とピラミッド型組織の特徴の両方を持ち合わせている組織構造のことであり、図表4.13のようにタテに事業部、ヨコに職能別組織を編成する二重構造になっている。この組織の特徴としては、品質向上と新規開拓営業スタッフが充実していることが挙げられる。具体的には、①社長から部長、工場長へ権限が委譲されていること、②工程品質、生産性向上が重視されていること、③新規顧客開拓が重視されていること、④労務管理、福利厚生、人事制度、教育制度を運用していることなど特徴づけられる。

　下図においては、正規社員50人規模の中小製造販売型企業のマトリックス型組織図をイメージしている。

図表4.13　マトリックス型組織図

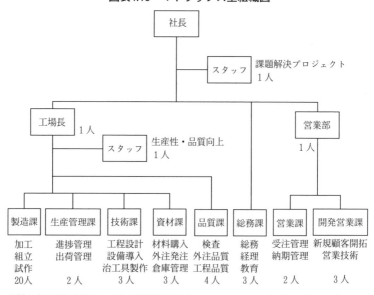

資料：合同会社高崎ものづくり技術研究所（http://monozukuri-takasaki.com/）。

4.7　中小企業のマーケティング

　偉大なる経営学者であるドラッカー（Drucker, P.F.）の有名な言葉に「マーケティングの理想は販売を不要にすることにある」というのがある。つまり、顧客が好んで製品を買ってくれるような製品を開発し販売することこそがマーケティングといっているのである。

　アメリカ・マーケティング協会は、「マーケティングとは、個人と組織の目標を満足させる交換を創造するために、アイディア・財・サービスの着想、価格決定、販売促進、流通を計画・実行する過程である」と定義している。

　中小企業にとって経営資源の有効活用が、経営成果に大きく影響を及ぼすが、それを決定づけるのがマーケティング戦略である。マーケティングは、企業組織の一部が行う活動ではなく、会社全体が顧客を意識して事業活動を行っていく取り組みなのである。経営の目標が経営資源をより効率的に配分し、長期的かつ安定的な収益を確保することであるのに対し、マーケティングの目標は市場にいる消費者のニーズを満たすことにある。

　マーケティングは、(1)環境分析→(2)戦略立案→(3)施策立案→(4)施策実行→(5)分析・改善、という 5 つのステップで行われる（図表4.13）。

　マーケティングにおいて重要なことは、顧客のニーズと市場の 2 つである。市場とは、商品およびサービスに対する需要と供給が集まる場所をいう。市場には、企業の製品やサービスを買った顧客とまだ買ったことのない潜在的顧客が存在している。こうした市場を知ることがマーケティングの第一歩であり、これを市場調査という。

　企業が市場調査するのは新製品開発や販路変更等成功の可能性を確認するためである。

　調査の仕方としては、まず既存資料の活用である。中小企業が利用できる調査は数多い。例えば、ジャンル別にも業種別の企業経営の実態調査、需要動向に関する調査、今後の経営方法についての調査など数多い。

　次に、自社でできる調査である。例えば、従業員家族の意見聴取、販売時

図表4.14　マーケティングの基本的な流れ

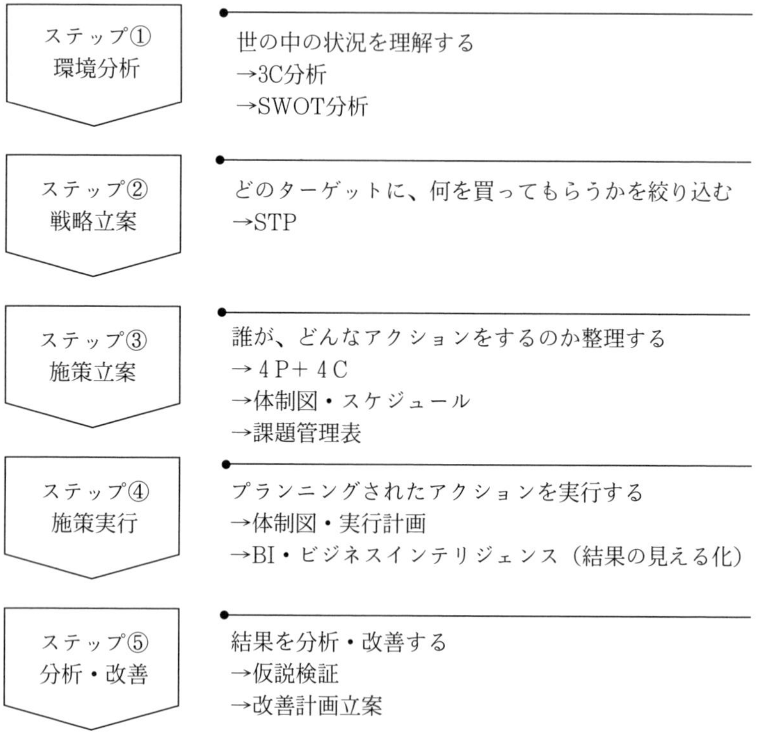

ステップ① 環境分析	世の中の状況を理解する →3C分析 →SWOT分析
ステップ② 戦略立案	どのターゲットに、何を買ってもらうかを絞り込む →STP
ステップ③ 施策立案	誰が、どんなアクションをするのか整理する →4P＋4C →体制図・スケジュール →課題管理表
ステップ④ 施策実行	プランニングされたアクションを実行する →体制図・実行計画 →BI・ビジネスインテリジェンス（結果の見える化）
ステップ⑤ 分析・改善	結果を分析・改善する →仮説検証 →改善計画立案

資料：https://www.shoeisha.co.jp/book/article/detail/272/2021/11/27

のハガキの調査票添付と回収、街頭聞き取り調査、モニター制度などがある。

　企業を取り巻く環境を分析する際に用いられるフレームワークのひとつとして、3C分析が挙げられる（図表4.15）。3Cとは、顧客（Customer）、自社（Company）、競合（Competitor）のことを指しており、顧客の動向を念頭に市場と競合を分析し、事業領域における成功要因とリスク要因を導き出していく。

図表4.15　経営環境における3C分析

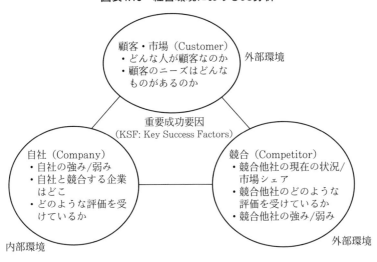

資料：筆者作成。

　そして、自社の強みを見つける方法としてよく使われるのがSWOT（スゥォット分析）である（図表4.16）。これは外部環境や内部環境を強み（Strength）、弱み（Weakness）、機会（Opportunity）、脅威（Threat）の４つのカテゴリーで要因分析する、経営戦略策定方法のひとつである。

　「強み」「弱み」とは自社の内部要因で、生産性、納期対応力、技術力、取引先とのネットワークなど、自社でコントロールが可能なものである。「機会」「脅威」とは外部要因で、景気、人口動態、競合他社動向、業界トレンド、顧客ニーズの変化といった自社でコントロールが難しいものになっている。

　内部環境のプラス要因が「強み」、マイナス要因が「弱み」、外部環境のプラス要因が「機会」、マイナス要因が「脅威」である。単純に自社の「強み」「弱み」を探るのではなく、外部環境の「機会」「脅威」と照らし合わせながら考えてみることで、より多角的な視点で「強み」を浮き彫りにできる。SWOTで客観的に会社を分析すると、思いもよらぬ強みが見えてくることがあるだろう。

図表4.16　経営環境におけるSWOT分析のフレーム

		内部環境分析	
外部環境分析	機会（O）	強み（S） 「機会×強み」：事業機会に対し、自社の強みを最大限に活かすにはどうしたらいいか？	弱み（W） 「機会×弱み」：事業機会に対し、自社の弱みで取り逃がしてしまうことを回避するにはどうしたらいいか？
	脅威（T）	「脅威×強み」：脅威に対しても、自社の強みでチャンスにできないか？	「脅威×弱み」：脅威と弱みが最悪な事態を招かないようにするにはどうするか？

資料：http://www.business-sol.jp/category/1903886.html#swot

　最後に、中小企業にとって、外部経営資源の活用も極めて重要である。外部経営資源の導入として、他社との共同化や連携・提携などを活用したネットワーク経営、事業連携などがある。

　中小企業が特に外部環境、すなわち消費者の意識、業界の競争状態など第1次的環境とそれをとりまく経済・社会・政治などの第2次的環境を的確に把握し、持続的に成長していくためには経営コンセプトを明確にしなければならない。つまり、経営は特色が明確であることが非常に重要である。製品がニーズに合致している、顧客からわかりやすい店になっていることなどである。

　コンセプトとは自社の特徴を簡潔な言葉で表現したものである。コンセプトは具体的でわかりやすく、お客様にとって魅力的でなければならない。そのために、「誰に対して」「何を」「どうやって」提供するかという3つの要素（事業コンセプト）を備えておく必要がある。

　例えば、「自転車屋さん」だけでは、どんな存在意義でどんなことを提供する会社なのか具体的ではない。そこで、「○○市内に一つしかない、プロ仕様の自転車を提供する自転車屋」という事業コンセプトにすると分かりやすくなる。

　マーケティングは、理念と行動の2側面を持つ。前者は顧客重視というマ

ーケティングの基本的な考え方を示すもので、マーケティングコンセプトと呼ばれ、顧客志向、利益志向、統合志向を含んでいる。後者は文字通り、マーケティングに含まれるさまざまな活動を意味している。これらの諸活動を組み合わせたものがマーケティング・ミックスである。

　具体的には、以下の 4 つの活動がマーケティング・ミックスに含まれる。

➢　製品・サービスの開発：顧客からみた価値、そして他の製品との違い（差別化）を考えて製品やサービスをつくること。例えば地場の特産品などの地域性の豊かな物など。製造面だけでなく卸売業、小売業も品揃えとして何をそろえるか、何を定番商品として訴えていくかといったマーケティングは必要である。

➢　価格の設定：顧客が受け入れる（その商品の対価として妥当と考える）額であり、かつ、損益分岐点分析により会社が必要なコストを回収し、適切な利益を得られる価格に設定される。顧客の需要、製品のコスト、他の製品の価格を検討して価格を設定することである。例えば、顧客にいくらで届けるのか、高価格帯で攻めるのか低価格帯でいくのかの価格設定など。

➢　立地・経路開拓：製品を作ったメーカーまたはサービス提供者は、その製品やサービスを顧客に買ってもらうためにどのような経路や手段で販売するか。店舗、卸、通販、ネットなど最適な流通を考えること。

➢　広告や販売促進：顧客に製品の価値を伝え関心をもってもらうための活動例えば、広告、広報、ホームページ、SNS、キャンペーンなどでの販売促進策など。

　マーケティング・ミックスの概念を「4P」との絡みで世界的に有名にしたのはマッカーシー（E. J. McCarthy）である。彼はマーケティング諸活動をプロダクト（Product）（製品・サービス）、プライス（Price）（価格）、プレイス（Place）（立地・経路）、プロモーション（Promotion）（販売促進）という 4 つのグループに分類し、それぞれの頭文字をとって「4P」と呼んだ。いうまでもなく、4P の組み合わせは、企業が選定した標的市場（顧客）がど

んなニーズを持っているかによって決まる。

　これら4Pは、それぞれ単独に考えるものではなく、相互に組み合わせて考えていくものである。

　この4Pという考え方はもっぱら、会社側からみた考え方である。今日では、より消費者に沿った見方にした方が良いという考え方もあり、4Cとして表されることもある（図表4.17）。

　4Cと4Pは、それぞれの要素が対応しており、この2つの観点を軸とした上でマーケティング戦略を練っていくことが重要である。

　マーケティング施策の実施後は、必ず開始前のプランに基づいて「検証作業」を行い、その後の意思決定をしなければならない。

　その結論は、「(1)継続」「(2)見直して継続」「(3)打ち切り」の3つに分けられる。

　施策結果が好調な場合は「(1)継続」を決定することになる。

図表4.17　4Pと4C

会社側から見たマーケティング・ミックス	顧客側から見たマーケティング・ミックス
製品（Products）	顧客価値（Customer solution）
価格（Price）	コスト（Customer cost）
流通（Place）	利便性（Convenience）
プロモーション（Promotion）	コミュニケーション（Communication）

資料：上林憲雄・奥林康司等〔2020〕『経験から学ぶ経営学入門』［第2版］有斐閣ブックス、p.310。

　上述の如く、マーケティングは、企業が売る前の準備段階から始まり、最終的には顧客の満足度を把握して次の製品につなげるまでの活動全体をいうのである。

　現代の企業経営では、顧客志向のマーケティングが中心に決定がなされるようになっている。企業の基本的機能はモノを作ることではなく、顧客欲求を充足し、新たなライフスタイルを提案することによって顧客を創造するこ

とにあり、こうした経営姿勢を顧客志向理念という。

　21世紀に向けて志向される中小企業のタイプは、市場創造型中小企業であるという重要な指摘がされている。市場創造型中小企業は、①潜在ニーズの掘起こし→製品企画→製品設計→販路開拓という一連の企業活動を展開する、②ユーザー・ニーズへ適応するためにカスタム・メードに近い製品づくりを志向するという特徴を持つ企業である。時間の経済性を求める戦略は、市場ニーズに応えるためのものづくりをいかに早くできるかに焦点を当てた成長戦略といえる。

演習問題

1. 経営者に求められる資質など、中小企業が抱える人材の質的面を調べてみよう。

2. フラット組織では、ピラミッド組織に比べて分業の程度は低いはずである。フラット組織ではどのようにして作業効率を上げているか、いくつかの具体例をもとに考えてみよう。

3. 同じ会社の同種の商品同士を比較して、ポジショニングにどのような違いを付けているのか調べてみよう。

注
1　中川涼司・高久保豊〔2017〕、pp.207-208。
2　中小企業庁『中小企業白書（2019）』。
3　中小企業庁『中小企業白書（2018）』。
4　澤田朗「オーナー社長とは？雇われ社長との違いやメリット・リスク等を解説」https://the-owner.jp/archives/2977（2021年2月20日最終閲覧）。
5　鵜飼信一〔2018〕、p.5-6。
6　中小企業庁『小規模企業白書（2020）』。
7　JMA一般社団法人能率協会第41回当面する企業経営課題に関する調査『日本企業の経営課題2020』。
8　相田・小川・毒島〔2002〕、p.269-273。

9 宮田貞夫「中小企業にとっての経営戦略と今後の営業展開—第1回　経営環境の分析方法—」
https://www.iis-net.or.jp/files/wing21/012/20080924163522895.pdf（2021年3月12日最終閲覧）。

10 https://keiei.freee.co.jp/articles/c0201601（2021年3月22日最終閲覧）。

11 https://product-senses.mazrica.com/senseslab/tips/senior-management-improvement（2021年3月26日最終閲覧）。

12 「ダイバーシティ・マネジメント」とは、直訳すると、「多様性」という意味になる。つまり、人種・性別・年齢・信仰などにこだわらず、従業員の多様な個性を活用する事で組織を強化する経営戦略である。

13 業務基幹システムとは、企業の運営において基幹となるシステム、つまり「システムが止まると企業活動そのものも止まってしまう」ようなシステムのことである。具体的には、生産管理システム、販売管理システム、在庫管理システム、購買管理システム、会計システム、人事給与・勤怠管理システムなどが挙げられる。ERPは、これら基幹システムを統合し運用できるようにしたものである。ERPとは、「Enterprise Resources Planning」の略で、「企業資源計画」と訳す。「企業資源計画」とは、経営に必要な「ヒト・モノ・カネ」に関する情報をひとまとめにして管理することで、リアルタイムでスムーズな経営判断をできるようにしよう、といった考え方のことを意味する。経済産業省の調査によると、ERPなどのIT投資を行なっている中小企業は約3割に留まっており、さまざまな問題や課題が指摘されている。現在、後継者不足や人手不足などの影響を受けやすい中小企業が積極的にERPを導入する動きも増えている。

14 井上善海・木村弘・瀬戸正則〔2014〕、pp.140-141。

参考文献

井上善海・木村弘・瀬戸正則編著〔2014〕『中小企業経営入門』中央経済社。

鵜飼信一〔2018〕『日本社会に生きる中小企業』中央経済社。

中川涼司・高久保豊〔2017〕『現代アジアの企業経営—多様化するビジネスモデルの実態』ミネルヴァ書房。

第 **5** 章

中小企業の事業承継

【ポイント】

　中小企業の多くは、経営者の高齢化・後継者難という問題に直面している。中小企業の「事業承継」は、日本経済の回復にとっても喫緊の課題である。

　事業承継とは、現在の経営者が自身の会社もしくは事業を他の人物つまり後継者に引き継ぐことを言う。事業承継は、一般に、①親族内承継、②親族外承継、③M&Aの3つに分類される。

　事業承継が進まない大きな要因の1つに後継者難がある。なぜ、後継者がいない、見つからないかというと、いろいろな事情はあるものの、一番は承継する事業に魅力がないということが考えられる。それに中小企業の経営者は、金融機関からの借入金を連帯保証しているのが通常であり、これが事業承継のネックとなることが多い。

　円滑な事業承継を行うためには十分な準備が必要である。これができなければ、後継者不在による廃業へと繋がる。

5.1　事業承継とは

　事業承継とは、現在の経営者が自身の会社、もしくは事業を他の人物つまり後継者に引き継ぐことを言う（図表5.1）。企業がこれまで培ってきたさまざまな財産（人・物・金・知的資産）を上手に引き継ぎ、承継後の経営を安

定させることが重要である。

　事業承継においては、事業そのものだけではなく、会社であれば株式やその他の財産、役職など、その事業に関するすべての物を後継者に引き継ぐことになる。それらはすべて譲渡と見なされる。一方で、元の経営者が死亡して後継者が事業承継をすることになった場合、それらの物はすべて相続財産とみなされ、相続税の課税対象となる。

　オーナー企業の多い中小企業では、経営者が高齢に差し掛かるとき後継者を定めなければ、経営者に万一のことがあった場合、事業を存続することができなくなる恐れがある。

　後継者が見つからない場合にはM&Aすなわち企業の合併と買収（Mergers and Acquisitions）という形で企業そのものを売却し、他の企業に買ってもらわなければならない。買い手が見つからない場合には廃業という形で企業を整理しなければならない。

図表5.1　事業承継のフレーム

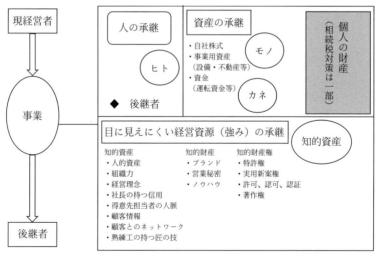

資料：独立行政法人 中小企業基盤整備機構令和元年度版『事業承継支援マニュアル』、
　　　令和元年8月
　　　https://www.smrj.go.jp/ebook/2019_syokei_shiensha/（一部筆者加筆）。

　図表5.1が示すように、知的資産は、企業における競争力の源泉であり、人材、技術、技能、知的財産（特許・ブランド等）、組織力、経営理念、顧客とのネットワーク等、貸借対照表には現れてこない目に見えにくい経営資源の総称である。知的資産を把握し、伝えることで、融資を引き出し、市場にアピールすることができる。

　事業承継は、長期間に段階的な取り組みを行うことが一般的であり、後継者教育やステーク・ホルダー（利害関係者）との調整など対象となる範囲も広範である。それゆえ、事業承継の流れを、①事業承継に対する認識、②後継者の決定、③経営能力の承継、④資産・負債の承継、⑤ステーク・ホルダーとの調整、⑥事業承継後の支援に区分することができる（図表5.2）。

図表5.2　事業承継の流れ

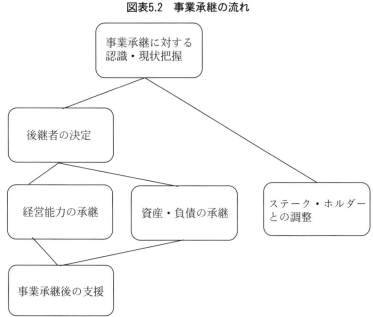

資料：井本亨「中小企業における事業承継の現状と課題に関するノート」（一部筆者加筆）。
（https://www.nagaokauniv.ac.jp/m-center/chiken/）

事業の承継においては、社長職などの企業経営にあたっての役職・地位を後継者に引き継ぐことのほかに、そのような役職・地位の基盤となっている大株主としての地位（支配株式）を同時に譲渡することが必要である。親族による事業承継の可否は別として、中小企業の経営を親族が承継するに際しては、次のような中小企業特有の3つの課題、すなわち、①社長職の後継者への円滑な委譲、②支配株式の後継者への集中移転、③節税対策が存在することを認識する必要がある。

事業承継を検討するにあたって、まずはその事業を継続するか否かを決めることになる。この決定自体も容易ではなく、利益や資産といったように数値で測られるものだけでなく、それにかかわる人たちの気持ちや生活といった点も考慮に入れる必要がある。

検討の結果、事業を継続するということになった場合、誰がその事業を継続するかということになるが、一般的に承継の候補としては、親族、役職員、第三者という順で検討することになると思われる。なお、親族であっても、

図表5.3　経営者引退に伴う経営資源引継ぎの概念図

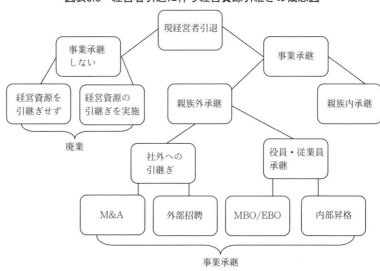

資料：中小企業庁『中小企業白書（2019）』。

その関係性も重要で、例えば現経営者の推定相続人である実子なのか、相続人ではない兄弟や甥姪なのかで、民法や税法の取扱いもずいぶんと変わってくることになる。また、第三者への承継ということは、事業売却すなわちM&Aということになる。

　中小企業の育成と発展を担う中小企業庁は、事業承継を円滑に行うためのノウハウや活用すべきツールをまとめた「事業承継ガイドライン」も公表している（図表5.3）。

5.2　事業承継のパターン

　事業承継は、一般に、①親族内承継、②親族外承継、③M&Aの３つに分類されることが多い。

　親族内承継は事業承継全体の過半数を占めており、現経営者の子や配偶者が後継者となるケースの他、甥・姪や子の配偶者が後継者となるケースなどもある。

　前述のように、中小企業は、本来的に所有と経営の分離が図られず、企業＝家業であることが多い。そのため、事業承継というと、第1に家族や親族内での後継者への相続的な承継がイメージされる。第２に、家族・親族内で企業経営を承継する後継者がいない場合には、長年経営者に仕えてきた番頭的な従業員等への承継を図るということになる。

　これに対し、第３の類型がM&Aであるが、家族・親族関係や（疑似的家族関係があるともいうべき）従業員等と異なり、第三者が承継する場合には、その企業・事業を承継することにより第三者が得られるメリット（金銭的リターン、事業シナジー等）がなければ、M&Aは実現しない。これがM&Aによる事業承継のハードルである。

　2018年版の国税庁「法人統計」によれば、日本の中小法人（資本金１億円以下）の内92.9％がオーナー会社（同族会社、特定同族会社）である。同族経営が多数を占める中小企業において、親族内承継が約８割を占めている。一

方、親族外承継が徐々に増加しており、2000年代は約1割、2010年以降では約2割となっている。

　事業承継のパターンには、役職と支配株式をどのように委譲するかに応じて、「オーナー経営維持型」「中継ぎ型」「投資家型」「承継放棄型」の4つが想定される。

　オーナー経営維持型は、親族内承継パターンであり、中継ぎ型、投資家型とM&Aなど承継放棄型は、親族外承継に当たる。

　企業のオーナーでもあるという中小企業経営者の特徴から、経営権の引継ぎについて、会社議決権（株式）の相続に伴う混乱を回避しょうと思ったときは、後継者に「代表取締役社長」の席を譲ると同時に、自身の株式も譲る必要が出てくる。

　持株を譲る方法としては、以下のような方法が考えられる。

①親族に相続させる

②会社の役職員等が買収する（Management Buy Out: MBO）または、従業員による企業買収（Employee Buy Out: EBO）

③他の会社に自社を買収・合併させる（M&A）

④社外の第三者に自社を買い取らせて経営者として入ってきてもらう（Management Buy In: MBI）

　①の家族・親族への承継は親族内承継、②から④の承継は親族外承継と呼ばれる。誰に会社（経営）を承継させるか（後継者の確定）によって、様々なメリット・デメリットがある。後継者選びにあたっては、関係者と意思疎通を図ることや、各承継方法のメリット・デメリットを把握することが重要である。

　経営者がまず後継者として想定するのは、多くの場合、自分の親族、或いは会社の役職員といった関係者であろう。しかし、家族・親族に適当な者がいない場合や、いても本人に後継の意思がない場合もある。また、会社の役職員等による会社買収（MBO）は資金的に難しいことが多い。そうすると、M&AやMBIのような、外部の人間に会社を譲る形での承継も視野に入れる

必要が出てくる。

　オーナー経営維持型とは、現経営者が、その子息、兄弟などの親族、または女婿などに事業を直接に承継させるパターンである。後継者が有能で経営者として一定の経験・実績を備えていること、ないしは育っていることが条件となる。承継にあたっては、社長職と支配株式を後継者に譲るとともに、現社長本人は、当面の間は会長、名誉会長などの役職に留まり、後継社長の育成、支援、監督指導に当たるケースが多い。

　このパターンの進め方としては、①関係者の理解、②後継者教育、③「会社の魅力」の磨き上げ　④株式・財産の分配、⑤後継者への生前贈与、⑥会社法の活用、⑦遺言の活用、⑧経営承継円滑化法の活用、⑨個人保証・担保の処理といったような点が求められる。

　このパターンには、一般的に他の方法と比べて、内外の関係者から心情的に受け入れられやすいこと、後継者の早期決定により長期の準備期間の確保が可能であること、相続等により財産や株式を後継者に移転できるため所有と経営の一体的な承継が期待できるといったメリットがある。しかし、親族内に、経営能力と意欲がある者がいるとは限らないこと、相続人が複数いる場合、後継者の決定・経営権の集中が困難であることなどのデメリットも考えられる。

　このパターンにおいて、後継者候補を選定し、経営に必要な能力を身につけさせ、また知的資産を含めて受け継いでいくには、5年から10年以上の準備期間が必要とされ、これらの取り組みに十分な時間を割くためにも、後継者候補の選定はできるだけ早期に開始すべきである。

　中継ぎ型とは、後継者が若年で経験不足であり、後継候補を特定できていない段階などにおいて、いったん、親族以外の第三者に社長職を譲り中継ぎとして経営を委任し、後継候補の成長・特定を待って親族後継者を社長職に就けるパターンである。支配株式は、当面現経営者や後継候補が保有し続けることが必要であり、また中継ぎの第三者である社長が信頼のおける者であることが条件となる。

ちなみに、自分の子どもに事業を継がせたいし、子ども自身も事業を引継ぎたいとの意思があるものの、子ども年齢や経験などの理由により、すぐには社長として事業を引き継げない場合がある。このようなケースでは、幹部社員に中継ぎ社長として、一時的に社長の座を担ってもらうことがある。

　基本的に中小企業の場合には、経営者に株券を集中させるが、中継ぎ社長の場合には株券を渡さない。その代わりに、地位の安定を確保するようにする。予め、社長をやっていただく期間を定め、委任契約を締結するようにする。取締役の任期も、任期は原則2年であるが、株式譲渡制限会社では、定款で取締役の任期を最長10年まで延ばすことが可能である。社長を委任する期間に取締役の任期を伸ばすことで安心して社長を引き受けることができる。

　投資家型とは、親族などによる事業承継を諦め、社長職は企業経営者としての能力と経験に富む第三者を社内外から選任し委譲するが、支配株式は親族で保有継続し大株主として投資家的な観点から企業経営に関与するパターンである。選任した社長の経営実績を定期的にチェックし、問題があるようであれば、支配株式の権限を行使し適宜社長の交代を命じる。支配株式の承継者は、監査役などとして間接的に経営に参加、経営情報の把握を図るケースも多い。この場合、支配株式を親族の中でどのように集中保有するか、その場合どのような節税対策をとるかが重要な課題となる。

　このパターンには、親族内に後継者として適任者がいない場合でも、候補者を確保しやすいこと、業務に精通しているため、他の従業員などの理解を得やすいことなどメリットがある。しかし、社内に優秀な従業員はいても、経営トップとしての能力が未熟であること、従業員または社外の第三者に承継させたとして、金融機関からの借り入れに対する個人保証が困難なため、承継させられない（本人が保証人となることを承諾しても、その家族が反対する場合も多い）、後継者候補に株式取得等の資金力がないというデメリットも考えられる。

　承継放棄型とは、社長職、支配株式双方の承継を断念し、オーナー経営から完全に撤退してしまうパターンである。支配株式は相続によって親族の間

で広く分散することとなり、株主の相続の都度、時間の経過とともに大株主としての影響力も弱体化することになる。上場を果たしたオーナー企業が、本来の上場公開会社の形態（不特定多数の投資家による企業統治）へ移行するパターンであるともいえる。

　また、近時は、M&Aによって他の大手企業の一事業部門などとして存続するケースや、現在の経営幹部の中から事業承継を希望する者が支配株式を取得して新たな経営者の下で事業を継続するケース（MBO: Management Buy Out）も現れている。

　M&A（Mergers and Acquisitions・企業の合併と買収）とは、合併や買収により他企業を吸収したり、その支配権を獲得し自社の傘下に組み入れることである。つまり、会社を売却あるいは買収することである。

　M&Aの具体的な方法としては、大きく株式譲渡、合併（吸収合併を含む）、事業譲渡の3つが考えられる。株式譲渡は、株式の一括譲渡により手続きが簡単となり、既存の会社が丸ごと存続できるうえ、現金収入も得られるというメリットがある。合併の場合は、資産、従業員を一括して譲渡、移転できるが、売却先の雇用条件、社風等とのマッチングが必要である。事業譲渡は、特定の一部事業や資産を温存することが可能であるが、資産、従業員について個別の譲渡、移転手続きが必要となる。

　中小企業のM&Aにおいては、株式譲渡という形態をとることがほとんどである。株式譲渡とは、譲渡企業の株式を買収企業が購入し、株式取得の対価は譲渡企業の株主に支払うという方法である。メリットは、単に株主が変わるだけなので、譲渡企業の人格、権利、ガソリンスタンドなら危険物取扱の許可、建設業だと建設業の許可といった許認可、称号、取引先、従業員をそのまま引き継ぐことができる。デメリットは、薄外債務まで引き継いでしまう危険性があるので、デューディリジェンス、あるいは買収監査というが、買う側は会計士を入れるなどして対象となる企業に薄外債務がないかなど財務内容をきちんと確認しなければならない。[2]

　そのほか、M&Aのメリットは、後継者候補が見つからなかった場合にも、

社外から豊富な人材を期待することができることである。しかし、希望する価格や従業員雇用の維持を受け入れてくれる買い手を探すことが難しく、経営体制の維持が難しくなるというデメリットも考えられる。中小企業のM&Aは、売買を成立させるために、買い手が求める情報を売り手が提供せず、仲介会社等にとってデューディリジェンスの実施が難しいことから事業承継の中心的手段になっていない。

M&Aを進めるにあたっては、社内・社外に対する秘密保持が最重要である。一方、買い手企業に対しては、自社に都合の悪いことでも、「隠し事をしない」ことが大切である。M&Aは、交渉次第で譲渡価格が大きく異なる。専門の仲介業者に相談してみることも有効である。

全国47都道府県に設置されている事業引継ぎ支援センターでは、事業の引継ぎ先企業との引き合わせ（マッチング）、契約締結に向けた支援を行っている。株式会社日本政策金融公庫では、後継者不在等の企業をM&A等により取得するための資金について融資を行う制度がある。

M&A等によって最適なマッチング候補を見つけるまでの期間は、M&A対象企業の特性や時々の経済環境等に大きく左右され、数ヶ月〜数年と大きな幅があることが一般的である。相手が見つかった後も数度のトップ面談等の交渉を経て、最終的に相手側との合意がなされなければM&A等は成立しない。このため、M&A等を実施する場合は、十分な時間的余裕をもって臨むことが大切である。

5.3　事業承継の課題

中小企業の事業承継問題は、日本経済の喫緊の課題である。

まず、日本経済の発展を人数で支えてきた団塊の世代が中小企業経営者の中心であり、それより下の世代の世代別人口は圧倒的に少ないのであるから、人口的ミスマッチは事業承継問題の根本的原因であり、少子高齢化問題が目に見えて表れている論点の１つであるといえる。信用調査会社の帝国データ

バンクによれば、2019年時点の全国の経営者の平均年齢は59.7歳である。
2019年10月時点で、70歳以上の割合が26.9%を占めている。[3]

　日本政策金融公庫総合研究所が行った「中小企業の事業承継に関するイン
ターネット調査（2019年調査）」結果によると、中小企業のうち後継者が決定
している企業は12.5%、廃業を予定している企業は52.6%となっている。

　次に、日本の中小企業の自己資本比率が約40%[4]であり、資本金となると、
さらに小さい。資本金1,000万円の企業で従業員数百人、売上額数十億円と
いう中小企業もある。このような場合、資本金の額に関わらず、特に機械設
備負担の大きい製造業などでは、総資産が大きいために株価が壮大な数字に
なり、事業承継の際に困難をきたす場合が少なくない。このあたりが中小企
業の事業承継の1つの問題となっている。

　日本商工会議所が2021年に行った調査結果によると、事業承継の障害・課
題は、「後継者への株式譲渡」が最も多く、約3割を占める。後継者へ株式
譲渡を行う際の障害は、「譲渡の際の相続税・贈与税が高い」が約7割、「後
継者に株式買取資金がない」が約6割を占めている。税制面および資金面が
ボトルネックとなっている。[5]

　最後に、現在の中小企業経営の苦しさが挙げられる。日本における中小企
業の85%程度は、内需型、地域需要依存型とされる。これら内需型事業の存
立基盤の要素は、人口、年齢分布、所得水準などで、その動向が経営を大き
く左右する。

　図表5.4によると、非一次産業全体の開業率は1960年代中頃から1981年ま
では年平均で6%を超えていたが、円高の影響なども出て、1980年代後半の
構造不況の時期からは4%台に低下している。他方、廃業率は1966年以降4
%前後で推移していた。

　開業率と廃業率が逆転するのはバブル経済崩壊直前の1989〜91年の段階で
あり、以後、開業率が廃業率を上回った時期はない。[6]特に、リーマン・ショ
ックの影響が出た2009〜12年の時期は、年平均の開業率1.9%に対し、廃業
率は6.3%を示すなど、その乖離は非常に大きいものであった。2012〜14年

では、リーマン・ショックの反動から年平均開業率は6.5％に上昇し、廃業率の6.6％とほぼ拮抗した。

　要するに、人口減少や高齢化が進む中で、中長期に日本の経済拡大は期待しにくい。特に機械金属工業などでは、起業が難しくなっていく可能性が高く、廃業はさらに進むと見られる。

図表5.4　業種別の開廃業率の推移（事業所ベース　年平均）

		66〜69年	69〜72年	72〜75年	75〜78年	78〜81年	81〜86年	86〜89年	89〜91年	91〜94年	94〜96年	96〜99年	99〜01年	01〜04年	04〜06年	06〜09年	09〜12年	12〜14年	14〜17年
第一次産業全体	開業率	6.5	7.0	6.1	6.2	6.1	4.7	4.2	4.1	4.6	3.7	4.1	5.7	4.2	6.4	2.6	1.9	6.5	
	廃業率	3.2	3.8	4.1	3.4	3.8	4.0	3.6	4.7	4.7	3.8	5.9	7.2	6.4	6.5	6.4	6.3	6.6	
製造業	開業率	6.0	5.6	4.3	3.4	3.7	3.1	3.1	2.8	3.1	1.5	1.9	3.9	2.2	3.4	1.2	0.7	3.4	
	廃業率	2.5	3.2	3.4	2.3	2.5	3.1	2.9	4.0	4.5	4.0	5.3	6.6	5.7	5.4	5.8	5.7	5.5	
卸売業	開業率	6.5	8.1	8.0	6.8	6.4	5.1	3.8	3.2	5.3	3.3	4.9	6.3	3.9	5.6	2.1	1.3	6.2	
	廃業率	6.5	3.8	5.3	3.7	3.8	3.7	4.1	3.2	5.0	5.3	7.4	7.5	7.0	6.4	6.6	5.9	6.8	
小売業	開業率	5.0	4.9	4.3	4.8	4.4	3.4	3.1	2.8	3.9	3.6	4.3	6.1	3.9	5.7	2.3	2.2	6.4	
	廃業率	2.1	3.3	3.6	3.2	4.0	4.0	3.4	6.4	4.4	4.6	6.8	7.2	6.7	6.8	7.1	6.6	7.7	
サービス業	開業率	6.3	6.7	6.1	6.1	6.4	5.3	4.9	4.7	5.0	3.8	4.2	7.3	4.4	6.4	2.3	1.7	6.5	
	廃業率	3.8	4.0	3.8	3.3	3.1	3.2	3.6	2.9	4.2	2.8	4.8	6.3	5.5	5.9	4.9	5.9	5.4	

注1．開業率＝当該年度に雇用関係が新規に成立した事業所数／前年度末の適用事業所数×100
注2．廃業率＝当該年度に雇用関係が消滅した事業所数／前年度末の適用事業所数×100
注3．適用事業所とは、雇用保険に係る労働保険の保険関係が成立している事業所である(雇用保険法第5条)。
注4．事業所を対象としており、支所や工場の開設・閉鎖、移転による開設・閉鎖を含む。
資料：　中小企業庁『中小企業白書（2022）』。

　限られた、しかも制約の大きい統計にも、戦後の高度成長、1971年のニクソン・ショック、1973年の第1次オイルショック以降の円高、1985年のプラザ合意とその後の超円高、そしてバブル経済崩壊以後の「失われた25年」の時代状況が鮮明に映し出されている[7]。

　このような経済環境における経営不振・苦境の中小企業を承継するのは、後継者にとっては大きなリスクとなる可能性もあり、報酬削減・経費削減が

され尽くされ経営者としての地位・存在感も以前よりは低下しつつある中で、事業承継を選択することの合理性が見出しがたい企業も多いといえよう。

　本来、家族・親族が家業として、そうでなくとも従業員等が中小企業経営を引き継いでいくのが合理的であり必然的であったところ、社会経済情勢の変化や日本経済の低迷等の影響もあり、事業承継することの合理性が失われつつあることが、事業承継問題の根本原因である。だからこそ事業承継支援としての施策や税制が導入されているが、それでもまだまだ対策は十分ではない。

演習問題

1．親族内承継と親族外承継、双方のメリットとデメリットを考えてみよう。
2．中小企業のM&Aにおける株式譲渡について述べなさい。
3．中小企業における事業承継の課題について考えてみよう。

注

1　植田浩史・桑原武志・本田哲夫・義永忠一・関智弘・田中幹大・林幸治〔2014〕、p.139。
2　亜細亜大学経済学部平成26年度経済学特講Ⅱ「地域社会における地域金融機関の新たな役割」、pp.68-69。
3　日本政策金融公庫総合研究所「中小企業の事業承継に関するインターネット調査（2019年調査）」2020年1月28日（https://www.jfc.go.jp/n/findings/pdf/sme_findings200124.pdf）。
4　中小企業庁「令和元年中小企業実態基本調査速報」令和2年3月30日（https://www.meti.go.jp/press/2019/03/20200330005/20200330005-1.pdf）。
5　日本商工会議所「事業承継と事業再編・統合の実態に関するアンケート」調査結果、2021年3月5日（https://www.jcci.or.jp/20210305kekka.pdf）
6　バブル崩壊が中小企業にも少なからぬ影響を与えたことは言うまでもない。「失われた20年」とも言われるこの20年間、企業の廃業率は常に開業率を上

回る水準で推移し、年間平均20万社が開業する一方で、同30万社近い企業が廃業している。これにより、全体の企業数はこの20年で100万社以上減少した（信金中央金庫　地域・中小企業研究所産業企業情報 22-6　2010.12.29）。

7　関満博〔2017〕、pp.20-21。

参考文献

安達明久・石井康夫・竹安数博・山下裕丈〔2018〕『理論と実践　中小企業のマネジメント』中央経済社。

鈴木龍介〔2020〕『事業承継法入門』中央経済社。

植田浩史・桑原武志・本田哲夫・義永忠一・関智弘・田中幹大・林幸治〔2014〕『中小企業・ベンチャー企業論—グローバルと地域のはざまで』［新版］有斐閣コンパクト。

関満博〔2017〕『日本の中小企業—少子高齢化時代の起業・経営・承継』中公新書。

中村廉平〔2017〕『中小企業の事業承継』有斐閣。

長島清香「中小製造業における経営者の引退で生まれる問題」

https://monoist.itmedia.co.jp/mn/articles/1908/08/news002.html

URL:

https://hata-rmc.biz/2018/09/17/（2021年3月31日最終閲覧）

第 6 章

中小製造業

【ポイント】

「モノづくり大国」と呼ばれる日本を古くから支えているのが製造業である。中小企業の中でモノづくりに従事する中小企業が、中小製造業であり、その数は中小企業全体の約 1 割に相当する。

日本の製造業のひとつの特質として、中小製造業における下請企業の多さとともに、下請制ないしは下請システムが発達していることがあげられる。下請企業は、中小製造業の 6 割に及ぶ。

日本のモノづくりは、大企業を核に、中小企業が大企業を支え、また中小企業が独自の活躍をすることで成長してきたし、今後もそうだと考えられる。中小企業を主に高い技術力を持つ産業集積を形成している大田区製造業は、日本のモノづくりを支えている代表のひとつでもある。

6.1　日本における製造業の重要性

製造業とは、原材料などを加工することによって製品を生産・提供する産業で、鉱業・建設業とともに第二次産業を構成する一大分野である。家電製品、自動車といった工業製品から、コンビニエンス・ストアで販売される弁当や飲料（加工食品）を調理・製造する産業までが製造業に含まれる。

経済産業省によると、製造業の定義は以下の通りである。

一般的に「工業」と呼ばれているもので、定義としては下記の(1)、(2)の両方の条件を備えている（事業所の）場合を言う。

　(1)主として新製品の製造加工を行う事業所

　ここでいう"新製品"とは、"再製品"でないという意味で、再製品とは一度市場に出回った製品を元の状態に戻した製品のことである。また、新製品とは必ずしも完成品だけを意味するものではなく、例えば、鋳放しのままの機械部品なども含まれる。

　(2)製造加工した新製品を主として卸売する事業所

　経済産業省のこの定義によれば、製品をつくるだけでなく「製品を売る」ことも製造業の機能として欠かせないものになっている。

　製造業は経常収支黒字への貢献などのみに留まらず、サービス業など他産業への波及効果、サプライチェーンの集積メリット、地方の雇用確保の意義を有するとともに、技術革新をリードしイノベーションを生み続ける場として日本において重要な役割を担っている。

　国内総生産（名目）に占める経済活動別の構成比の推移をみると、製造業の割合は、2008年までは概ね22％前後で推移していたが、2009年に19.1％と前年に比べ2.3ポイント減少した。翌年の2010年に20.8％まで回復したが、2011年には再び19.7％に低下した。その後、2015年に20.8％にまで回復し、以降は同水準で推移している（図表6.1）。卸売業、小売業、不動産業、建設業などはそれぞれ10％前後なので、日本全体として創出した利益のうち、5分の1が製造業に集中している。製造業は、依然として日本の国内総生産の2割以上を占め、大きな役割を担っている。

図表6.1　国内総生産（名目）の経済活動別構成比の推移

	2007	2008	2009	2010	2011	2012	2013	2014	2015	2016	2017
産業	100.0	99.8	99.9	99.8	99.5	99.5	99.4	99.2	99.4	99.4	99.4
1．農林水産業	1.1	1.1	1.1	1.1	1.1	1.1	1.1	1.1	1.1	1.2	1.2
2．鉱業	0.1	0.1	0.1	0.1	0.1	0.1	0.1	0.1	0.1	0.1	0.1
3．製造業	22.1	22.4	19.1	20.8	19.7	19.7	19.4	19.7	20.8	20.7	20.7
4．電気・ガス・水道・廃棄物処理業	2.6	2.4	2.9	2.8	2.2	2.0	2.1	2.4	2.6	2.6	2.6
5．建設業	5.2	5.1	5.2	4.8	4.9	4.9	5.3	5.5	5.5	5.6	5.7
6．卸売・小売業	13.5	13.9	13.7	13.8	14.4	14.7	14.8	14.2	14.0	13.8	13.9
7．運輸・郵便業	5.4	5.3	5.1	5.0	5.0	5.1	5.0	5.2	5.1	5.0	5.1
8．宿泊・飲食サービス業	2.7	2.7	2.7	2.6	2.5	2.4	2.5	2.5	2.3	2.5	2.5
9．情報通信業	5.0	5.1	5.3	5.1	5.2	5.1	5.1	5.1	5.0	4.9	4.9
10．金融・保険業	5.7	4.9	5.0	4.8	4.7	4.5	4.6	4.4	4.4	4.2	4.1
11．不動産業	10.7	11.2	12.1	11.9	12.1	12.0	11.9	11.7	11.4	11.4	11.3
12．専門・科学技術、業務支援サービス業	7.0	7.4	7.3	7.0	7.3	7.2	7.3	7.2	7.2	7.4	7.4
13．公務	5.2	5.3	5.5	5.3	5.4	5.3	5.1	5.1	5.0	5.0	4.9
14．教育	3.5	3.6	3.8	3.6	3.8	3.7	3.7	3.7	3.6	3.6	3.6
15．保健衛生・社会事業	5.6	5.7	6.3	6.4	6.6	6.9	6.9	6.8	6.8	7.0	7.0
16．その他のサービス業	4.9	4.8	4.8	4.7	4.7	4.7	4.5	4.5	4.4	4.3	4.3
輸入品に課される税・関税	1.1	1.1	0.9	1.0	1.1	1.2	1.3	1.7	1.6	1.4	1.6
（控除）総資本形成に関わる消費税	0.7	0.7	0.6	0.6	0.6	0.6	0.6	1.0	1.1	1.1	1.1
統計上の不突合	−0.4	−0.3	−0.2	−0.1	−0.0	0.0	−0.0	0.0	0.0	0.2	0.1
国内総生産	100.0	100.0	100.0	100.0	100.0	100.0	100.0	100.0	100.0	100.0	100.0

資料：東京都産業労働局「東京の製造業の現状と変化」（既存統計分析）
https://www.sangyo-rodo.metro.tokyo.lg.jp/toukei/chushou/genjou27_No1.pdf

6.2　中小製造業の概要

　中小製造業の実態を把握するために、規模、業態・業種、産業集積の３つの分析軸を用いる。ここでは、製造業の事業所数、従業者数、製造品出荷額等、付加価値額の動向をみていく。

　製造業は、中分類として24の産業が分類されている（図表6.2）。2019年（令和元年）現在、「工業統計（１～３人を除く）」に基づく、中小製造業（従業者４～299人の事業所）のシェアは、製造品出荷額で54.1%、付加価値額で54%となっている。企業数や従業員数に比べるとシェアは小さくなるが、それでも中小製造業は日本の製造業の経営活動の半分程度を占める存在である。

図表6.2　産業中分類別中小製造業出荷額等割合（１～３人を除く）（2019年）

項目 産業 中分類	全体				うち従業者４～299人			
	出荷額 （百万円）	付加価値額 （百万円）	事業所数	従業者数 （人）	出荷額 （百万円）	付加価値額 （百万円）	事業所数	従業者数 （人）
製造業計	322,533,418	100,234,752	181,877	7,717,646	174,510,896 (54.1%)	54,180,448 (54.0%)	178,333 (98.0%)	5,097,942 (66.0%)
09食料品製造業	29,857,118	10,325,478	23,648	1,136,951	21,142,193 (70.8%)	6,800,811 (65.8%)	23,005 (97.2%)	812,700 (71.4%)
10飲料・たばこ・飼料製造業	N/A	N/A	3,898	103,462	9,601,994 (100%)	2,782,564 (100%)	3,876 (99.4%)	94,666 (91.4%)
11繊維工業	3,694,090	1,454,844	10,586	239,139	3,478,440 (94.1%)	1,368,548 (94.0%)	10,558 (99.7%)	225,387 (94.2%)
12木材・木製品製造業（家具を除く）	N/A	N/A	4,613	87,554	2,810,746 (100%)	873,862 (100%)	4,606 (99.8%)	84,675 (96.7%)
13家具・装備品製造業	1,985,835	728,882	4,578	89,287	1,754,673 (88.3%)	677,254 (92.9%)	4,557 (99.5%)	79,634 (89.1%)
14パルプ・紙・紙加工品製造業	7,687,869	2,394,693	5,338	187,842	6,959,461 (90.5%)	2,198,087 (91.7%)	5,296 (99.2%)	167,344 (89.0%)
15印刷・同関連業	4,845,327	2,129,072	9,661	251,733	3,999,409 (82.5%)	1,752,040 (82.2%)	9,599 (99.3%)	215,957 (85.7%)

16化学工業	29,252,783	11,515,565	4,650	381,259	15,916,375 (54.4%)	6,284,853 (54.5%)	4,392 (94.4%)	226,600 (59.4%)
17石油製品・石炭製品製造業	13,844,350	936,727	915	27,000	7,261,184 (52.4%)	449,964 (48.0%)	891 (97.3%)	14,060 (52.0%)
18プラスチック製品製造業（別掲を除く）	12,962,929	4,654,947	12,119	451,650	9,811,752 (75.6%)	3,581,327 (76.9%)	11,969 (98.7%)	377,306 (83.5%)
19ゴム製品製造業	3,335,912	1,406,092	2,256	117,393	1,324,676 (39.7%)	543,310 (38.6%)	2,189 (97.0%)	69,006 (58.7%)
20なめし革・同製品・毛皮製造業	N/A	N/A	1,057	19,483	325,618 (100%)	114,255 (100%)	1,054 (99.7%)	18,209 (93.4%)
21窯業・土石製品製造業	7,653,456	3,163,880	9,024	237,550	6,208,941 (81.1%)	2,593,025 (81.9%)	8,959 (99.2%)	197,849 (83.2%)
22鉄鋼業	17,747,599	3,009,629	4,015	223,524	7,714,497 (24.7%)	1,786,520 (59.3%)	3,916 (97.5%)	132,031 (59.0%)
23非鉄金属製造業	9,614,166	2,118,209	2,475	140,206	4,851,069 (29.4%)	1,186,803 (56.0%)	2,386 (96.4%)	88,593 (63.1%)
24金属製品製造業	15,965,293	6,243,859	25,094	612,427	13,320,996 (63.1%)	5,328,746 (85.3%)	24,971 (99.5%)	546,070 (89.1%)
25はん用機械器具製造業	12,162,013	4,484,641	6,615	327,541	4,789,741 (31.6%)	1,895,280 (42.2%)	6,425 (97.1%)	188,264 (57.4%)
26生産用機械器具製造業	20,853,325	7,570,596	18,273	622,006	17,637,895 (44.9%)	3,977,339 (52.5%)	18,032 (98.6%)	449,331 (72.2%)
27業務用機械器具製造業	6,753,278	2,652,778	3,727	211,175	3,537,848 (47.7%)	1,555,545 (58.6%)	3,621 (97.1%)	125,039 (59.2%)
28電子部品・デバイス・電子回路製造業	14,124,033	5,078,791	3,789	410,504	3,637,307 (28.1%)	1,374,590 (27.0%)	3,490 (92.1%)	169,344 (41.2%)
29電気機械器具製造業	18,229,337	6,225,810	8,306	502,824	13,089,760 (30.3%)	2,332,613 (37.4%)	8,016 (96.5%)	276,716 (55.0%)

30情報通信機械器具製造業	6,711,605	1,907,860	1,183	122,202	1,572,028 (26.6%)	518,667 (27.1%)	1,093 (92.3%)	50,214 (41.0%)
31輸送用機械器具製造業	67,993,768	16,759,394	9,538	1,064,560	10,806,212 (14.3%)	3,494,665 (20.8%)	8,961 (93.9%)	368,540 (34.6%)
32その他の製造業	4,520,904	1,702,322	6,519	150,374	2,958,081 (54%)	1,290,703 (75.8%)	6,471 (99.2%)	120,447 (80.1%)

注1．各集計項目は、以下のとおり。
　　　従業者数＝①個人業主及び無給家族従業者＋②有給役員＋常用雇用者（③正社員・正職員と
　　　している人＋④③以外の人（パート・アルバイトなど））－⑦送出者＋⑧出向・派遣受入者
　　　②製造品出荷額等＝製造品出荷額＋加工賃収入額　＋　製造業以外の収入額　※「製造品出荷
　　　額等」と「売上（収入）金額」は同一の概念であるが、工業統計との整合性の観点から、前
　　　者の表現を用いている。③付加価値額＝売上（収入）金額－費用総額＋給与総額＋租税公課
注2．括弧内は、全体と中小企業のそれぞれ構成比。
注3．中小製造業の出荷額割合が100％となっているものは、300人以上の事業所の製造品出荷額等
　　　データがないもの。また、繊維工業、家具装備品製造業、パルプ・紙・紙加工品製造業、石
　　　油製品・石炭製品製造業は、従業者規模500人以上の事業所の製造品出荷額等データがない
　　　もの。
資料：経済産業省大臣官房調査統計グループ2020年工業統計表「産業別統計表」、「品目別統計表」、
　　　「地域別統計表」より筆者作成。

　2019年6月1日現在における中小製造業製造品出荷額の産業別構成比（工業統計による。以下同様）をみると、食料品製造業（構成比12.1%）、生産用機械器具製造業（同10.1%）、化学工業（同9.1%）、金属製品製造業（同7.6%）、電気機械器具製造業（同5.7%）の順に高く、上位5産業で全体の44.6%を占めている。

　中小製造業事業所数の産業別構成比をみると、金属製品製造業（構成比14.0%）、食料品製造業（構成比12.9%）、生産用機械器具製造業（同10.1%）、プラスチック製品製造業（同6.7%）、繊維工業（同5.9%）の順に高く、上位5産業で全体の49.6%を占めている。

　従業者の産業別構成比をみると、食料品製造業（構成比15.9%）、金属製品製造業（同（10.7%））、生産用機械器具製造業（同8.8%）、プラスチック製品製造業（同7.4%）、輸送用機械器具製造業（同7.2%）の順に高く、上位5産業で全体の50.0%を占めている。

　中小製造業の製造品出荷額等に占める割合が50％以上の業種は、産業中分類全24業種の中で14業種が含まれる。中でも、飲料・たばこ・飼料製造業、木材・木製品製造業（家具を除く）、なめし革・同製品・毛皮製造業の３業種は100.0％、繊維工業、パルプ・紙・紙加工品製造業の２業種は90％以上、家具・装備品製造業、印刷・同関連業、窯業・土石製品製造業の３業種は80％以上が中小製造業である。

　これらの業種は、日用雑貨類、家庭用品などの一般消費材を生産する分野と、大規模製造業の割合が高い業種向けに部品や治具、工具を生産し、供給する中小製造業が多く含まれているのである。逆に、中小製造業の製造品出荷額等に占める割合が50％未満で大規模製造業の割合が高い業種は、産業中分類24業種中の10業種に過ぎない。また、50％台の業種も３業種に過ぎない。

　ちなみに、50％未満の業種は、ゴム製品製造業、鉄鋼業、非鉄金属製造業、汎用機械器具製造業、生産用機械器具製造業、業務用機械器具製造業、電子部品・デバイス・電子回路製造業、電気機械器具製造業、情報通信機械器具製造業、輸送用機械器具製造業である。

　また、50％台の業種は、化学工業、石油製品・石炭製品製造業、その他の製造業である。これらの業種は、大手製造業者が自社、OEMに限らず、完成品を製造し、B to B（企業間取引）あるいは B to C（対消費者取引）の流通経路を持っている。そして、中小製造業では投資することが不可能な大型の資本装備率の高い生産設備を有しているという特徴も挙げることができる。

　以上のように、業種別でみた場合も、中小製造業を中心とする業種と大手製造業を中心とする業種に分けることができるのである。とりわけ、金属製品やプラスチック製品等の部材の加工業種や食料品、衣服、家具といった生活関連型業種で、中小事業所の出荷額シェアが高くなっており、重要な役割を果たしている。

　次に、企業数の都道府県別構成比をみると、大阪（構成比8.4％）、愛知（同8.3％）、埼玉（同5.8％）、東京（同5.3％）、静岡（同4.9％）の順に高く、上位５都府県で全体の32.7％を占める（図表6.3）。

地域別の業種別企業数をみると、大阪は、中小企業の事業所数が圧倒的に多く、大阪の製造業の特徴は、産業の多様性であることがうかがえる。東京は情報通信機械や業務用機械、愛知は輸送用機械（自動車）といった産業に特徴がある。これに対し、大阪には金属製品や機械類から石油・化学製品、プラスチックに至るまで、実に様々な産業がある。いわゆるフルセット型の産業集積であり、「歯ブラシからロケットまで」と呼ばれる所以である。

　都道府県別第1位が多い産業は、輸送用機械器具製造業、食料品製造業、化学工業、電子部品・デバイス・電子回路製造業となっている。

　令和元年における製造品出荷額等の都道府県別構成比をみると、愛知県（構成比14.9%）、神奈川県（同5.5%）、静岡県（同5.3%）、大阪府（同5.3%）、兵庫県（同5.0%）の順に高く、上位5府県で全体の 36.0%を占めている。[4]

図表6.3　2019年地域別の業種別事業所（従業者4人以上）（単位：企業）

企業産業別	企業数	第1位	第2位	第3位	第4位	第5位
全国	184,839	大阪 15,479	愛知 15,289	埼玉 10,777	東京 9,855	静岡 8,988
09食料品製造業	24,409	北海道 1,746	愛知 1,131	静岡 1,097	兵庫 1,069	埼玉 873
10飲料・たばこ・飼料製造業	3,960	静岡 512	鹿児島 337	北海道 172	福岡 147	愛知 128
11繊維工業	11,084	愛知 897	大阪 868	京都 616	福井 509	石川 457
12木材・木製品製造業（家具を除く）	4,815	北海道 331	静岡 248	愛知 244	福岡 185	岐阜 184
13家具・装備品製造業	4,712	大阪 367	愛知 350	福岡 306	埼玉 302	静岡 241
14パルプ・紙・紙加工品製造業	5,366	大阪 563	静岡 466	埼玉 443	愛知 414	愛媛 217
15印刷・同関連業	9,862	東京 1,690	大阪 1,083	埼玉 856	愛知 633	北海道 314
16化学工業	4,611	大阪 522	埼玉 360	兵庫 280	千葉 249	神奈川 242

17石油製品・石炭製品製造業	912	大阪 50	神奈川 47	北海道 46	千葉 44	愛知 43
18プラスチック製品製造業（別掲を除く）	12,164	愛知 1,409	大阪 1,341	埼玉 895	静岡 659	東京 574
19ゴム製品製造業	2,284	埼玉 225	大阪 222	愛知 221	兵庫 190	東京 184
20なめし革・同製品・毛皮製造業	1,145	兵庫 249	東京 218	大阪 129	埼玉 81	千葉 51
21窯業・土石製品製造業	9,193	岐阜 711	愛知 692	北海道 391	茨城 367	埼玉 327
22鉄鋼業	4,042	大阪 577	愛知 488	兵庫 250	千葉 231	埼玉 207
23非鉄金属製造業	2,483	埼玉 282	大阪 270	愛知 186	兵庫 135	東京 124
24金属製品製造業	25,176	大阪 3,382	愛知 2,175	埼玉 1,715	東京 1,363	神奈川 1,178
25汎用機械器具製造業	6,629	大阪 816	愛知 622	兵庫 409	埼玉 385	神奈川 368
26生産用機械器具製造業	18,419	愛知 2,161	大阪 1,770	埼玉 1,020	静岡 1,009	神奈川 1,003
27業務用機械器具製造業	3,762	東京 493	埼玉 352	神奈川 280	大阪 271	愛知 269
28電子部品・デバイス・電子回路製造業	3,975	長野 338	神奈川 296	東京 257	埼玉 229	大阪 172
29電気機械器具製造業	8,339	大阪 770	愛知 697	東京 569	神奈川 557	静岡 543
30情報通信機械器具製造業	1,205	神奈川 158	長野 106	東京 105	埼玉 103	福島 80
31輸送用機械器具製造業	9,695	愛知 1,704	静岡 1,001	神奈川 563	埼玉 532	群馬 484
32その他の製造業	6,708	大阪 546	東京 536	埼玉 523	愛知 419	静岡 328

資料：経済産業省大臣官房調査統計グループ2020年工業統計表「産業別統計表」、「品目別統計表」、「地域別統計表」より筆者作成。

6.3　中小製造業の変化

　経済産業省の「工業統計（４人以上）」に従い、長期時系列でみた日本全体の製造業出荷額等・付加価値額の推移は、図表6.4の通りである。

　図表6.4に従い、1989年から2018年の産業規模を見てみる。1989年を１と指数化すると、平成30年の事業所数は0.44、従事者数は0.71と大幅に減少している。従事者数は近年横ばいなのに対して、事業所数は着実に減少している。製造品出荷額と付加価値額はリーマン・ショック後に大幅に減少したが、近年は若干上昇傾向にある。しかし、30年経過して付加価値額0.94、製造品出荷額1.11という数値は、30年前とほぼ変動がなく、産業として成長しているとは言えない状況である。

　1989年以降の中小製造業の事業所数、従業者数および出荷額の移り変わりをみると、事業所数は1989年の41万事業所、従業者数は795万人から2018年の18万事業所と 511万人の従業者まで減少している。1989年の数値と比べると、事業所数は43.9%の減少、従業者数は64.3%の減少となっている。一方、出荷額も30年前とほぼ同額であり、中小製造業も成長しているとは言えない状況にある。

図表6.4　（長期時系列）日本全体の製造業出荷額等・付加価値額の推移（４人以上）
（1989〜2018年）

項目／年	全体				うち従業者299人以下			
	出荷額 （百万円）	付加価値額 （百万円）	事業所数	従業者数 （人）	出荷額 （百万円）	付加価値額 （百万円）	事業所数	従業者数 （人）
1989（平元）	298,893,142	110,992,662	421,757	10,963,094	154,763,128	60,802,200	417,962	7,950,643
1990（平２）	323,372,603	119,028,251	435,997	11,172,829	167,410,272	66,038,615	432,157	8,093,372
1991（平３）	340,834,634	125,747,628	430,414	11,351,033	176,632,554	70,624,386	426,477	8,187,578
1992（平４）	329,520,639	121,135,774	415,112	11,157,466	170,980,321	68,681,657	411,178	8,000,325
1993（平５）	311,199,479	114,973,922	413,670	10,885,119	160,836,205	65,106,155	409,815	7,807,679
1994（平６）	300,851,462	113,071,689	387,537	10,501,523	155,148,668	63,438,878	383,766	7,520,129
1995（平７）	306,029,559	117,204,266	387,726	10,320,583	157,139,110	65,112,844	384,019	7,422,239
1996（平８）	313,068,385	119,303,964	369,612	10,103,284	159,522,684	65,893,770	365,946	7,266,153
1997（平９）	323,071,831	119,872,778	358,246	9,937,330	164,024,631	66,744,768	354,627	7,149,916
1998（平10）	305,839,992	113,193,073	373,713	9,837,464	157,938,472	64,237,777	370,154	7,129,362

1999（平11）	291,449,554	107,859,559	345,457	9,377,750	150,549,850	61,630,833	342,019	6,786,964
2000（平12）	300,477,604	110,242,635	341,421	9,183,833	153,623,956	62,472,487	338,033	6,670,377
2001（平13）	288,667,406	103,305,132	316,267	8,866,220	146,818,379	59,608,064	312,891	6,394,992
2002（平14）	269,301,805	97,458,726	290,848	8,323,589	137,776,253	55,712,682	287,634	6,023,924
2003（平15）	273,734,436	98,657,777	293,911	8,228,150	138,273,873	56,103,881	290,753	5,979,681
2004（平16）	283,475,718	101,221,739	270,905	8,111,614	144,268,562	57,579,270	267,736	5,847,188
2005（平17）	295,345,543	103,966,838	276,715	8,156,992	146,332,785	57,756,248	273,475	5,834,490
2006（平18）	314,834,621	107,598,153	258,543	8,225,442	150,728,842	57,562,203	255,172	5,777,879
2007（平19）	336,756,635	108,656,444	258,232	8,518,545	158,848,023	57,750,275	254,675	5,903,509
2008（平20）	335,578,825	101,304,661	263,061	8,364,607	159,120,155	55,116,110	259,578	5,788,656
2009（平21）	265,259,031	80,319,365	235,817	7,735,789	132,221,658	46,480,409	232,569	5,357,240
2010（平22）	289,107,683	90,667,210	224,403	7,663,847	135,087,909	48,335,674	221,089	5,260,204
2011（平23）	284,968,753	91,554,445	N/A	N/A	139,861,627	51,573,695	N/A	N/A
2012（平24）	288,727,639	88,394,666	216,262	7,425,339	140,208,112	48,660,624	213,156	5,153,606
2013（平25）	292,092,130	90,148,885	208,029	7,402,984	139,939,608	48,680,921	204,852	5,095,546
2014（平26）	305,139,989	92,288,871	202,410	7,403,269	145,952,372	49,541,077	199,200	5,066,672
2015（平27）	313,128,600	98,028,000	N/A	N/A	144,443,100	52,016,612	N/A	N/A
2016（平28）	302,185,200	97,341,600	217,601	7,497,792	144,443,100	52,016,612	214,390	5,141,348
2017（平29）	319,035,800	10,340,830	191,339	7,571,369	149,875,798	53,713,884	188,377	5,080,681
2018（平30）	331,809,400	10,430,070	188,249	7,697,321	154,387,564	54,626,853	184,753	5,117,060

注1．経済産業省によると、平成22年工業統計調査は、2010年12月末時点、平成24年経済センサスでは、2012年2月1日時点、平成24年工業統計調査は2012年12月末時点と2011年の事業所数、従業者数の結果もない。

注2．経済センサス活動調査と工業統計調査の調査期日を統一する見直しが行われ、「平成27年工業統計調査」は、「平成28年経済センサス―活動調査」（2016年6月1日実施）のために行われていない。故、2015年の時点で事業所数、従業者数についての調査結果もない。

注3．2007年以前のデータ：https://www.meti.go.jp/statistics/tyo/kougyo/archives/index.html
　　2002年以後のデータ：https://www.meti.go.jp/statistics/tyo/kougyo/result-2.html
　　http://www.meti.go.jp/meti_lib/report/H28FY/000220.pdf

資料：経済産業省大臣官房調査統計グループ2020年工業統計表「産業別統計表」、「品目別統計表」、「地域別統計表」より筆者作成。

　製造業を、「生活関連型産業」、「加工組立型産業」、「基礎素材型産業」という産業3類型[5]に分けて、主な業種の製造品出荷額のその年の構成比率の推移をみると、1989年は「加工組立型産業」のウェイトが高くなっている（図表6.5）。そのうち電気機械器具製造業が17.0%と最も構成比率が高かく、次いで輸送用機械器具製造業14.1%、はん用機械器具製造業が13.6%と同程度で多くなっている。

図表6.5　主要業種別製造品出荷額構成比率の変化（4人以上）

（1989年〜2018年）

	平成元年 1989年	平成5年 1993年	平成10年 1998年	平成15年 2003年	平成20年 2008年	平成25年 2013年	平成30年 2018年	％変動数 1989-2018	中小製造業 ％変動数 1989-2018
食料品製造業	7.3%	7.9%	8.0%	8.3%	7.4%	8.5%	9.0%	1.6ポイント	0.1ポイント
繊維工業	4.0%	3.5%	2.6%	1.8%	1.4%	1.3%	1.1%	−2.9ポイント	0.4ポイント
化学工業	7.4%	7.5%	7.6%	8.5%	8.4%	9.4%	9.0%	1.6ポイント	0.5ポイント
石油製品・石炭製品製造業	2.3%	2.6%	2.7%	3.6%	4.2%	6.1%	4.5%	2.2ポイント	3.0ポイント
プラスチック製品製造業	3.3%	3.5%	3.4%	3.7%	3.6%	3.8%	3.9%	0.6ポイント	0.1ポイント
鉄鋼業	5.8%	4.8%	4.2%	4.3%	7.3%	6.1%	5.6%	−0.2ポイント	0.1ポイント
金属製品製造業	5.6%	6.0%	5.5%	4.8%	4.5%	4.5%	4.8%	−0.8ポイント	−0.0ポイント
汎用機械器具製造業	13.6%	10.8%	11.6%	10.8%	12.0%	11.0%	12.4%	−1.1ポイント	−0.6ポイント
電気機械器具製造業	17.0%	16.7%	18.4%	17.5%	15.5%	12.6%	12.6%	−4.4ポイント	−0.5ポイント
輸送用機械器具製造業	14.1%	15.1%	14.8%	18.2%	19.0%	19.9%	21.1%	7.0ポイント	0.4ポイント
その他	47.7%	51.8%	50.8%	54.8%	54.8%	56.6%	58.2%	10.4ポイント	−0.2ポイント

注：中小製造業出荷額の増減率は、従業者4〜299人の事業所の統計である。

資料：野澤一博「平成30年間に製造業はどのように変化したか」（産業分野編）
（https://think-region.hatenadiary.jp/entry/2021/02/19/172721）および経済産業省工業統計調査より筆者作成。

　2018年現在、この3業種の構成比率をみると、輸送用機械器具製造業が21.1％と大幅に増加しており、汎用機械器具製造業が12.4％と同程度、電気機械器具製造業が12.6％と大幅に減少している。

　つまり、1990年代初期には「加工組立型産業」が栄え、そのうち、輸送用機械器具製造業のウエイトが2010年代末まで高まったと言える。

　「生活関連型産業」については、食料品製造業のウエイトが1989年より1.6ポイント増加しているが、繊維工業について、1989年は4.0％であったのが、2018年には1.1％と大幅に減少している。

　「基礎素材型産業」については、化学工業、石油製品・石炭製品製造業のウエイトが平成元年よりそれぞれ1.6ポイントと2.2ポイント高くなっている。

　中小製造業については、1989年〜30年間、「基礎素材型産業」の石油製品・石炭製品製造業が3.0ポイント伸びているが、他の産業がほとんど伸びていない。むしろ、汎用機械器具製造業−0.6ポイント、電気機械器具製造業−0.5ポイント、「その他」が−0.2ポイントと落ち込んでいる。製造品出荷額からみた場合、平成における日本の中小製造業はほとんど成長していないことがわかる。

　日本のものづくり産業の国際競争力は、最終製品を生産する大企業のみによって生み出されているのではなく、ものづくり基盤としての数多くの中小企業の存在によっても支えられている。製造業は、日本経済の根幹を支えている大きな業界のひとつであるため、とりわけ中小製造業の衰退は、日本経済全体の衰退に直結しているとも言えよう。

6.4　産業集積

　中小企業でも、一定の条件の下で、大量生産型の大企業に対して、競争優位を確保できる。一定の条件とは、①地理的な「集積」の形成と、②「ネットワーク」の形成、③「競争と協調」を行うことの 3 つである。[6]

　産業集積とは、地理的に近接した特定の地域内に多数の企業が立地するとともに、各企業が受発注取引や情報交流、連携等の企業間関係を生じている状態を言う。[7]

　産業集積の意義は、規模の利益と外部経済にある。企業が産業集積への立地を選択してきたのは、投入資源、市場、集積内分業ネットワークへのアクセシビリティから、当該立地が経済合理性を有してきたためである（図表6.6）。

　図表6.6が示す通り、産業集積は個別企業の単なる集合ではなく、様々に機能分化した多数の事業所の有機的関連によって、集積全体として特定製品の生産基地を構成しているものである。製造業をとってみると、製品の企画・開発、原材料の調達、生産、梱包、運送など多くの業務プロセスがある。生産だけでも多くの工程が必要であり、それぞれに設備、技術・ノウハウが要

る。したがって、小資本であり人、資金面での制約がある中小企業にとって、近接地域内に関連工程の企業が多数存在する産業集積は、重要な存立基盤の一つである。

図表6.6　集積のメリット

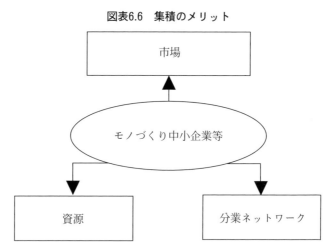

資料：西岡正〔2013〕『ものづくり中小企業の戦略デザイン―サプライヤー・システム、産業集積、顧客価値―』同友館、p.99。

　日本の中小企業の存在形態は、地域的産業集積という観点から、大都市圏加工型集積、企業城下町型集積、産地型集積、誘致型複合集積と大きく４つに分けることができる。各地域の産業集積の状況は、歴史的背景や産業構造により異なっている。いずれにせよ、産業集積は全国に点在しており、いわば日本列島は産業集積のかたまりであるといえる。ただし、全国の集積地域すべてを特定の類型に当てはめることは難しく、複数の属性を持つ集積も多く見られる。

　大都市圏加工型集積とは、三大都市圏を中心に、部品、金型、試作品などを製造する中小機械金属工業等が多数立地している特徴のみられる集積である。地域全体としては、特定の大企業や卸売業との取引関係は持たず、複数かつ多様な取引関係を有し、多種多様な製品群の提供を可能としている集積

であり、個別企業レベルで見ると、特定企業でしかできない固有の製造技術・技能を保有することで、中小製造業であっても、いわゆる「オンリー・ワン」企業といえる強さを有する企業が多く集積している。東京都大田区を中心とした城南地域や大阪府東大阪地域に見られる産業集積がこれに該当する。

　企業城下町型集積とは、グローバル市場を相手にする大企業の親工場を頂点として、一次下請、二次下請、そして最終段階のN次下請に至る階層的組織による分業体制を有する、いわゆる下請重層構造を特徴とした集積である。

　企業城下町型集積は、自動車、電機等加工組立型産業と鉄鋼、化学等基礎素材産業の2つに分けられている。このような特定産業の大企業を頂点にして、多くの中小企業が生産上のピラミッドを形成している。中国・岡山県総社市など、トヨタ自動車を中心とする愛知県豊田市周辺地域、八幡製鉄所（現在の新日鐵住金）を中心とする福岡県北九州地域などの産業集積がこれに該当する。

　産地型集積とは、繊維、日用品など消費財の企画、販売を担う域内の産地問屋（卸売業）を頂点に、その傘下に製造機能を担う中小製造業がぶら下がる集積となっている。産地型集積では細分化された工程段階ごとに特化した企業が存在しており、分業体制が敷かれている。北陸・新潟県燕市及び三条市、沖縄・沖縄県全域などがこれに該当する。

　日本の産地型集積は、地域性や歴史性をさらに強調して「地場産業」とも言われ、中小企業が地域的に集積し、組合を組織した中小企業主導型である。地場産業とは、歴史的に発生起源が古く、伝統的技術を生かしながら特定の地域で地場資本を主軸に生産を展開する産業である。地場産業の業種は、食料品、繊維、衣服、木工・家具、窯業・土石、機械・金属、雑貨の7種類に分類されている。

　誘致型複合集積は、自治体の企業誘致活動や工業再配置計画の推進により、もともと基盤的技術集積が少ない農村地帯などに工場が多数立地して形成されてきたという特徴のみられる集積である。東北・岩手県北上川流域地域、中国・岡山県総社市などがこれに該当する。誘致企業は集積外部の系列に属

する企業が多く、集積内部での連携が進んでいない場合もある。福島地域は医療産業を、沖縄は金型産業を誘致しており、この分類の典型例と言える。また、山梨県甲府地域、熊本県熊本地域などもこれに該当する。

　産業集積はどの形態をとるにしても、中小企業が地域経済社会に及ぼす多面的な効果を見ることができる。地域は人や企業が活動する「器」である。日本の地形や気候は違うし、天然資源の賦存量も違う。また輸送・移動費用は決してゼロではなく、海や川に近く交通条件に恵まれるところは、そのぶん、安いコストで製品を出荷したり、原材料を手に入れたりすることができる。古くから東京、大阪、名古屋を中心とした地域が経済活動の中心であったのはこうした優位性がこの地域に備わっていたためである。

事例1：東京都大田区

　筆者の住む東京都には、製造業の事業所数が約2万7千立地しており、東京都は全国社数順位第3位、「1～3人」の事業所数が約5割に及ぶ。そのうち、約4,200事業所が大田区に位置し、その割合は都内製造企業の15.6%に及ぶ。[10]

　大田区は、古くは海苔養殖や麦わら細工の産地として知られてきた。戦後の高度経済成長期、特に、1960年代に入って、海苔養殖場跡地に多くの貸工場が建設されたこと、大がかりな工場を必要としない直結式の工作機械が普及したことなどから、多くの零細企業が集積する地域として発展していった。これらの企業は大規模工場との協力工場として成長したが、その後、大規模工場の転出にともなって大企業の研究開発や試作に必要な技術の供給にシフトしながら、大田区は機械金属加工業の集積地としての地位を築いていった。

　戦後日本の経済発展を主導した機械・電機産業を高精度・難加工・短納期での部品生産の領域で支えてきた東京都大田区では、「工業統計（1～3人を含む）」によると、1983年の9,177をピークに、工場数が生産機能の海外移転が進む中で4,000を切るほどに減少した。[11]

　2016年現在、大田区は4,229社（経済センサスによる）の高度な機械金属加

工技術を有する日本屈指の町工場の集積地である（図表6.7）。大田区は、多種多様な加工技術の集積の強みを活かし、戦後の高度経済成長期から日本の産業全体の屋台骨となり、先端的な技術開発を支えている。

　2019年現在、大田区の工場の業種分類では、「金属製品」と「一般機械」で過半数を超え、電子機械や輸送用機械を加えた「機械・金属加工系」の業種は8割を超えている。切削・研磨、プレス、熱処理、メッキ、鍛造、鋳造等の加工技術を得意として、付加価値が高い試作品や治具等の「多品種・少ロット生産」に特化した工場が多いのも大田区内の工場の特徴である。

図表6.7　東京23区に立地する製造業の事業所数（平成28年）

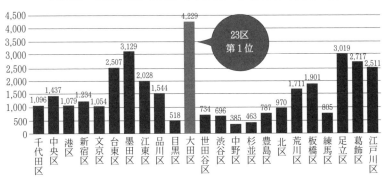

資料：公益財団法人大田区産業振興協会、2021年3月『大田区工業ガイド』（原資料：総務省「経済センサス─活動調査」（平成28年））
（https://www.pio-ota.jp/pr/guide/japanese.html）。

　大田区内工場では従業員「3名以下」が約半数を占め、「4〜9名」を加えると「9名以下」で8割弱を占めるなど、家族経営の規模の小さな工場が集積しているのが大きな特徴と言える。その結果、様々な加工技術を有する工場が集積し、近隣工場が協力しあえば製品が完成するという、いわゆる「仲間まわし」と呼ばれる独特な連携体制が構築されている（図表6.8）。

図表6.8　大田区内工場の「仲間まわし」連携体制図

資料：大田区ホームページ「輝け！大田のまち工場」より筆者作成。

　大田区の製造業に共通する課題としては、後継者不足による事業継続の困難、人口減少による国内需要の低迷と発注元である大手企業の調達と生産拠点の海外移転、区内における事業所の拡張・移転意向への対応など、製造業事業所の操業環境の確保が課題となっている。

　大田区内の製造業経営者は、約6割が60歳以上で、50歳代は3割、40歳以下は1割に満たない状況である。技術は、設備と技能から成り立っており、高齢化と若年層の参入不足により技能を担う人材が減少することで、技術力の低下にもつながる。

　そして、大田区工業は60年代、70年代、そして80年代を通じて、生産の場を「区外」に求めてきた。それは、大都市、中でも東京の土地利用の特殊性が強く働いていることはいうまでもない。[12]

　また、大田区は、「ものづくり」の街を標榜しつつも、実際には卸・小売と運輸という広義「流通」を重視せざるを得ないだろう。これまでの、中小企業・工業集積の維持・発展を主眼とした産業施策は、その重点を移さざるをえない。[13]

　今後の区内ものづくり産業の継続、個社の事業規模の拡大を促していく上で、経営の事業承継が大きなポイントになると考えられる。そのため、ものづくり産業に対する行政支援においても、事業承継に対する支援の強化が求

められる。

事例2：愛知県豊田市

2018年夏、筆者は愛知県を訪れ、トヨタ産業技術記念館にてリサーチを行った。[14]

愛知県豊田市は、主力産業のトヨタ自動車から名前がつけられている。自動車産業は豊田市の基幹産業であり、輸送用機械器具製造業の製造品出荷額は全国の約40%を占めている（全国1位）。豊田市には販売台数世界トップクラスのトヨタ自動車（豊田市）を中心に世界的規模の自動車産業、関連産業集積があり、地域経済の原動力となっている。

愛知県の産業集積の始まりは安土桃山時代に遡る。織田信長が全国から職人を集めて技を競わせ、「天下一」と呼ばれる称号を与えたことから、職人および技術の集積が始まった。

その後、豊臣秀吉、徳川家康もこの制度を継続させ、本県におけるものづくり技術の礎となった。1925年にトヨタグループの創業者である豊田佐吉が自動織機を発明し、翌年に株式会社豊田自動織機製作所を設立した。1937年にこの自動車製造部門が独立してトヨタ自動車工業株式会社として操業を開始し、関連するサプライヤー[15]がトヨタ自動車工業から分離する形で設立された。さらに、トヨタ自動車工業は「ジャストインタイム」方式の実現のため、愛知県内に工場を集中立地させ、企業城下町型産業集積が形成された。

愛知県の産業集積地域は大きく三河地域と尾張地域に分類でき、ともに製造業が中心であるが、集積している企業形態が異なっている。三河地域はトヨタ自動車の下、ピラミッド型に幾層にも企業が繋がっているのに対し、尾張地域は自動車部品以外にも様々な機械製品をつくる企業が集まっている。

愛知県の自動車産業は、規模の生産性に加えて、外製依存度の高い完成車メーカーと下請企業、あるいは下請企業間での密接な情報交換が重視される中で、情報収集や交換のコスト低減のため地理的近接性が重視されてきたことも集積形成の要因として指摘できる。

下請制は、親企業が当該企業に直接注文し、その際に企画、品質、性能、形状、デザインなどを指定する取引関係と定義され、この関係における受注企業を下請企業（サプライヤー）という。すなわち、自企業より資本金または従業員者の多い他の法人または個人から、製品、部品等の製造または加工を受注する企業である。

　下請は、注文生産の方式の一種であるが、この注文は多くの場合、厳密、詳細に取引条件を定めた文書に基づく契約による取引ではなく、文書による契約の場合でも内容は大まかであり、口頭による約束に基づく場合も多いのが特徴である。

　現在、愛知県内には、トヨタ自動車をはじめ、ホンダ、三菱、スズキ、デンソー、アイシン等、日本の製造業における大手企業が多数立地している。2020年工業統計調査（4人以上）によると、愛知県の製造品出荷額は全国の14.9％を占め、そのうち自動車を含む輸送用機械が55.6％（全国シェアは39.2％）となっている。全国平均の21.1％と比べ、本地域における自動車産業の重要性がうかがえる[16]。

　国内製造業の1つの大きな特徴は、自動車産業を典型として、完成車メーカーを頂点とし、そのもとに1次下請、2次下請と裾野が広がるピラミッド型の構造として図示されることが多い（図表6.9）。

　例えば、トヨタ自動車の生産を例にとり説明すると、1台の乗用車を生産するのには多くの下請企業が多層的に協力している。同時に、各企業が部品生産に専門化し、さらに部品の部分的加工に専門化して1台の乗用車の生産に関わっている。自動車は3万点以上の構成部品を組み合わせることで製造されているといわれるが、完成車メーカーの内製率は3割程度の過ぎず、残りは外部の下請企業によって生産されている。

　下請企業は、完成車メーカーと直接取引を行う1次下請企業から、1次下請企業と取引を行う2次下請企業、2次下請企業と取引を行う3～N次下請企業というように取引階層に応じて階層化されている。完成車メーカーは1社だが、下位になればなるほど企業数は増えていく構造を示している。

日本では、乗用車生産に限定されず、多くの量産型製品の生産において、同様な下請分業構造が存在している。これは、日本製造業独自の分業構造といえる。

㈱帝国データバンクが行った調査によると、2019年、トヨタ自動車グループ（主要関連会社・子会社計16社）の下請企業数は全国に38,663社となっている。そのうち、愛知県は全国社数順位1位の7,211（一次下請2,007、二次下請5,204）社に達しており、その割合は全国の18.6%を占めている。

下請企業は、トヨタグループの多くが本社を置く東海地区を中心に全国にまたがっている。また、業種別では一次下請・二次下請ともに「受託開発ソフトウェア」がトップとなり、2014年の調査以降初めて「非製造業」が最多となっている。業績面でも、トヨタグループの好調な販売実績等を背景に、過去の調査と比較して「増収」企業の構成比が高くなるなど、同グループからの安定した受注環境などを通じた波及効果も見られる。

そして2021年、トヨタ自動車グループ（主要関連会社・子会社計15社）の下請企業は、全国で合計41,427社（一次下請6,380、二次下請35,047）となり、2014年の調査開始以降で初めて4万社を超え過去最大となっている。

業種細分類別に見ると、一次下請では「ソフト受託開発」（296社）が2位の「自動車部分品製造」（261社）を30社超上回って首位となっている。二次下請でも、2019年に続き「ソフト受託開発」が1,525社でトップとなっている。[17]

図表6.9　トヨタ自動車産業の産業構造イメージ

資料：筆者作成。

自動車生産におけるバリューチェーンは、企画・開発→設計→調達→製造（素材・部材・部品・組立）→販売・マーケティング→金融→使用者→サービス・インフラ→アフターサービスとして表示できる（図表6.10）。リーン生産方式[18]として世界で活用されているトヨタ生産方式は、このバリューチェーンにおける改善の技法やノウハウのことであるが、これらの構成要素は、さらに２つに大別することができる。すなわち、調達と製造の機能を中心に製造過程における効率向上を追求していく側面と、開発と設計の機能を中心にして販売・マーケティングやサービスの機能部門からの情報もフィードバックしながら新製品開発を進めていく側面である。この２つの側面のうち、前者をトヨタ生産方式（Toyota Production System: TPS）とし、後者をトヨタ製品開発方式（Toyota Product Development: TPD）としてとらえることができる。コンビニエンス・ストアから病院に至るまで、幅広い業種で活用されているのは、主に前者における技法やノウハウである。[19]

図表6.10　自動車生産におけるバリューチェーン

バリューチェーン	企画・開発	設計	調達	製造（素材・部材・部品・組立）	販売・マーケティング	使用者	金融	サービス・インフラ	アフターサービス

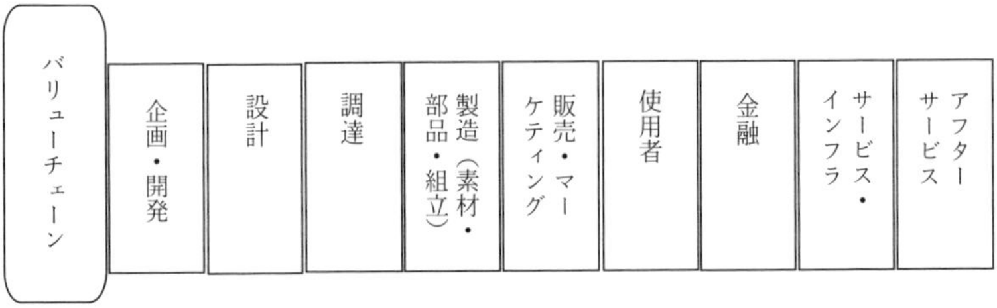

資料：筆者作成。

事例３：新潟県燕三条地域

　筆者は、2016〜17年に新潟県の燕三条地域の地場産業について視察・ヒアリングを行った。この地域は、国内の金属洋食器の90％以上を生産しており、まさに日本の産地型産業集積の代表例である。銅器やキセル、ヤスリ、そして矢立と、優れた技と創造性あふれる製品が江戸、明治期を通じて数多く産み出されてきた。

　世界有数の金属加工集積となった燕三条地域の起源は、江戸時代の初期に農村の副業として始まった和釘の製造にさかのぼる。これが、明治時代初期まで活発な活動を続け、その技術を利用して農機具や銅器の製造へと発展した。これに対し、明治以降、鉄道の普及や機械力の導入によって販路と生産量を伸ばした三条の鍛冶は、生活様式の変化に合わせ作業工具などの新しい分野にも参入した。その後、燕は金属洋食器、金属ハウスウェア、三条は作業工具、利器・工匠具等へと、製造する製品が時代とともに変遷したものの、これら最終消費財にかかる金属加工技術が集積されている。

　現在では、三条鍛冶の伝統を受け継ぐ包丁、利器工匠具、その鍛造技術を基盤とした作業工具をはじめとし、測定器具、木工製品、アウトドア用品、冷暖房機器などを生産している。また、最終製品だけでなく、自動車や農業機械などの鍛造部品、プレス加工、金型製造など、金属加工を中心に、多様な加工技術が集積した金属産業都市へと発展している。金物卸商を中心とした全国の販売ネットワーク網と、高速交通網が整備された当市の立地的な強みが相まって、全国へ出荷する流通基地としての役割を担い、全国規模の主要な輸送業者も当地に集結している。そして従来の産地型集積から都市型集積へとその性格を変えてきている。

　また、2021年4月には、実学系ものづくり大学である「三条市立大学」が開学している。本大学では、地元企業におけるインターンシップを始め、地域全体をキャンパスとして地域に蓄積された技術・ノウハウ等の財産を活用した実践的な学びを重ね、卒業後は実習先の企業を始めとしたこの地域の企業に就職し、この地に家庭をもってもらうことで、当地のものづくりの持続的発展に貢献することが期待されている。

　燕三条両地域とも地場産業においては、産地問屋と呼ばれる卸が販売、物流、在庫機能を引き受け、地域の元請メーカーに製造を発注、地域内分業により生産を行うという形態で取引を行っている（図表6.11）。

図表6.11　燕三条地域製造業集積の構造

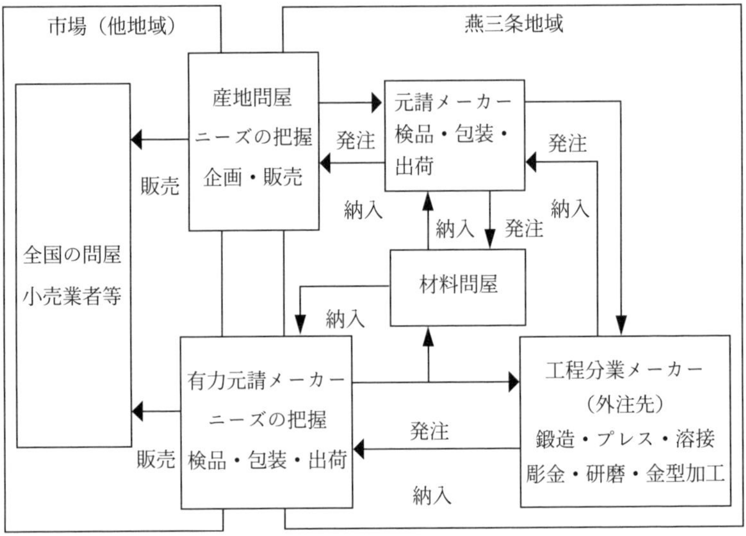

資料：平成９年版中小企業白書の第２-２-50図「燕・三条地域製造業集積の構造」(p.195)
を転載。

三条市の基幹産業であるものづくり産業は、プレスや鍛造、溶接、表面処理、プラスチック、木工など金属加工を中心にあらゆる加工ができる企業が集積し、地域内で一貫して製造できる強みがあるものの、個々の企業は下請型で自社製品を持たない単加工の小規模事業者が多い。これらの企業は、価格から仕事量まで主に地域内の取引先（発注先）に依存しており、依存体質からの脱却を図るためには、地域外の新たな販路の開拓が必要であるが、営業ノウハウが無く経営基盤も弱いためなかなか踏み出せない事業者も多い。

6.5　中小製造業の経営戦略

日本の中小製造業の主要課題を大別すると「人手不足の顕在化」「収益率の低さ」の２つが考えられる。日本品質として世界市場で信頼を得ている日本の製造業においても、製造や加工そのものに対する付加価値は下がる傾向

にあり、課題解決のためにDXを推進する必要性が高まっている。

　図表6.12に示す「スマイルカーブ」は、製造業の工程を『上流の商品開発・設計』『中流の製造』『下流の販売・サービス』と定義したものであり、上流と下流に付加価値があり利益が得られるが、中流の製造工程は付加価値が低く儲からないという論理である（図表6.12）。

図表6.12　スマイルカーブ

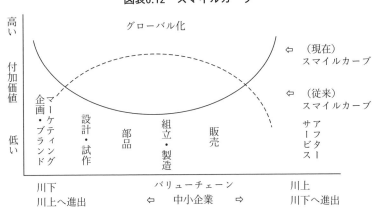

資料：合同会社高崎ものづくり研究所「中小製造業のとるべき2つの競争戦略」2021.09.25
（https://perfectmanual.themedia.jp/）

　スマイルカーブは、現在では製造部門を持たないアップル社のスマホ戦略に例えられるように、部品や組み立てコストを安く抑え、完成品を高く販売することで莫大な利益を得ていることで実証されている。

　しかし、同じことが、日本の中小製造業の戦略に当てはめることができる。それは日本が営々として築いてきた優れたものづくりをベースに世界と勝負する以下の2つの戦略である。[20]

戦略1：徹底的な省人化・自動化を推進すること

　製造業で効果が実感できるDXとは、まずはルーチンになっていた人的作業の自動化や製造現場におけるリードタイムの短縮、ノウハウのデジタル化、

それによる生産性の向上、品質向上など、新たな付加価値を提供することを目指すためのものと考えられる。最先端IoT、デジタル技術の導入は必須条件であり、これら人材・設備の投資によって企業体質の劇的な変革と、生産性を向上なくして日本の製造業に未来はないだろう。

　ここでは具体的にDXを推進し、新たなサービス提供に成功した事例を取り上げる。

　筆者は、2008年より日本の生産生活現場における監視カメラの重要性に気づき、電子通信機器設置設計施工業者のマグナ通信工業株式会社についてリサーチを始めた。本社が東京都杉並区に所在する当社が、2022年現在、東北、関東と関西に6つの事業所を持っている。

　当社は、企業の都合に合わせた「モノづくり」から、消費者の動向を意識した「ものづくり」へという経営方針を以て成功を収めている。

　当社は、1964年の創業以来、我々の暮らしを支える基幹産業の各プラントにおける映像監視および指令通話を主体とした情報通信システムを手掛けている。発電所における監視カメラのシステム開発から設置工事までを主体で行い、他にも空港のセキュリティーに関するカメラや、河川の氾濫を監視するカメラ設置等も手掛けている。

　プラントでは、どんなにIT技術や情報システムが高度化し、自動化・無人化されても、最終的には「見る」「聞く」「伝える」といった人間の五感機能によって、問題が判断解決されていく。私たちの暮らし全体を支えている電力では、発電所が安定して電力を供給する上で、機械が安全に作動しているか、故障はないかを常時監視するカメラとシステムが必要不可欠になっている。人が入れない原子炉の点検や、外部からの侵入を防ぐための監視など、どんな環境や場面においても的確に事象を捉えるという、監視の基本にこだわったカメラの開発、システムの企画提案を行い、お客様の事業の効率化、円滑化はもとより、防災、防犯に役立つ、安心安全なソリューションを提供している。

戦略 2 ：スマイルカーブの上流と下流を攻略すること

　アップルの例でも、日本の精密部品は確かに優秀でシェアは高いことは事実でも、部品トップメーカーの売り上げ規模は最終製品を販売するアップルの数十分の一に留まっている。

　今までの積み重ねた熟練技だけでは日本の中小製造業に未来がないことは明白である。スマイルカーブを再認識し、徹底的なデジタル化の推進により、生産を効率化し、優秀な人材の（アナログ的）熟練技術を、上流と下流へ集中すること、そして究極は上流の商品開発・製造技術開発の強化こそ中小製造業の未来が開けてくるものといえる。つまり、デジタル化と、アナログ的熟練技の双方の相乗効果により差別化を図っていくことが求められている。

　現在、大手の内製化、取引先選別などによって仕事がなくなることも、真の脅威である。また若年層の減少、熟練技能者のリタイヤなど、人材の不足が大きな問題としてクローズアップされ、その影響を真っ先に受けるのが中小企業であることも事実である。これからの中小製造業にとって、重要な事は、下請的な発想から脱皮し取引先と対等な取引を基本とする、「受託製造サービス業」への転換が必要と考えられる。世界的な産業動態の中で、国内の生産と雇用を確保し経済ダイナミズムを維持するには、旧産業の防衛ではなく新産業の創出しかないことは明らかである。

　1960年代以降、自動車産業が牽引する形で世界経済の先導役に躍り出た日本のモノづくり企業は、ここ20年ほどはテレビ、スマホで負け続け、今やEV（電気自動車）はじめ今後のモノづくりと密接な関係にある通信領域においても5Gで世界に後れを取っている。日本経済におけるこうした状況に対して、それらのモノづくりを支える中小企業は危機感をつのらせている。IT分野における進歩の速さを考えれば、今こそオールジャパンでEV開発など中小企業によるイノベーションが日本経済成長のカギを握るといえよう。

演習問題

1. 中小企業一般と下請中小企業とはどう違うかについて考えてみよう。

2. 日本の産業集積のタイプ、地域、集積の主要業種を巡り、その製造品出荷額と従業者数について調べよう。

3. あなたが生まれ故郷、あるいはあなたが学んでいる大学の所在地域に本章で言う産業集積がないか調べてみよう。ある場合は、その産業集積の特徴と今後の方向性について調べてみよう。

注

1　中小企業庁『中小企業白書（2021）』によると、2020年現在、製造業の9.2%が小規模企業、1.5%が中規模企業である。

2　https://ja.wikipedia.org/2022/3/1

3　経済産業省「工業統計調査」
（https://www.meti.go.jp/statistics/tyo/kougyo/wagakuni/1998_yogo.htm/2021年10月6日最終閲覧）。

4　経済産業省大臣官房調査統計グループ2020年工業統計表「産業別統計表」、「品目別統計表」、「地域別統計表」（令和3年（2021年）8月13日掲載）

5　産業三類型：製造業の産業中分類における業種を、「生活関連・その他型」（食料品、飲料・たばこ、繊維、衣服、家具・装備品、印刷、なめし皮、その他）；「基礎素材型」（木材、パルプ・紙、化学、石油・石炭、プラスチック製品、ゴム製品、窯業・土石、鉄鋼、非鉄金属、金属製品）；「加工組立型」（一般機械、電気機械、情報通信機器、電子部品・デバイス、輸送機器）に分ける分類方法。

6　安達・石井ほか〔2018〕、p.17。

7　中小企業庁『中小企業白書（2000）』

8　中小企業庁『中小企業白書（2006）』

9　三大都市圏：埼玉県、東京都、千葉県、神奈川県、岐阜県、愛知県、三重県、京都府、大阪府、兵庫県、奈良県
地方圏：三大都市圏以外の地域

10　東京都産業労働局「平成30年度東京の中小企業の現状―製造業編―」及び公益財団法人大田区産業振興協会2021年3月『大田区工業ガイド』より筆

者推計。

11　公益財団法人大田区産業振興協会『大田区工業ガイド』2021年3月。

12　加藤〔2003〕、p.173。

13　大西・小坂・田村〔2018〕、pp.156-157。

14　筆者はトヨタ自動車を探り、「日本を資本主義経済大国に成長させたものづくりの尊重、強欲な金儲け主義への嫌悪、人間関係と集団行動の重視」といった日本独自の企業文化に一層感化された。日本のこの文化的魅力は、筆者が日本に帰化する最大のきっかけとなった。筆者は、帰化名を、トヨタ自動車の創業者豊田喜一郎に習って、「喜一郎」と決めた。

15　分野や業種によっては、製品の開発や製造に必要な部品や原材料などを供給する事業者である。例えば、小売業者にとっては卸やメーカー、生産者などがサプライヤーであり、工業製品メーカーにとっては部材メーカーや原材料メーカー、製造機械メーカーなど（また、それらを扱う商社や販売代理店、輸入代理店など）がサプライヤーとなる。下請という用語を用いる場合、発注者への従属的な関係を前提とするのに対し、サプライヤーの場合発注者に対する受注者の従属的な関係のみならず、両者の独立した、もしくは対等な関係も包含するより広義の概念となる。但し、分析実務上は必ずしも上記概念を反映して厳密に用語を使い分けているとは限らない。本書ではサプライヤーと下請を同義語としている。

16　総務省・経済産業省「2020年工業統計表　産業別統計表」

17　TDB「トヨタ自動車グループ」下請企業調査（2021年）
（https://www.tdb.co.jp/report/watching/press/pdf/p210601.pdf）

18　トヨタ生産方式は、特に米国で独自に研究し実践を通じて体系化してきた。その考え方がリーン思考である。リーン思考は顧客目線での「価値」を定義し、顧客までの「価値の流れ」のムダを取り除くという普遍的な考え方とすることで、生産現場だけでなく製品開発・流通・販売・製造などあらゆる分野の業務プロセスのムダを省くことを目的としている。リーン思考は、トヨタ生産方式の考え方から生まれているので、考え方の根本的な違いはない。

19　大西・小坂・田村〔2018〕、pp.85-86。

20　合同会社高崎ものづくり研究所
https://perfectmanual.themedia.jp/「中小製造業のとるべき2つの競争戦略」2021.09.25

参考文献

江口政広「中小製造業の諸問題」(一橋大学経済学部寄付講義・第5回)
http://www7.econ.hit-u.ac.jp/shokochukin/schedule/2016/20160511_01.pdf

大田区ホームページ『大田区工業』https://www.city.ota.tokyo.jp/sangyo/
kogyo/ota_monodukuri/kagayake/ota_ind.html

大西勝明・小坂隆秀・田村八十一〔2018〕『現代の産業・企業と地域経済―持続可
能な発展の追求―』晃洋書房

大野泉〔2015〕『町工場からアジアのグローバル企業へ―中小企業の海外進出戦略
と支援策』中央経済社

加藤秀雄〔2003〕『地域中小企業と産業集積―海外生産から国内回帰に向けて―』
新評論

清成忠男・田中利見・港徹雄〔2001〕『中小企業論』有斐閣

https://nikken-career.jp/special/1376/(2021年10月3日閲覧)

https://mynavi-agent.jp/maker/knowhow/manufacturing_industry/(2021年
10月3日閲覧)

経済産業省経済産業政策局調査統計部「我が国の工業～変化を続ける製造業～」
平成23年3月1日掲載(meti.go.jp)

谷江武士「新潟県における三条・燕産地の産業集積と産業空洞化問題―アンケー
ト調査を中心にして―」『名城論業』2005年3月

中川翔太「日本経済の発展に資する中小製造業の機能と課題解決に関する研究」
明治大学『政治経済学研究論集』第2号 2018.2(http://hdl.handle.net/10291/
19342)

西岡正〔2013〕『ものづくり中小企業の戦略デザイン―サプライヤー・システム、
産業集積、顧客価値―』同友館

野澤一博「平成30年間に製造業はどのように変化したか」(産業分野編)―地域戦
略ラボ(hatenadiary.jp)

林宜嗣・山鹿久木ほか〔2018〕『地域政策の経済学』日本評論社

合同会社高崎ものづくり技術研究所 https://perfectmanual.themedia.jp/
「製造業 事業再構築のための4つの現場改革コンサルティング」
https://perfectmanual.themedia.jp/posts/21825798

松尾容孝「産地型製造業地域の持続可能性および非産地型との関係 ―研究史の整
理と燕を中心とした検討―」https://core.ac.uk/download/pdf/151086639.pdf

森下正「中小製造業の経営革新と産業集積の再生―新しいビジネスモデルの構築
を目指して―」『経営経理研究』第112号、2018年3月

吉川洋〔2016〕『人口と日本経済―長寿、イノベーション、経済成長―』中公新書

吉田敬一「日本経済の発展と大田区工業集積の変容について―地域集積の量的縮小と生産機能の広域展開の進展―」企業環境研究年報 21 No.21, Dec. 2016

吉見隆一「産業集積の現状と課題」商工総合研究所〔平成23年度調査研究事業〕
https://www.shokosoken.or.jp/chousa/youshi/23nen/23-4.pdf

吉見隆一「地場産業の現状と課題 ―燕・三条地域―」〔平成21年度調査研究事業〕
https://www.shokosoken.or.jp/chousa/youshi/21nen/21-1.pdf

本庄裕司・安田武彦「事業の撤退か継続か―大田区・東大阪市を対象とした実証分析―」
経済産業研究所（RIETI Discussion Paper Series 05-J-007）

URL:
内閣府　https://www5.cao.go.jp/j-j/cr/cr03/chr03_1-2-1-e.html
合同会社高崎ものづくり研究所　https://perfectmanual.themedia.jp/

第 7 章

中小非製造業

【ポイント】

　小売業や卸売業という商業、農林水産業、運輸・通信業、製造業に関連の深い建設業[1]、サービス業などが、非製造業である。非製造業は製造業と異なり、生産と消費が同時に同一の場所で行われることが多く、生産物が輸送されたり在庫として保存されたりすることは稀である[2]。非製造業の分野には、大企業も存在しているが、大多数を占めているのが、中小企業である[3]。

　2019年度における日本のGDPの業種別内訳では、サービス業は32.1%、商業は12.7%、不動産業は11.8%、建設業は5.4%となっている[4]。

　製造業と比較してみると、サービス産業が大部分を占める非製造業は、長期にわたり生産性（全要素生産性・TFP）の伸びが低い。特に金融保険業、宿泊・飲食業、情報通信業など広義のサービス業は、現代日本においてGDPの約7割を占め、就業者の7割強が従事する一大産業である。サービス業がGDPの多くを占めるという事実は、すなわちサービス業全体の生産性を1%でも向上することができれば、大きなGDP押し上げ効果が期待できることを意味している。

　そこで本章では、金融保険業を除いたサービス業、つまり、中小商業やサービス業、旅行業について記述する。

7.1 中小商業

現代社会では、生産と消費とが分離している。これをスムーズに結びつけなければ、生産活動も消費活動も継続できない。そのための活動が流通である。流通とは、生産者を起点とし消費者を終点とする、一方向的な社会的・経済的な製品の移転を意味する。流通の最も大きな役割が、生産者から消費者に所有権を移転させることにある。例えば、アパレル・メーカー（製造卸）産業構造は、自社で生産部門を有することはあまりなく、商品企画から生産・販売までの機能を併せ持っており、その業態は卸商に近い（図表7.1）。

流通には、生産者と消費者が直接結びつく直接流通と、両者の間に第三者が入る間接流通とがある。この第三者のことを商業者といい、彼らの行っている活動を商業という。直接流通とは、生産者から消費者に直接販売される仕組みであり、間接流通とは、生産者と消費者との間に別の第三者が介在し、まず生産者から第三者に販売がなされ、その第三者から（場合によると第2、第3の第三者を経由して）消費者に販売される仕組みである。

1990年代に入ると、新たに製造小売（SPA）化を進める企業が台頭した。SPA（specialty store retailer of private label apparel）とは、企画から生産、販売まで一貫して自社で取り仕切る仕組みのことである。アメリカ衣料品大手のGAPが自社の業態を示すためにつくった造語であるといわれ、ユニクロやポイントなどの台頭は、その象徴といえるだろう。

図表7.1　アパレル産業の構図

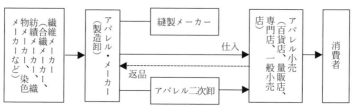

資料：橘川武郎・平野創・板垣暁〔2020〕『日本の産業と企業―発展のダイナミズムをとらえる』有斐閣アルマ、p.48（一部筆者加筆）。

　図表7.1は、一般的な例として原材料から最終製品となって消費されるまでのプロセスを示したものである。私たちは、食料品をはじめ衣料品や、家電などさまざまな商品を消費しながら暮らしている。生産者によって生産されたこれらの商品は、卸売業者や小売業者を経て、私たちが手にすることになる。つまり、私たちが通常消費している商品のほとんどは、スーパーやコンビニエンス・ストアという商業者を経由した間接流通となっている。

　第三者としての卸売業者は、生産者あるいは卸売業者から商品を仕入れて、卸売業者や小売業者あるいはそのほかの事業者に販売することによって、社会全体として流通費用を削減し、小売業の「売り残り」や「品切れ」のリスクを避けるための役割も果たしている。これが卸売業の存在する根拠でもある。アパレル業界の場合、実際に販売された商品分にのみ小売からアパレル・メーカーに代金が支払われ、売り残りは返品される。返品の多い商品は、書籍、化粧品、アパレルなどが代表的なものであるが、かつては、加工食料品や日用雑貨などでも広く行われている。

　ここでは、消費財卸の代表的存在である食品卸売業界の売上ランキングの変化（2008年と2019年）をみると、上位卸の中でもトップ3社とそれ以下との間に比較的大きな規模格差が存在することがわかる。また、この10年超の間での順位の変動は比較的小さく、業界構造はどちらかというと安定的といえる（図表7.2）。

　小売業者は、メーカーあるいは卸売業者から商品を仕入れて、一般の消費者に販売する。販売する商品の種類で小売業者を分類することを業種による分類、販売の仕方など総合的な観点から分類する仕方を業態による分類という。

　業種による分類の例は、魚屋、八百屋、服屋、靴屋などである。業態による分類例では、百貨店、総合スーパー、食品スーパー、コンビニエンス・ストア、ホームセンター、ドラッグストアなどである。このうち、百貨店や大手のスーパーなどを除くと、いずれの業態においても中小企業が大多数を占めている。街なかで多く見かけるチェーンストアのコンビニエンス・ストア、

図表7.2　食品卸売業の売上高ランキング

順位		社名	本社	売上高 （百万円）	対前年度経常利益 伸び率（％）	取扱商品
1	―	三菱食品	東京	2,654,698	▲9.3	総合食品
2	3	日本アクセス	東京	2,154,392	8.9	総合食品
3	1	国分グループ本社	東京	1,891,676	▲3.0	総合食品
4	4	加藤産業	兵庫	1,063,219	8.4	総合食品
5	6	三井食品	東京	820,200	▲43.2	総合食品
6	―	トモシアホールディングス	東京	740,630	▲36.8	総合食品
7	5	伊藤忠食品	大阪	661,244	15.3	総合食品
8	7	日本酒類販売	東京	560,474	▲12.0	酒
9	11	ヤマエ久野	福岡	522,102	27.2	総合食品
10	12	スターゼン	東京	351,356	▲9.7	総合食品

資料：原田英生・向山雅夫・渡辺達郎〔2021〕『ベーシック流通と商業〔第3版〕―現実から学ぶ理論と仕組み』有斐閣アルマ、p.190。

ファストフード店やファミリーレストランも、個々の事業所としては中小企業に分類される。コンビニエンス・ストアの数は、2019年時点で5万8,250店に達しており、その半分をセブンイレブンの店舗が占めている[5]。

　中小規模の小売業者は、チェーンに加盟することで、集中仕入れや共同配送、共同宣伝など共同事業によるスケールメリットを享受することができる。そのため、中小規模の小売業者にとって、チェーンに加盟することは、大規模店舗に対抗する上での一つの手段にもなっている。

　図表7.3は、2018年の日本の小売企業の売上高について上位10社を示したものである。それによれば、総合スーパーやコンビニエンス・ストアなど複数の業態を経営する小売企業、専門店チェーン（ファストファッションを含む）、百貨店などの企業が並んでいる。そのうえで、営業利益率をみると、ファーストリテイリングとセブン＆アイHDが高く、百貨店のそれは相対的に低い。また、半世紀前の売上高ランキングをみると、創業300年の三越を、創業わずか15年ほどの総合スーパーダイエーが売上で追い抜いたことが見て取れる（図表7.3）。

図表7.3　小売企業売上高および営業利益ランキング（2018）

順位	企業名	売上高 （百万円）	営業利益 （百万円）	営業利益率 （%）	1972年 売上高ランキング
1	イオン	8,390,012	210,273	2.51	ダイエー
2	セブン＆アイHD	6,037,815	391,657	6.49	三越
3	ファーストリテイリング	2,130,060	236,212	11.09	大丸
4	ヤマダ電機	1,573,873	38,763	2.46	高島屋
5	ユニー・ファミリマートHD	1,275,300	27,974	2.19	西友ストア
6	三越伊勢丹HD	1,268,865	24,413	1.92	西武百貨店
7	高島屋	949,572	35,318	3.72	ジャスコ
8	パン・パシフィック・インターナショナル	941,508	51,568	5.48	松坂屋
9	エイチ・ツー・オーリテイリング	921,871	22,765	2.47	ニチイ
10	ビックカメラ	844,029	27,055	3.21	ユニー

資料：高島克義・高橋郁夫〔2020〕『小売経営論』有斐閣、p.27。

　流通や商業は、生産と消費とを結びつける活動であり、生産や消費の側が変化すれば、それに合わせて変化せざるを得ない。また、流通・商業はそれ自体がネットワークであるから、情報ネットワークが進展すれば、そのあり方も変わらざるを得ない。ここで重要なのは、生産から小売りまでの間にどのような人たちが関与しているのか、それぞれの人はどのような働きをしているのか、ということである。流通にかかわる人の数は実に莫大である。

　例えば、世帯普及率世界トップクラスを誇る日本の自動車業界は、今後も発展を続ける巨大市場である。新車市場は単純で、各メーカーのディーラーに注文するだけであるが、中古車市場は新車市場とは違い、そのメインルートは、全国100か所以上のオートオークション会場である。オートオークションとは、出品された中古車を買い手側が落札していく流通形態であり、まるで築地市場の魚のセリのようなものである。買い取った中古車をオークションに出品することで、すぐに現金化ができる上に、在庫を抱えずに済む。筆者が2020年11月からインタビューしてきた中古車小売業の株式会社JA MOTORS（ジェーエーモータース）は、既存の自動車メーカーやディーラー

に頼らず、オートオークションを介したマーケティングに大きく成功している。同社は、日本の自動車産業の強みを活かし、埼玉地域から全国、そして中央アジア、中東のイスラーム地域へのビジネス展開を構想している。

　現在、日本の商業、とりわけ小売商業は、大きな転換点を迎えているといえよう。近代以降の日本における小売商業の歩みを振り返ると、時代の推移とともに大規模小売業者（百貨店、スーパー、専門店チェーン、コンビニエンス・ストアなど）の比重が高まり、それに伴い流通の主導権が問屋（卸売商）から製造業者を経て小売業者へ移り、商業集積（商店街）の立地は都心部から郊外へ移って、再び都心部へ戻る、といった動きがみられたが、そこでは一貫して固定店舗商業が重要な役割を果たし続けてきた。

　ところが近年、流通情報化と通信販売、これから拡大していくネット販売という近代以降で初めての状況にわれわれは直面しているのである。消費者、小売業者が、直接、生産者より商品を取り寄せることが容易になったため、卸売業の存在意義が問われている。例えば、筆者がインタビューしてきた近沢レース店（横浜）は、1901（明治34）年に絹の輸出商として創業後、開港により西洋文化の栄えていた横浜元町で当時の日本では珍しいリネンストアを開業している。現在、インテリアレースの輸入販売、製造販売を主な事業としており、ハンドメイドの温もり、レースの美しさ、生地の素材感など魅力ある商品を提供できるよう最適な技術と価格を求め、中国、ベトナム、インド、ドイツ、トルコ、リトアニア等の世界各地からの技をチョイス、あるいはミックスをし、横浜らしさを加えた独自のオリジナル商品を手がけている。当社は、企画・製造・販売・卸売・小売を一体化した中小企業である。

　さて、総務省・経済産業省「平成28年経済センサス・活動調査」によると、2016（平成28年）6月1日現在の卸売業、小売業の事業所数は135万5,060事業所で2012（平成24年）2月1日現在と比べると▲3.6%、従業者数は1,159万6,089人（同＋3.3%）となっている。

　中小卸売業の付加価値は卸売業全体の60%、中小小売業の付加価値は小売業全体の54.2%を占めており、中小商業が、日本の商業付加価値額の5割以

上を生み出している[6]。しかし、事業所数、従業者数、年間販売額は、卸売業は1990年代まで初頭まで増加基調にあったものの、その後、いずれの指標も減少傾向に向かっている。小売商店数も1982年をピークにしてその後減少に転じている（2007年時点で商店数は113万7,859店。2016年時点では約99万店に激減している）[7]。特に衣食住に関連する業種型の小売業が大幅に減少しており、その原因は郊外化による中心市街地の衰退や後継者難による廃業によるものと考えられる。

　卸売業についてみると、その事業所数は中小卸売業の27%、従業者数は34%、業種別計に占める割合は、いずれも機械器具などを扱う投資財卸、建築材料、鉱物・金属材料などを扱う生産財卸、飲食料品を除く消費財卸と飲食料品卸の順に高く、全体の70%を占めている[8]。

　小売業についてみると、その事業所数は中小小売業の73%、従業者数は66%、業種別計に占める割合は、いずれも飲食料品小売、機械器具小売、織物・衣服・身の回り品小売の順に高く、全体の約60%を占めている[9]。企業形態についていえば、個人経営の小売店の割合が4割ほどと高く、卸売業と比べても個人経営の小売店の割合が高くなっている。

　ところで、中小小売商が一か所に集まった代表例が商店街である。中小企業庁の「商店街実態調査」による「あなたの商店街が繁栄しているかどうか」を全国の商店街に尋ねた結果、「繁栄している」と回答した商店街の比率は1970年以降急落し、その後は長期にわたって変化が見られない（2018年度2.6%）。日本のほとんどの商店街は、20年以上もの間、窮地に陥ったままなのである[10]。その代わりに、ららぽーとやイオンモールなどの一つの単位として計画、開発、所有、管理運営される商業・サービス施設の集合体で、駐車場を備える新たな形態の商業集積・ショッピングセンターが全国に広がり、現在は多様化しつつある。

　一方、時空間を超えるニュービジネスとしてアマゾンと楽天を代表とするネット小売が大きな伸びを示している。ネットワーク上で商取引の一部または全部を行うこのＥコマース（電子商取引）の市場規模とEC化率をみると、

日本は、2018年に約17兆円・6.22％に達している。[11] そして、マーケット・プレイス系業者がはじめて登場し、多数のネット小売店舗が集積する仮想市場を立ち上げて、本格的な小売ビジネスの場を創造しょうとしている。自らは小売業に直接かかわるわけではなく、他のネット小売業者をコーディネートする役割を担っている。

　国内オンライン小売市場では、アマゾンは自社で商品在庫を持ち、安価に直販するビジネスモデルを取っているのに対し、楽天は自社のネット通販サイトに小売店に出店してもらい、手数料を得るビジネスモデルを展開している。楽天市場は、インターネット上の仮想モールであり、出店した企業は独自のホームページを作成し、商品を在庫し発送しなければならない。

7.2　中小サービス業

　日本標準産業分類でみると、サービス業は、情報通信業から医療・福祉、運輸・郵便、宿泊・飲食業まで、「企業関連サービス」と「個人関連サービス」のいずれをも含む多様な業種を包含し、商業と並んで第3次産業と呼ばれる。

　「企業関連サービス」は、製造業の取引先が多いか、そうでないかによって、「製造業依存型」と「非製造業依存型」に分けることができる。「個人関連サービス」は、生活必需的な性質で変動が相対的に少ないと考えられる「非選択的サービス」と、選択性が高く所得環境や経済情勢等の影響を受けやすいと考えられる「嗜好的サービス」に分けられる。

　総務省統計局「サービス産業動向調査」は日本標準産業分類中分類をベースに35業種を調査対象としている。「企業関連サービス」はソフトウェア業、情報通信業、卸売業、サービス業（他に分類されないもの）など、「個人関連サービス」は小売業、不動産業、飲食店、宿泊業、医療、福祉、教育・学習支援など業種で構成されている。

　日本では経済のサービス化が進んでおり、経済規模と雇用の両面において、

　第 3 次産業の存在感が高まっているといえよう。産業別・規模別の企業数、従業者数をみると、2020年現在、中小企業はサービス業において、企業数の99.8％（小規模企業85.4％、中規模企業14.4％）、従業者数の72.2％を占めており、日本経済における中小サービス業の重要性は、非常に高いことがわかる。

　特に旅行会社の業態についてみると、大手10社程度を除いて歴史も浅く、中小企業が多いのが特徴である。従業員数でみても第 1 種（海外・国内の旅行を企画できる）旅行業者の約80％は、従業員数50人以下の企業であり、第 2 種（国内旅行のみの企画ができる）旅行業者の約80％は、10人以下である。第 3 種（一定の条件下で国内旅行を企画できる）旅行業者に至っては、86％が従業員数 5 人以下である。[12]

　さて、「生活関連サービス業、娯楽業」「教育、学習支援業」において、従業者数のうち中小企業の構成比が80％を超えており、中小企業の雇用における存在感が大きいことが分かる。また、「宿泊業、飲食サービス業」生活関連サービス業、娯楽業」「教育、学習支援業」では、約 7 割の付加価値額が中小企業によって生み出されており、業種内での中小企業の存在感の大きさがうかがえる。[13]

　とりわけ、生活娯楽関連サービス業は日本の主要産業のひとつであり、売上高や粗付加価値額、設備投資額は、日本経済全体の 4 ～ 5 ％、就業者数では10％程度を占める（図表7.4）。このため、同産業の停滞は、日本経済全体にも小さくない負のインパクトをもたらすと考えられる。ところで、2017年の国内の需給ギャップは、 9 年ぶりに需要が供給を上回り、日本経済のデフレ脱却が確実になったとも言われる中、サービス業は環境変化の波に乗れず相変わらず低迷が続いている。

　経済産業省が行った全国の第 3 次産業活動指数の推移をみると、「サービス業」は2008年の109.4から2011年の98.8まで低下したが、その後はほぼ横ばいで推移している。「対個人サービス業」は、2013年以降 6 年連続低下し2018年には89.0となっている。「対事業所サービス業」は、2015年以降 4 年連続で上昇し、2018年には109.0に達している。

図表7.4　生活娯楽関連サービス業の日本経済におけるシェア

	日本全体	生活娯楽関連サービス業	(参考)製造業	(参考)非製造業
売上高（2019年） （上段：兆円）	1415.8	60.0	403.5	1012.2
（下段：構成割合）	100.0%	4.2%	28.5%	71.5%
粗付加価値額（2015年） （上段：兆円）	548.2	29.2	103.6	444.7
（下段：構成割合）	100.0%	5.3%	18.9%	81.1%
就業者数（2019年） （上段：万人）	6724.0	662.0	1063.0	5661.0
（下段：構成割合）	100.0%	9.8%	15.8%	84.2%
設備投資額（2019年） （上段：兆円）	52.7	2.3	17.4	35.3
（下段：構成割合）	100.0%	4.3%	33.1%	66.9%

注：「宿泊業、飲食サービス業（M）」と「生活関連サービス業、娯楽業（N）」をまとめて、「生活娯
　　楽関連サービス業」と定義している。
資料：三菱UFJリサーチ＆コンサルティング経済リポート「生活娯楽関連サービス業の現状と見通
　　し～ワクチン接種開始で期待される「コロナの天井」の打破～」2021年3月29日
　　（https://www.murc.jp/wp-content/uploads/2021/03/report_210329.pdf）

　2022年1月現在、生活娯楽関連サービスは、前月比マイナス6.0％と、5か月ぶりの低下となっている。内訳業種では、低下に寄与した主な業種の動き（前月比％）をみると、飲食店、飲食サービス業（－7.5％）、宿泊業（－17.5％）や洗濯・理容・美容・浴場業（－12.4％）が低下となっている。1月は、再び新型コロナウイルス感染症の影響が拡大したことなどを受けて、飲食関連や宿泊関連などの活動が低下している[14]。

　業種別にみると、日本では小売業、ホテル・外食などの付加価値成長率がマイナスとなっていることに加え、多くの業種で生産性上昇率が低いことが、サービス産業全体の成長抑制につながっている。特に、商業・サービス業を含めた非製造業全体の課題として、生産性が欧米諸国に比べて低いことが指摘されている。「中小企業白書（2020年版）」によると、大企業が規模の力によって生産性を高める一方、中小企業の生産性はその半分から3分の1程度にとどまっているという見方もある（後述、第12章）。

　サービス業の生産性の定量的な実態把握は、他業種と比較して難しい。製

造業と比較してみると、サービス産業が大部分を占める非製造業は長期にわたり生産性の伸びが低い。この背景として、製造業が技術革新等による効率化により生産性を高めてきたのに対し、生産と消費の同時性の特性を持つサービス産業は一般的に生産性が高まりにくかったと指摘されている。

　そもそも、財としてのサービスの特性は、有形の製品（商品）と比較すると、無形性、同時性、即時性、異質性を有するところにある[15]。旅行業を例にすると、1つ目は、旅行商品それ自体は目に見えず購入以前に見たり触りたり味わったりすることができない「無形商品」であることである。パンフレットやDVDで映像化しても、その商品全体を表現できない。2つ目は、旅行商品の生産と消費が同じ場所・同じ時間に行われる（同時性）ことである。特に日本の場合、EU圏の国々と比較すると、消費者の有給休暇制度の取得率の低さと有給休暇期間の短さは如何ともしがたい。シーズンオンとオフの急激な落差を生み出している「シーズナリティ」の問題がある。3つめは、「商品在庫の不可能性」である。交通機関や宿泊機関と同様に、出発や利用までに売り切らないと商品価値を失ってしまう。4つ目は、「販売段階では不完成商品」であることが大きい。旅行が終了するまで、旅行者の安全を確保し不測の事態に対して旅程を管理し続けなければならない。5つ目は、旅行商品の個々の構成素材が、「非所有素材」であり同一素材でないことである[16]。つまり、提供者や消費者、環境などが変化すると提供するサービスの質も変わるという異質性が考えられる。近年のサービス業や企業のサービス部門では、こうしたサービス財の特質を戦略的にとらえ管理すること（サービス・マネジメント）への関心が高まっている。

　要するに、日本のサービス業はリーディング産業としてのけん引力が弱いといえる。バブル崩壊後の1992年度以降、日本では財価格のみならずサービス価格や賃金がともに低下傾向にあり、この点が、サービス価格が全体の物価を押し上げている米国などと大きく異なり、日本のデフレを特徴づける現象となった。例えば、旅行業が取り扱うインバウンドの額は、最大手のJTBですら売上全体の1割に満たず、成長市場の波に乗れていない。

7.3　サービス基幹産業としての旅行業

　成長産業として期待される観光産業の中でも、旅行業は重要な産業であり、近い将来、名実ともに日本の基幹産業となっていくだろう。

　旅行業法の定義によると、旅行業とは、旅行者と旅館・ホテルなどの宿泊施設、鉄道・航空会社などの運輸機関との間にあって、旅行者に対し予約、手配、斡旋などのサービスを提供し、その報酬を得る事業である。[17]

　旅行業法は、(1)旅行業、(2)旅行業者代理業、(3)旅行サービス手配業の3種類の事業を規制対象としている。

　旅行業は、旅行業に従事する「旅行会社」と旅行業者代理業を行う「旅行代理店」の2つに分けることができる。仕事の基本内容が旅行の企画である旅行会社に対し、旅行代理店は旅行商品の販売が主な仕事である。両者は、旅行者のための移動手段や宿泊施設手配、パッケージ旅行のプラン作成や販売などの事業に携わる（図表7.5）。

　旅行会社の仕事は、一般的に旅行者のための行為と考えられがちだが、多くの旅行業務は旅行者だけでなく、サプライヤーと呼ばれる運送・宿泊機関や観光施設などのための行為でもあり、双方へサービスを提供するのが旅行会社の役割といえる。

　旅行会社の収益は、旅行者側からと、移動サービスや宿泊サービスを提供する側からと、両方から上げられる。これらの収益を上げるため、販売する旅行商品には「募集型企画旅行」「受注型企画旅行」「手配旅行」がある。

　「募集型企画旅行」とは、旅行会社があらかじめ目的地・日程等の旅行内容や旅行代金を定めた旅行計画を作成し、パンフレット・広告などにより参加者を募集してその旅行を実施することをいい、一般にはパッケージツアーまたはパック旅行といわれるものがこれにあたる。

　「受注型企画旅行」とは、旅行会社が旅行者の依頼により目的地・日程等の旅行内容や旅行代金を定めた旅行計画を作成し、その旅行を実施すること

をいい、一般には学校の修学旅行や企業の慰安旅行などがこれにあたる。募集型のとの違いは、受注型の場合は旅行者からの依頼があってはじめて旅行の企画を行うものである。

　「手配旅行」とは、旅行者のため、または運送機関や宿泊施設等のために、サービスの提供について代理して契約を締結、媒介、または取次をすることをいい、JR券、航空券、宿泊券等の予約・手配がこれにあたる。

図表7.5　旅行業界の仕組み

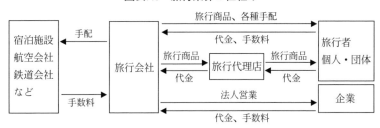

資料：リクナビ・旅行業界　https://job.rikunabi.com/contents/industry/902/

　先述の通り、旅行会社は、業務の範囲により、海外・国内の旅行を企画できる海外・国内の募集型企画旅行、受注型企画旅行、手配旅行など、すべての旅行契約を行う「第1種」、国内旅行のみの企画ができる「第2種」、一定の条件下で国内旅行を企画できる「第3種」、特定区域の国内旅行のみを企画できる「地域限定」[18]、旅行業者代理業者に区分される。

　例えば、1963年に設立された大手旅行業JTBの事業内容は、以下のようになっている。

・ミーティング＆イベント

・旅行事業（企業・組織向けサービス）

・旅行事業（教育機関向けサービス）

・地域交流事業

・総務系ソリューション事業

・インバウンド（訪日旅行）ソリューション

- コミュニケーション事業
- スポーツ関連事業

　旅行業者代理業は、旅行業者１社と代理契約を締結し、その旅行業者の商品を代理販売する言わばＢ to Ｂの企業であり、企画旅行を自ら実施することはできない。

　旅行サービス手配業は、旅行業者から依頼を受け、運送等サービスその他の旅行関連サービスの手配（代理、媒介または取次）を行う。

　一般社団法人日本旅行業協会（ＪＡＴＡ）では、『旅行業を取り巻く環境と旅行業経営分析』の中で、旅行業を、「主に一般旅行者への販売」と「主に旅行会社への販売」の大きく２つに分類したうえで、以下のような９つの業態に分けている（図表7.6）。分類の基準は、販売対象の違いと、主とした業務として企画旅行の造成を行うのか、販売のみなのかといった商品造成機能の有無、店舗またはインターネットなど販売方法の違いによるものだが、あくまで主たる業務による分類である。

　旅行、観光は日本では「遊び」のイメージが強く、軽視されがちだが、日本人国内旅行消費額は2019年度で約22兆円と意外に大きく、運輸業・宿泊業など他産業への生産波及効果も大きい。しかし、支店や営業所を除いても、現在、日本には約１万社余りの旅行会社がある。そのうち60％が中小規模の第３種旅行業者で、パッケージツアーを造成することができる第１種や第２種旅行業者は多くない。2020〜21年における主要旅行会社の売上高とシェアランキングをみても、エイチ・アイ・エス、ＪＴＢ、クラブツーリズムのシェアだけで全体の６割以上を占めている。近年の旅行形態は個人手配で海外旅行をする人が増え、実際に海外旅行慣れをしている40歳代、50歳代の旅行者はすでに50％以上が個人手配をしているというデータもある。それに、日本は外国人旅行者受入数の国際ランキングでも先進国の中で最下位となっている。

　2020年は新型コロナで始まり、旅行業界は大ダメージを被っているが、旅行会社のあり方を再度見つめ直す機会となっている。

図表7.6　旅行会社の業態別種類と特徴

販売対象	旅行会社の種類	特徴（主な取扱業務）	旅行会社例	売上高（億円）	シェア（%）
一般旅行者	総合旅行系	旅行業者が予め旅行計画を作成した後旅行者を募集するパッケージツアーをはじめ、法人旅行、手配旅行、業務旅行などあらゆる旅行商品を、店頭、インターネットなどさまざまな流通経路で販売する	JTB	3,721	28.0
			（株）日本旅行など	555	4.2
	商品造成自社販売系	主に、パッケージツアーなどの企画旅行を造成し、店頭、通信販売など自社のチャンネルで販売する	エイチ・アイ・エス	4,302	32.4
			ワールド航空サービスなど	N.A	N.A
	メディア・通信販売系	主に、パッケージツアーなどの企画旅行を造成し、新聞広告などの通信販売で販売する（通信販売額が全体の50%を超える）	クラブツーリズム	1,508	11.3
			阪急交通社など	N.A	N.A
	リテーラー	主に、他社のパッケージツアーの販売と法人旅行、手配旅行を取り扱う	第3種旅行会社に多い（大学生協などもこれにあたる）	N.A	N.A
	インターネット販売系	主に、宿泊や航空券など旅行素材を販売する手配旅行をインターネットで取り扱う	楽天など	N.A	N.A
	業務性旅行特化系	主に、出張や視察などの業務旅行を取り扱う	エムオーツーリスト（株）など	N.A	N.A
旅行会社	ホールセラー	パッケージツアーを造成し、リテーラーへ販売する	（株）ジャルパックなど	N.A	N.A
	ディストリビューター	航空座席、宿泊など海外旅行素材を、リテーラーをはじめとした旅行会社へ販売する	ユナイテッドツアーズ	N.A	N.A
			フレックスインターナショナルなど	N.A	N.A
	ツアーオペレーター	旅行会社の依頼を受けて旅行の目的地の地上手配（宿泊、バスなど）を取り扱う	ミキツーリストなど	N.A	N.A

注1．売上高とシェアランキングは、上記企業の有価証券報告書（2020-2021年）に基づく統計である。

注2．シェアとは旅行業界の規模（対象企業の17社合計）に対する各企業の売上高が占める割合である。

資料：森下晶美〔2018〕『新版 旅行業概論―旅行業のゆくえ―』同友館、p.63（一部筆者加筆）。

7.4　中小サービス業の課題

　「サービス業」というカテゴリーに含まれる業種の定義が一義的ではなく、調査データによって異なることも少なくないが、現在、多くの中小サービス業は、以下のような経営課題を抱えているといえよう。

- ・売上げを出しても会社の利益が一向に上がらない
- ・労働時間が長くて忙しいが賃金を上げられないため、良い従業員が集まらない
- ・一旦上げた賃金を下げることができない
- ・社員の解雇ができない
- ・せっかく人材を採用しても定着しない

　サービス業は、現場でサービスを提供する「人」が付加価値の源泉である。従業員の質が低ければ経営にとって大きなマイナスとなるため、雇用を維持する人件費や人を育てる教育費を安易に削減することはできない。また、人口減少社会の下で人手不足が顕在化する中、良い人材を確保し、スキルを身につけて定着してもらうためには、相応の賃金とやりがいある職場が必要である。つまり、売上げをしっかり確保し、賃金も利益も確保する経営を目指す必要がある。

　今日における営業利益の追求は、前述のデジタルトランスフォーメーション（DX）の手法を用いてなされることが多い。

　ここでより詳しく言うと、DX（Digital Transformation）とは、デジタル技術とデジタルビジネスを用いて組織を変化させ、業績を改善することである。

　IT化が作業時間や人件費などを抑えるコスト削減の言葉に対して、DXはデジタルを活用して有望なビジネスチャンスを生み出していこうとするイノベーションということができる。例えば、東京都は、デジタル技術の活用支援において、次のような項目を取り上げている（図表7.7）。

　2025年は、団塊の世代がすべて75歳以上となり、人口・世帯ともに高齢者

が大きな割合を占めることになる。こうした変化は、高齢者自身の生活のみならず、日々の活動のベースとなるコミュニティに属する他世代の生活にも大きな影響を及ぼす。

　今後、人手不足が深刻化するなか、IT投資によって、これまで人が担っていた役割の一部をソフトウエアが担えるようにすることも重要になるだろう。そうした際、スマートフォンやタブレット向けの汎用アプリを導入する等、誰もが簡単に使いこなせるようなIT投資の実施が必要と考えられる。

図表7.7　デジタルトランスフォーメーション（DX）

効果	①物理的距離の解消、流通コスト削減、在庫最適化 ②アプリ、センサーから情報収集（クラウド）・ＡＩ分析 　⇒自律的に新商品・サービス提案（稼ぐ） 　　ＡＩで需要予測、情報のネットワーク化
手法	・オンライン営業、電子申請 ・クラウドによる融資審査、発注量の自動化 ・テレワークの恒常化 ・IT環境整備
準備	・ヴェンダーの依存からITリーダー、エンジニアの育成 ・サイバー攻撃へのリスク対応 ・デジタル化のための資金 ・ブロックチェーンによる暗号化 ・電子商取引 ・実証実験

資料：林幸治〔2021〕『新中小企業論』文真堂、pp.8-10。

演習問題

1. あなたがこれから小売業に参入しょうとする場合、どの業種を選択するか。またその理由は何だろうか。
2. 身近な商店街を観察することによって、あなたの街でどのような街づくりの動きが生まれているのかを調査しなさい。

3．高齢者が中心的な購買層になった場合を想定し、中小企業にどのような事業機会（ビジネス・チャンス）が生まれるだろうか。

注

1　総務省日本標準産業分類（平成26年4月1日施行）「建設業と他産業との関係」を参照されたい。
2　すべての非製造業が「生産と消費の不可分性」を満たすわけではない。例えばソフトウェア開発などの情報通信業は、生産物（情報）を記憶媒体に保管することが容易で、輸送コストも極めて低い。こうした産業は、製造業に近い性質をもつ。第一次産業（農林水産業・鉱業）も、生産と消費の同時性を満たさない。
3　「中小企業白書（2021年版）」によると、2020年現在、非製造業の76.0%が小規模企業、13.3%が中規模企業である。業種別にみると、卸売業の99.3%、小売業の99.5%、サービス業の99.8%、その他の産業の99.8%、非一次産業の99.7%は、中小企業であり、そのうち、小規模企業が占める割合は、卸売業が約7割、それ以外の業種は8割を超えている。中規模企業が占める割合は、卸売業以外、約2割弱となっている。
4　内閣府「国民経済計算（GDP統計2020年）」
5　経済産業省「2019年度コンビニ調査」
6　総務省・経済産業省「平成28年経済センサス・活動調査」平成30年3月28日。
7　原田英生・向山雅夫・渡辺達郎〔2021〕、pp.150-182。
8　同上。
9　同上。
10　原田英生・向山雅夫・渡辺達郎〔2021〕、pp.157。
11　同上。
12　森下晶美〔2018〕、p.5。
13　中小企業庁「中小企業白書2021年版」
14　経済産業省「第3次産業活動指数（2022年1月分）」、2022年3月18日。
15　高田亮爾・上野紘ほか〔2011〕、pp.290-291。
16　森下晶美〔2018〕、pp.4-5。
17　『旅行業法』第2条（令和元年6月14日法律第37号）。
18　地域限定旅行会社は、地域の着地型ツアーを造成するために誕生したもので、実際には、ホテルなどの宿泊施設や観光協会などが地域限定旅行業の登録を行い活動しているところが多い。

参考文献

一般社団法人日本能率協会「日本企業の経営課題2020」2020年11月。

橘川武郎・平野創・板垣暁〔2020〕『日本の産業と企業―発展のダイナミズムをとらえる』有斐閣アルマ。

佐藤芳彰〔2015〕『流通システムと小売経営』千倉書房。

関智宏〔2020〕『よくわかる中小企業』ミネルヴァ書房。

高田亮爾・上野紘ほか〔2011〕『現代中小企業論』同友館。

高島克義・高橋郁夫〔2020〕『小売経営論』有斐閣。

林幸治〔2021〕『新中小企業論』文眞堂。

原田英生・向山雅夫・渡辺達郎〔2021〕『ベーシック流通と商業〔第 3 版〕―現実から学ぶ理論と仕組み』有斐閣アルマ。

前川亜由美・風間春香「我が国サービス業の現状と問題点」『みずほ総研論集』2013年 1 号。

森下晶美〔2018〕『新版　旅行業概論―旅行業のゆくえ』同友館。

URL:

http://n-ryokou.com/gaiyou/r1.html

第8章

中小企業財務

【ポイント】

　財務管理とは、経営者の行う経営管理の一環であり、企業の存続という究極の目標を達成するために、資本の調達と運用を最適に管理することである。

　特に株式会社は、株式、社債などの証券を発行して資本を調達する。そして、株式や社債は、いろいろな形の資産に投資され運用される。そのような資本の調達源泉を貸方（資本、負債の部）に、資本が投資された形つまり資産を借方（資産の部）に並列して表示したものが貸借対照表（B/S）である。資本の源泉（貸方）と資本の運用形態（借方）とは、当然にその金額が一致する。

　貸借対照表と損益計算書を用いて企業の安定性、収益性、効率性などを分析できる。

　総資本に占める自己資本の割合である自己資本比率の低いことが、中小企業の財務特質になっている。

8.1　財務諸表

　経営財務もしくは財務管理という言葉は、株式と社債の発行や借入金の利用のような、貨幣資本を企業内に導入する「資本の調達」と狭く解される場合と、資本の調達とともに、経営資源の調達と引き換えに貨幣資本を企業外に放出する「資本の運用」も含めるように広く解釈される場合がある。

狭義の財務管理は、資金の出し入れや保管、金融機関への返済などといった、日常反復的に行われる業務を指す。実体的（執行的）財務活動とも呼ばれるもので、この活動目標は流動性の維持、向上となる。

　広義の財務管理は、企業活動全体の資金の流れを管理の対象とするもので、総合的財務活動とも呼ばれる。この活動の目標は収益性の向上であり、それを通じて株主の価値を最大化することにある。

　企業経営において、まず、資本が調達され、土地、建物、設備、機械、原材料、労働などが購買され、それらの資産の価値が生産過程で形を変えて製品となる。その製品が販売されて代金が回収され、諸費用を回収した上で利益が生まれる。資本の運用は、そのような生産過程でいろいろな価値の転形を伴っている。それぞれの価値がどのように転形していくかを追求することも財務管理の大きな役割である。それは原価計算に近い性格を持っている。つまり、財務管理は、企業の資本調達がどのような源泉から行われているかということ、調達された資本がある一定時点でどのような資産に投資されているかということ、および資本が生産過程の中で、どのように形を変えて運用され循環させられて利益を生み出すかという資本運用の動態的な姿をとらえ、それらを記述し説明することから始まる。その際、資金管理では、利子・元本の返済、租税や配当などの支払いによる成果配分が、資産管理では、設備資産、棚卸資産、売掛債権などの資本の拘束状態が、資本運用の問題領域に含められる。

　現在の会社は多くのステイクホルダーとの間で活動を行っている。株主・投資家や納入業者、顧客など、その会社と利害関係のある人たちは、会社の経営状況に強い関心を寄せている。特に会社活動の原資を提供している出資者や銀行といった債権者は会社にとっても重要な存在であり、こうした人々へ情報開示することを主たる目的とした会計報告書類が作成される。

　日本の会計基準では、主に貸借対照表、損益計算書、キャッシュ・フロー計算書、株主資本等変動計算書という4つの文書を作成する必要があり、これらが決算書と呼ばれる。多くの会社では経理部や財務部という専門の部署

が作成している。財務諸表には付属明細書なども含まれる（図表8.1）。

　平易に言えば、決算書とは企業の会計期間（通常は 1 年である）における営業成績や財政状態などを書面で記入して、金融機関、株主や取引先、税務署など利害関係のある組織・部署に報告するための必要書類である。

図表8.1　会社法で株式会社に対して作成が義務付けられている書類

計算 書類	貸借対照表（B/S）	期末時点の企業の資産や負債等の状況（財政状態）の表示
	損益計算書（P/L）	会計期間の企業の利益状況（経営成績）
	株主資本等変動計算書	会計期間の純資産の部の変動状況の表示
付属 書類	事業報告書	事業の経過や役員状況などの会社の定性情報
	付属明細書	計算書類の詳細な内容

B/S: Balance Sheet
P/L: Profit and Loss statement
資料：岡室博之〔2016〕『中小企業の経済学』、p.222。

8.2　貸借対照表

　貸借対照表（B/Sと略される）とは、会計期間の末日における資産、負債、資本（純資産）の状態を表すために作成される文書である（図表8.2）。例えば、3 月決算であれば、会計期間の末日は 3 月31日である。この時点での、企業の財産と借金の状態を表したものが、貸借対照表である。

　貸借対照表の右側である負債・資本サイドは、企業経営のために調達した資金の総額を自己資本と他人資本に分けて、大きく、①「負債の部」と②「資本の部」として記載している。

　負債の部が上に記載され、その下に資本の部が来る。こうした配置は、負債は将来必ず返済しないといけないので、企業にとっては重要度が高いためとされている。

　負債の部は、さらに、流動性（キャッシュとの交換の容易性）の高い順に、流動負債と固定負債とに分かれる。

図表8.2 （株）Ａ社の貸借対照表

2021年3月31日現在（単位：百万円）

資産の部		負債の部	
科目	金額	科目	金額
流動資産		流動負債	
現金・預金	10	買掛金	10
受取手形	30	支払手形	10
売掛金	40	短期借入金	10
棚卸資産	20	固定負債	
有価証券	1	社債	20
短期貸付金	2	長期借入金	30
固定資産		退職金給付引当金	10
有形固定資産		負債合計	90
建物・機械・土地等	40	資本の部	
無形固定資産		資本金	20
特許権・営業権・借地権等	5	資本準備金	20
投資その他の資産		利益剰余金	30
子会社株式・出資金	1	資本計	70
繰延資産			
創立費	1		
開業費	2		
研究開発費	8		
資産合計	160	負債・資本合計	160

借方 　　　　　　　　　　　　　　貸方

注1．自己資本は、貸借対照表上では「資本の部」として表示される。
注2．流動負債は短期資本、固定負債に資本を加えたものが長期資本である。
注3．流動資産は短期資産、固定資産と繰延資産は長期資産である。
資料：筆者作成。

　流動負債とは、支払手形、買掛金、短期借入金など１年以内に支払わなければならない短期負債である。流動負債が多いということは、金利負担は短期で済むものの、返済のための現金を期日までに用意する必要があり、多く

の現金を保有するか、支払期日までに資産を相応の現金に変換しなければならないことを意味する。つまり、現金を得やすい売上（現金売り、掛け売りなど）を多く獲得しなければならないことを意味する。

　固定負債とは、長期借入金、社債、長期未払金、1年以上にわたる引当金など5年、10年と長期にわたって返済していく負債である。固定負債は金利負担が将来にわたってかかってくるが、返済期間が長く、剰余金を債務の返済以外のために使えるというメリットがある。

　負債は会社経営では避けて通ることができない。単に金額の多寡だけでなく、どのようなバランスで負債を抱えているかに注意する必要がある。

　資本は、会社のオーナーが拠出した資本金、資本剰余金と、事業から得られた利益の蓄積である利益剰余金からなる。

　例えば、1,000万円を調達して企業を設立したものとする。自分で100万円を出資したが、残り900万円は銀行から借り入れた場合には、貸借対照表の右側は、資本が100万円、負債が900万円となる。一方、自分が100万円を出資し、残りの900万円についても、知り合い9人から100万円ずつ出資してもらった場合には、負債はゼロであり、資本が1,000万円となる。

　そのほか、事業を行った結果得られた利益から配当や税金などを支払った後に残る最終的な利益、正確には利益剰余金もまた資本金に加えられるが、資本金ではない。当期純利益が繰越利益剰余金に算入され、そのなかから配当金が支払われる。

　資本金が多いということは、一般的には事業にかけることのできるカネが多く、安定した会社経営が可能と考えられるが、資本が多くても不稼働資産も同時に多ければ身動きのとりにくい会社ということになる。

　資本金と同時にどのような資産・負債を所有しているかも見ておかなければならない。

　貸借対照表の左側である資産サイドは、企業が調達した資金が、預金や小切手、建物や機械に変わっていることを示している。図表8.2を見ると、上から流動資産、固定資産、繰延資産に分類される。

企業が原材料や製品を購入し、それを生産・加工して販売し、販売代金を回収するまでの過程で、調達した資金が受取手形、売掛金、棚卸資産（在庫）などの資産に変化する。これを流動資産という。また、決算日の翌日から1年以内に現金化される予定の預金、貸付金、有価証券なども流動資産という。

　固定資産は、企業活動の生産・加工、販売などのために長期間使用される建物、機械装置、備品といった資産や、特許権、商標権、営業権といった形はないが企業活動に有効な資産をいう。

　繰延資産は、開業費や試験研究費のように、支出に対する効果が将来にわたってあらわれるものをいう。支出した年だけの費用とせず、効果の及ぶ期間は費用計上することが企業会計原則などで認められている。このほかに繰延資産として、新株発行費や社債発行費、開発費などがある。

　資産の規模は、その企業の大きさを表している。よく企業の規模を表すのに「総資産〇兆円」といった言い方をするが、それがこの貸借対照表における資産サイドの規模である。一方、資産サイド（左側）の大きさは、負債・資本サイド（右側）の大きさと必ず等しいため、総資産の大きさは、同時に、その企業が調達した資金の大きさを表していることにもなる。

　これまで述べてきたことをまとめると、貸借対照表は、企業がある時点においてどのように資金を調達し、調達した資金をどのように運用しているかを示している。資金の調達元は、負債・純資産の部として右側（貸方）に記載される。調達した資金は、概ね上から返却期限が速い順に記載される。返済期限が1年以内の負債を流動負債、1年を超える負債を固定負債という。短期借入と長期借入も1年を境とする。

　調達した資金の使途、運用先は、資産の部として左側（借方）に記載される。資産は、概ね上から現金化しやすい順に記載されている。

　図表8.2に例示した貸借対照表は、企業がお金をどのように集め（右側）、集めたお金を何に使っているか（左側）を一覧にしている。出資者から集めたお金は純資産、銀行などから借りたお金は負債、お金を何に投資しているかは資産とそれぞれ呼ばれる。資産の中身をみれば、どのような事業に注力

しているかがわかるし、資金調達の負債への依存度をみれば、事業に潜在するリスクを知ることもできる。すなわち貸借対照表は、X線写真のように、企業の身体状況を知る手がかりを与えているのである。

8.3　損益計算書

損益計算書（P/L）とは、ある期間の売上に対して各種費用を差し引いて利益を計算した書類である（図表8.3）。損益計算書では期間中に売上があれば代金が未回収であっても売上に、代金が未払いであっても費用に計上する。これを発生主義という。

損益計算書は、企業の営業活動や営業外活動でどの程度の利益が企業にもたらされたかを示すものである。つまり、企業の利益だけでなく、その利益がどのようにして生まれてきたかのプロセスも示している。

図表8.3　B書店の損益計算書（P/L）　　（単位：百万円）

	項目	値	計上する具体的な項目
営業損益	売上高（A）	160	書店の売上
	売上原価（B）	70	書籍の仕入れ
	販売費および一般管理費（C）	60	人件費・家賃
	営業利益（D＝A－B－C）	30	
経常損益	営業外収益（E）	4	受取利息、不動産賃貸収入
	営業外費用（F）	14	支払利息
	経常利益（G＝D＋E－F）	20	
純損益	特別利益（H）	2	土地の売却益
	特別損失（I）	4	地震の被害
	税引前当期利益（J＝G＋H－I）	18	
	法人税等（K）	8	法人税
	税引後当期利益（L＝J－K）	10	

資料：筆者作成。

損益計算書は、図表8.3のように、5種類の利益を段階的に計算する構造を持つ。まず、売上総利益は、仕入れた商品に利益をいくら上乗せしたかを表す。そこから、人件費など営業に必要な経費を差し引いた営業利益は、本業の儲けを指す。主に金融活動に付随する営業内収益と営業外費用をそこに加減することで、経常利益が求められる。さらに、臨時的に発生した利益と損失を調整したものが税引前当期純利益であり、最終的にそこから税金を控除することで当期純利益が算出される。

　損益計算書を見るコツとしては、以下の2つがある。

　第1に、基本的にP/Lは、「収入－費用＝利益」のスタイルでできていることである。ここで「収入」とは、売上高や資金運用収入などのことである。「費用」とは、売上を上げるためにかかった費用や支払利息のことであり、これを収入から差し引くことによって「利益」が出るというスタイルである。

　第2に、P/Lにおける利益には、①売上総利益、②営業利益、③経常利益、④税引前当期利益、⑤税引後当期利益の5つの段階があることである。このように利益を何段階にも分けているのは、企業がどのような活動によっていくらの利益を生んだのかを区分して示すためである。

　企業では、しばしば売上が減ったのに利益が上がったり（減収増益）、売上が上がったのに利益が減ったり（増収減益）する。その原因は、収益と費用がどこから生じたかを見ることにより判断できる。損益計算書では、収益と費用をその発生源ごとに示している。また、それらが日常の営業活動から生じた恒常的なものなのか、営業外の一時的なものなのかについても区別して考える。

　具体的に言うと、売上高から売上原価を引くと「売上総利益」になる。さらに、販売費および一般管理費を引いて営業利益が算出される（製造部門の人件費は売上原価、販売・総務・経理などの部門の人件費は販売費および一般管理費に含まれる）。営業利益は、企業の本業による利益である。ここから本業以外の収益と費用である営業外収益、営業外費用を加減算すると企業の経常的な利益である経常利益が計算される。借入や社債に対する利息の支払いも

営業外費用に含まれる。さらに、自然災害による損失や固定資産の売却による利益、あるいは損失といった経常的ではない臨時の損益が特別利益・特別損失で、これらを算入すると税引前当期純利益となる。税引前当期純利益から法人税等を支払い、残った（税引後）当期純利益が株主の取り分である。後述する株主資本利益率（ROE）はこの当期純利益を株主資本で割ったものである。

　このように企業の収益は、まず債権者、国、株主の順に分配される。ただし、収益が大きくなっても債権者に対して利息も含む費用を払ったうえで残った税引前当期純利益が、税率に応じて株主と国に分配される。この意味で、損益計算書は各種利害関係者の間での利害調整を描写しているといってよい。

8.4　キャッシュ・フロー（CF）計算書

　キャッシュ・フロー（CF）とは、財務諸表のひとつで会計期間においての現金および現金同等物の増減を営業活動・投資活動・財務活動の3つのカテゴリーに区分して表示したものである。

　キャッシュ・フロー計算書における現金とは、手元現金と要求払い預金（当座預金、普通預金、通知預金）を指している。そして、現金同等物は容易に換金可能であり、かつ価値の変動について僅少なリスクしか負わない短期投資（3か月以内の短期投資である定期預金、譲渡性預金（CD）、コマーシャル・ペーパー（CP）、受戻条件付現金、公社債投信など）である。

　企業の保有キャッシュは、営業、財務、投資の3つの活動によって増減する。

　営業活動は企業の本業である。営業キャッシュ・フローは、本業でどれだけの資金を生み出したかを表している。ここで生まれた資金は、設備投資や借入金返済などの原資となる。

　投資活動は、固定資産や有価証券の取得・売却、貸付金の実行などである。資金を生むものとしては、土地、建物、投資有価証券の売却や貸付金の返済

などがある。

　財務活動は、負債・資本による資金調達と、それに対する元利返済、配当金の支払い等である。

　営業キャッシュ・フローは、税引前当期純利益に減価償却費・買掛金・売掛金などキャッシュを伴わない項目を加減算し、さらに受取利息、支払利息などの財務活動に分類される部分を調整して求められる（間接法）。営業キャッシュ・フローと投資キャッシュ・フローの合計をフリー・キャッシュ・フローといい、これは本業の拡大や設備投資などの原資として企業が自由に使える資金である。積極的な設備投資を行う場合は、投資キャッシュ・フローはマイナスとなり、それに見合う営業キャッシュ・フローがない場合には、フリー・キャッシュ・フローもマイナスとなってしまう。

　このフリー・キャッシュ・フローのマイナスを調整するのが、財務キャッシュ・フローである。金融機関からの借入や社債の発行によって外部からの資金を調整し企業の資金繰りを可能とする。

　営業キャッシュ・フローの状況を見ながら、無理のない外部からの資金調達を行うことで、設備投資や本業の拡大を図ることが、キャッシュ・フロー経営であり、金融機関も企業への融資を査定する指標として重視している。

　キャッシュ・フロー計算書によって、損益計算書の利益では見えてこない経営活動による資金の出入りを明らかにすることができる。黒字倒産といわれるように、損益上では利益があっても売上金の回収がされないままでは、原材料や製品の購入代金の支払いや銀行からの借入金の返済が滞ってしまい、ついには倒産することにもなる。このように考えると、会社が倒産するのは、「赤字」が出たときでなく「支払いができなくなったとき（債務不履行）」といえる。また、利益＝キャッシュでもないのである。

　このため、会社は常にキャッシュを動かしておく必要がある。このキャッシュの日々の動きを管理するために作成されるのが「資金繰り表」である（図表8.4）。これを作成しておくことで、必要なキャッシュ量に対して手元キャッシュが充分か否か管理することができる。

　中小企業の多くは、信用取引（売掛・買掛取引）が主流なので、現預金の収入予定、あるいは、現預金の残高状況に合わせて支出計画を考えないと、現預金の収支がマイナスになるリスクが高まる。

　万が一、現預金の支出を見誤り、現預金残高がマイナスに転じると、支払うべきお金が無くなり、黒字経営にも関わらず倒産する事態も招きかねない。

　一方で、売上が大きく伸びたときも、注意が必要である。売上が大きく伸びれば資金繰りが容易になる印象があるかもしれないが、入金と支払いのタイミングによっては、かえって資金繰りを悪化させることになる。例えば、通常は 1 ヵ月に1,000万円程度の売上を維持していた会社に、一気に 1 億円の注文が入ったとする。帳簿上では大きな利益が見込まれるものの、仕入れや外注費の支払いタイミングと、取引先からの売上金回収のタイミングに注意しなければならない。1 億円の注文分の仕入れや外注費が先に発生して、取引先からの支払いが数ヵ月後になったとしたら、資金不足になる可能性がある。

　キャッシュが足りなくなる原因は、主に負債、商品在庫、売掛金である。

図表8.4　資金繰りの例

10/8	仕入れ	100	買掛金　100（10/20支払期日）	
10/9	現金	50	売上　　150	
	売掛金	100（10/20回収期日）この時点で粗利は50、キャッシュは50のプラスである。		
10/20	買掛金の払い	100		

◆　この時、100のキャッシュが必要である。
　もし、10/9の売掛金が回収できなければ、キャッシュは50のマイナスとなり、キャッシュ不足の状態に陥ってしまう。

資料：上林憲雄・奥林康司・團泰雄・開本浩矢・森田雅也・竹林明（2020）『経験から学ぶ経営学入門』［第 2 版］有斐閣ブックス、p.360。

　事業期間全体を通してキャッシュがどのような状態であったかを示すのがキャッシュ・フロー（CF）計算書である。図表8.5は、2020年度における(株)C社のキャッシュ・フローを示している。

図表8.5　（株）C社のキャッシュ・フロー計算書

（2020年4月1日から2021年3月31日まで）
単位：千円

科目	金額
Ⅰ　営業活動によるキャッシュ・フロー	
税引後当期利益	1,000
減価償却費	100
売上債権の増減	−100
在庫の増減	100
買入債務の増減	−50
営業キャッシュ・フロー	1,050
Ⅱ　投資活動によるキャッシュ・フロー	
不動産取得	
原価償却資産取得	−500
投資有価証券取得	−100
不動産売却	
減価償却資産売却	
投資キャッシュ・フロー	−600
フリー・キャッシュ・フロー	450
Ⅲ　財務活動によるキャッシュ・フロー	
証書借入	
証書借入の約定弁済	−200
手形借入・当座貸越の増減	
株主配当金支払	−50
財務キャッシュ・フロー	−250
現金預金の増減額	200
現金預金の期首残高	1,000
現金預金の期末残高	1,200

資料：筆者作成。

　図表8.5が示すように、（株）C社の営業活動によるキャッシュ・フローは、税引後当期利益に減価償却費を加算し、さらに売上債権、在庫、買入債務の増減を加味した1,050（千円）となる。

投資活動によるキャッシュ・フローは、減価償却資産と投資有価証券の取得で▲600（千円）である。そして、これらの合計であるフリー・キャッシュ・フローは、450（千円）となり、借入金の返済や株主配当金支払い後でも、キャッシュが200（千円）増加している。

営業活動によるキャッシュ・フロー　　1,050（千円）

投資活動によるキャッシュ・フロー　　▲600（千円）

財務活動によるキャッシュ・フロー　　▲250（千円）

フリー・キャッシュ・フロー　　　　　　450（千円）

営業活動によるキャッシュ・フローで生み出したキャッシュで、投資活動によるキャッシュ・フローと財務活動によるキャッシュ・フローのマイナスを賄っており、理想的なキャッシュ・フローの状況にあると言える。

8.5　財務分析の基本

財務分析とは、財務管理の目標である収益性を中心に、貸借対照表や損益計算書など財務諸表を分析することで、企業の財務状況とその原因を明らかにするものである。

決算書に表わされる経営データは、会社の客観的経営力を示す。決算書は、自社の過去の取組みが総合結果として示され、自社の財務管理の問題を見せてくれる。

財務分析手法を大別すると、「実数分析」と「比率分析」がある。実数分析は、財務諸表の実数をそのまま利用して分析し、比率分析は、財務諸表の実数から関係比率または構成比率を算出して分析する。

実数分析は、主に自社の過去データと比較することで増減分析を行うものである。例えば、貸借対照表を 3 期分対比し、資金の調達・運用の推移を見ていく。損益計算書を分析する際は、変動損益計算書を活用するなど。

比率分析には、①収益性、②安全性、③生産性、④成長性の 4 つの視点がある。これらの分析は、密接に関連しているので、比率分析を行う際は、流

れと体系を整理する必要がある。比率分析の流れは、図表8.6のようになる。

図表8.6　比率分析の流れと体系

損益計算書で経営成績を分析①収益性	ヒト、モノなどの経営資源の分析②生産性	貸借対照表で財政状態を分析③安全性	期間比較で会社の成長性を分析④成長性

資料：企業経営情報レポート「会社の現状を数字で把握　中小企業で活用する経営分析」
https://www.bizup.jp/member/netjarnal/repo_k48.pdf〜2021/7/7

　まず、はじめに会社が儲かっているかどうかの「収益性」を調べる。これは損益計算書を見て、各種の売上高経常利益率などの各利益率が、同業他社や業界平均よりも良いのか悪いのかを比較する。また、計画値と比べてどうなのかもチェックする。次に、「生産性」のチェックである。人の動きについては、労働生産性や労働分配率をチェックする。3番目は、貸借対照表から「安全性」を調べる。資産と負債を見て支払能力があるか、負債と純資産の割合を見て借金体質になっていないかどうか、「資産の部」の流動資産と固定資産の内訳を見て、会社の費用構造を予想することなどである。4番目が「成長性」である。これは、売上高や粗利益率、営業利益、経常利益の伸び率などを時系列に分析し、会社の成長性を確認するためのものである。
　比率分析で用いる指標は、下記の通りにまとめられる。
　収益性：総資本経常利益率、売上高経常利益率、総資本回転率など
　生産性：労働生産性、労働分配率など
　安全性：流動比率、当座比率、固定比率、固定長期適合率、自己資本比率
　　　　　など
　成長性：対前年売上高伸び率、各利益の伸び率など
　財務分析の基本は、まず利益を生み出す力・収益性分析にある。会社は利益を上げることで成り立っている。この利益を上げる力をチェックするのが、収益性分析である。
　ここで表す収益性の意義は、以下の2つである。

①株主が投資するに値するリターンをあげられる会社であるかどうか

②会社としてこのまま社会的に活動を継続させる価値を生み出せるか

　収益性分析は、投下された資本に対してどれくらいの利益を上げているか、投資効率で見る。つまり、会社が調達した資金で資産をどれくらい購入し、利益をいくら上げたのかを見ること、これが収益性分析の本質である。

　収益性分析においては、最低 3 期分の損益計算書を比較し、売上高、売上原価（仕入原価や製造コストなど）、経費、利益など損益関係項目の時系列的な変化や趨勢、また、売上高に対する利益や経費の比率などの変化や趨勢、業界平均比較などにより分析・把握が行われる。

　収益性分析では、会社の正常な収益力を表す経常利益を使うのが一般的である。収益性分析で使用する代表的な指標が総資本経常利益率である。これは、経常利益÷総資本＝総資本経常利益率で求める。

　分母の資本を「総資本」にすれば会社のすべての資本を使ってどれほどの利益を上げたかを示すことになり、「自己資本（株主資本）」にすれば株主の資本を使ってどれだけの利益を上げたかを示すことになる。

　前者を総資本利益率（ROA: Return On Asset）といい、後者を株主資本利益率（ROE: Return On Equity）という。

　総資本経常利益率を経営に効果的に活用するためには、総資本経常利益率が何故そのような値になったのか、どのような企業活動が背景にあるのかなど、総資本経常利益率を決定する具体的な要因を調べることが重要である。

　このような分析をするためには、総資本経常利益率を 2 つの要素に分解して調べる方法が有効である。

$$総資本経常利益率（\%）=\frac{経常利益}{総資本}\times100=売上高対経常利益率（\%）=$$

$$\frac{経常利益}{売上高}\times100\times総資本回転率（回）=\frac{売上高}{総資本}\times100$$

上式のように総資本経常利益率は、売上高経常利益率と総資本回転率の2つの値の大きさで決まる。総資本経常利益率を高めるためには、売上高経常利益率を高めるか、総資本回転率を高めればいいということである。利益か効率を上げることで収益力は向上する。具体的に総資本経常利益率を高めるには、下記の3つの方法に集約される。

　①売上から生まれる経常利益の割合を多くする（高付加価値経営を目指す）

　②売上数量、売上金額を重視した営業体制をとる

　③少ない資産で大きな売上を目指す

　総資本経常利益率に問題があった場合、売上高経常利益率と総資本回転率に分解することができ、収益性と効率性の両面からどこに問題があるかを分析することができる。

　総資本経常利益率は業種による特徴が明確になる。例えば、卸売業であれば収益性が低い分を効率性でカバーしている、製造業のように設備投資が大きい業種では、効率性は低いが収益性は高いため、これによって収益を確保している特徴がある。

　また、総資本回転率は、1年間に投下した資本が何回転分の売上を上げることができたかを表している。企業は資本を投下して製品を購入し、それを販売し、売上金を回収して再度投資するという経営のサイクルを回している。したがって、回転数が高いほど少ない資本で大きな売上を上げたこととなる。

　上式のように、総資本対経常利益率の成績が良い（悪い）場合、それが、売上高に占める利益率が高い（低い）からか、または少ない（多い）投下資本で売上高を出しているのかを、上述の指標値との比較によって分析することができる。

　自己資本対経常利益率は、自己資本に対してどれだけの利益を上げるかを表すもので、資本の出資者である株主からの資本を有効に運用しているかを示している。中小企業は、同族企業が多く、自己資本比率の低い企業が多いことから、金融機関などの利害関係者は、企業の財務情報を見る指標として総資本対経常利益率を重視している。

　次に、生産性分析の基本は、会社が生み出した新しい価値・付加価値である。付加価値の大きさは、会社の存在価値の大きさともいえる。

　付加価値は、売上高から、商品仕入や原材料仕入、外注加工費などの外部購入費用を差し引いたものである。付加価値を従業員数で割って計算したものが、労働生産性である。労働生産性は1人当たりの付加価値であり、次のように示すことができる。

$$労働生産性（円）＝\frac{付加価値}{従業員数} \quad →従業員1人当たりの付加価値額$$

　これに加え、付加価値と人件費の割合を見る労働分配率を分析する。労働分配率は付加価値から支払われる人件費の割合であり、60％が一つの目安である。この比率は高ければ高いほど「ヒト」による仕事が多いこと、もしくは1人当たり人件費が多額であることを示す。日本の企業の労働分配率は、全業種平均で50％強となっている。製造業平均で60％である。

　そして、会社の安全性分析の基本は、会社の支払い能力の分析にある。貸借対照表を用いて、総資産に対する自己資本の割合など財務の安全性を把握するための分析である。

　安全性とは、企業にとって短期的には資金の調達・運用の、長期的には資産・資本・負債のバランスが取れているかどうかを示す指標である。つまり、会社の支払い能力を示す指標であり、借入金を返済する能力のことである。返済能力が高いということは、それだけ会社の安全性も高いことになる。

　会社の安全性は、下記の3つの視点から見ていく。

①資産と負債・資本（純資産）の関係

　　流動比率、当座比率、固定比率、固定長期適合率

②負債と資本（純資産）の割合

　　自己資本比率

③資産の内訳

資産構成比

　安全性を判断する第1の視点は、短期的な支払能力を見ることである。支払手形、買掛金、短期借入金などからなる流動負債は、1年以内に返済が必要になる負債である。この流動負債に対して支払原資となる資産は、流動資産である。短期借入金があっても、すぐに現金化できる資産を持っていれば、その資産を現金にして負債の返済に当てられる。この短期的な支払能力がどれくらいあるかを示すのが、流動比率という指標である。この指標は、150％以上は必要だといわれている（100％以下となると支払いが困難と判断される）。数式で表すと、次のようになる。

$$流動比率（\%）＝\frac{流動資産}{流動負債}\times100 \quad \rightarrow150\%以上が良い$$

　ただし、流動比率には「落とし穴」がある。流動資産の中身が「実はお金にならない、なりにくい資産」だと、流動比率だけの判断は危険である。例えば、棚卸資産は、そのままでは支払いの原資とならず、売却して現金化する必要がある。また、実際には不良在庫で現金化できないものも含まれている可能性もあり、より厳正な支払能力を分析するために当座比率が用いられる。

　つまり、流動負債に対する当座資産の割合である当座比率が短期の安全性を判断する2番目の指標として重要なのである。当座比率とは、流動負債に対する、現金、当座預金、受取手形、売掛金など、より換金性の高い当座資産での支払い能力を表している。これは、流動比率をより厳しくした概念といえる。数式で表すと、次のようになる。

$$当座比率（\%）＝\frac{当座資産}{流動負債}\times100 \quad \rightarrow100\%以上は必要$$

　当座比率が100％を超えていれば、短期の安全性（短期の支払能力）は高いと判断できる（これも流動比率同様に業種や業態によって違うが、中小企業の場合80％以上あればよいとされ、70％以下となると支払いが困難とされる）。

　次は、長期の支払能力を見ていく。固定資産がどのような資金で購入されているかをチェックすることで長期的な安全性を判断することができる。固定資産に資金を投じると、固定資産を売却しないかぎり、その資金は回収できない。長期間に渡り資金が寝てしまう危険が出てくる。そのため、固定資産を購入する場合、株主資本（自己の資本）を使う方が会社にとって安全性が高いといえる。株主資本を使えば、金利を支払う必要もなく、資金的にも楽になる。会社がそのような経営を行っているかを固定比率でチェックする。この指標は、分母の自己資本が大きい方が良く、100％以下が理想的である。

　しかし、多くの会社は、自己資本だけでは固定資産を購入できないため、金融機関からの借入に頼っている。この借入は、返済期限が1年以上ある長期借入金などである。固定長期適合率は、長期の借入と自己資本を使って固定資産を購入しているかをチェックする指標である。数式で表すと、次のようになる。

$$\text{固定長期適合率}(\%) = \frac{\text{固定資産}}{\text{自己資本}+\text{固定負債}} \times 100 \quad \rightarrow 100\%\text{以下なら長期の支払い能力の問題は少ない}$$

　日本企業の場合、全業種平均で80％強、製造業平均で70％強となっている。固定比率が100％以上の場合でも、この比率が100％を下回っていれば長期の安全性は良好である。

　安全性を判断する第2の視点は、会社の資金調達の内容を分析することである。そのもっとも一般的な指標は、自己資本比率である。これは、会社が集めたお金の総額である総資本に対して、自己資本がどれくらいあるかを表すものである。数式で表すと、次のようになる。

$$自己資本比率(\%)=\frac{自己資本}{総資本(＝総資産)}\times100$$

　自己資本比率は、法人企業統計では資本金1,000万円以上１億円未満の企業の自己資本比率が2017年度以降、40%程度が一般的であるが[4]、優良企業では50%を超えている。自己資本比率が低い会社は、負債である借金が多く、支払利息も多くなる。

　安全性を見る第３の視点は、貸借対照表の左側である資産の内容を見ることである。資産内容によって、発生する経費にも違いが出てくる。総資産に対して流動資産が多い会社は、支払手段を多く持っているので、安全性が高いといえる。一方、固定資産が多い会社は、それを維持するために様々な固定費が必要である。固定費が大きい会社は常に売上高を高い水準に保ち、一定額の粗利益を確保しないと、すぐに赤字になってしまう。固定資産の多い会社は景気の影響を受けやすい企業といえる。

　成長性分析の基本は、売上と利益の伸び率のバランスを見ることである。つまり、売上高が伸びているかどうか、利益が伸びているかどうかを見ることである。

　売上高伸び率は、会社の外部からみる場合は他社比較、過去からの推移が中心となる。内部から分析する場合は、商品別売上高の推移をみて、商品の成長の可能性や衰退の時期をつかむことが中心である。次に、前年度の比較だけでは十分でなく、できれば過去５年ぐらいの伸び率をヨコに並べて傾向を探る必要がある。さらには、業界の平均値や、直接の競合他社との比較も重要である。売上高伸び率を数式で表すと、次のようになる。

$$売上高伸び率(\%)=\frac{(当年度売上高－前年度売上高)}{前年度売上高}\times100$$

　経常利益率を見る時に気をつけることは、業種平均との比較や、５年ぐら

いの長期的推移を見ることに加えて、売上高経常利益率や総資本経常利益率
とあわせて分析するということである。利益が出ている会社であるほど、売
上の伸び率より、経常利益の伸びのほうが大きくなるのが普通である。売れ
ている商品の構成が変わってきたり、原価が高くなるなど、状況が変わらな
い限り利益の伸びは高くなる。そうでなければ、無理をして売上を増加させ
ていると考えられる。[5]

8.6　財務戦略

　財務戦略は、事業によって売上・収益を増やし、企業にキャッシュを残し
ていく仕組みである。その方法として、①自己資本の増大、②自己資本の源
泉である利益の創出、③効率的な資金の調達と運用の 3 つが考えられる。

　財務戦略を立てる際は、解決すべき課題と対策を明確にする。まず10年程
度の長期的視野で、自社をどのように成長させたいのかビジョンを描き、決
算書などの資料から財務状況を分析し、収益性、資金繰り、安全性それぞれ
の項目にどういった課題があるのか、どういった対策が考えられるかをすべ
て洗い出すことが重要である。

　最初は、自己資本の増大である。自己資本の増大とは、自己資本を構成す
る資本金、資本準備金、利益剰余金の内部留保を蓄積していくことである。

　即応可能なものは、増資である。中小企業の場合、経営者とその親族から
の出資が大半を占めているが、大手企業のような従業員持株制度の導入も検
討したい。[6]

　自己資本比率を上げる方法は、総資産の額を減少させるか、自己資本の額
を増加させることである。具体的には、借入金の返済などを行うことによる
負債の減少、増資を行うことによる資本金・資本剰余金の増加、毎期、本業
で利益を生み出し、その利益を蓄積することである。また、利益を生み出さ
ない土地や建物、機械装置など遊休資産を売却し、その代金で借入金の返済
を行い、総資産を減らし負債も減らすことができる。

自己資本の低さを補うための資金調達の方法の1つが、金融機関からの借入である（後述・第9、10章）。中小企業は、信用が低いにも関わらず、金融機関からの資金調達に依存せざるを得ない。しかし、支払能力の評価が低いために融資が得にくく、また金利の高い資金を調達しなければならず、それがまた収益性の低下を招く。

　ただ、日本の企業金融では、金融機関の役割を高く評価しなくてはならない。海外に比べて低い金利で融資する金融機関が存在するからこそ、自己資本が不足する中小企業でも開業できるのであり、生存しているということを見逃してはならない。

　通常、企業の収益性は、総資本経常利益率で判断される。総資本経常利益率を高めるためには、これをさらに総資本回転率（売上高/総資本）と売上高経常利益率（経常利益/売上高）に分解して吟味すればよい。つまり、総資本経常利益率（収益性）を向上させるには、総資本回転率を高めるか売上高経常利益率を高めるかである（図表8.7）。

図表8.7　財務戦略のための概念図（営業収益・費用を除外）

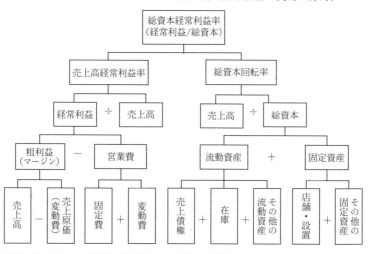

資料：清成忠雄・田中利見・港徹雄（2001）『中小企業論』、有斐閣、p.208。

　売上高を展開すると、「売上高＝客数（販売数量)×単価」となる。すなわ
ち、客数（販売数量）または単価のどちらかを上げることで売上高は増加す
る。現状の売上高で利益を確保している企業は、売上高を増加させることで
さらなる利益を創出することができる。

　ところで、設定した目標利益から必要な売上高を算出する手法である限界
利益について分析する必要がある。限界利益に注目することで経営の状態が
見えてくる。

　利益は売上高から費用を差し引いたものであるが、その費用は固定費と変
動費に分類される。固定費は、売上高の増減に関係なく一定額を必要とする
費用で、人件費、減価償却費、賃借料などが含まれる。変動費は反対に、売
上に応じて増減する費用で、材料費や商品原価などが含まれる。

　限界利益は、売上高から変動費を差し引いたものであり、固定費と利益を
加えたものともいえる。そして、売上高に占める変動費の割合を変動比率と
いい、1から変動比率を差し引いたものを限界利益率という。これらの数式
は、次のように示される。

　限界利益（固定費＋利益）＝売上高−変動費

　変動比率＝変動費÷売上高×100

　限界利益率（％）＝限界利益÷売上高×100

　限界利益率が高いと固定費を早く回収でき、収益を上げやすいといえる。
また、売上高に掛けると、いくら限界利益が増えるのかが簡単に計算できる。

　例えば、限界利益率30％の商品を60万円売り上げた場合、60万円×30％＝
18万円の限界利益の増加に貢献できる。

　限界利益率を算出することで、売上高の増減に伴って限界利益がどれだけ
変動するかを把握することができる。限界利益率が大きくなると損益分岐点
が下がり、収益性が向上する。限界利益率は、損益分岐点を求める際にも使
われる。損益分岐点を数式で表すと、以下のようになる。

　損益分岐点＝固定費÷限界利益率

　限界利益率は市場・商品戦略（ポートフォリオ）の結果を示しており、企

業経営者にとっては売上高とともに最も注目と関心を寄せるべき、重要な比率といえる。特に、以下のことを把握するために重要な役割を果たす。

- 　商品やサービスを販売したときに得られる直接的な利益
- 　会社に最終的な利益（経常利益）がどれくらい残るか

　また、限界利益率を利用して求められる損益分岐点からは、以下のことが分かる。

- 　限界利益がいくらになれば固定費を回収することができるか
- 　利益を生むために必要な売上高
- 　収益性を上げるために何を改善すべきか

　限界利益と混同しやすいのが営業利益である。先述したとおり、限界利益は「売上高－変動費」で求められる。従って、営業利益と限界利益の違いは、固定費を引いているかどうかにあることが分かる。

　一般的に「赤字」というと、営業利益がマイナスの状態を指すが、固定費は受注の増減の影響を受けないので、限界利益が黒字であれば「販売する商品の数を増やすか、固定費を削減するか」によって営業利益も黒字に転じる可能性が十分にある。そのため、営業利益が赤字だからといって取引を中止したり、商品を引き上げたりするのは、いささか早計である。「一般的な赤字」はむしろ経常利益である。

　反対に、限界利益が赤字の場合は、商品販売を継続することによって赤字が拡大するだけなので、すみやかに取引を休止しなくてはならない。事業の継続や商品の販売方法、経費を見直す際には、営業利益以上に限界利益に注目することが大切なのである。現時点で営業利益が赤字の受注であっても、限界利益がプラスなら、受注数を増やすか固定費を削減することで、営業利益もプラスになる。

演習問題

1．中小企業財務管理の目的を 1 つ挙げて、その目的が達成できているかどうかについて調べてみよう。

2．主に資金繰りを使途とする運転資金と工場建設などを使途とする設備資金の経済的な区別がつかない場合があるが、それはどのような場合か説明しなさい。

3．大企業と中小企業では、資本利益率にどのような違いがあるか調べてみよう。そうした違いをもたらしている要因とは何かを調べてみよう。

注

1　財務諸表は期末時だけでなく、月次（毎月）や四半期（3 か月ごと）など経営期間における様々な時点において作成されるものである。本書では、読者に分かりやすいように、最も一般的な期末時として説明している。

2　熊谷善彰〔2010〕、pp.166-176。

3　https://www.bizup.jp/member/netjarnal/repo_k48.pdf（2021 年 2 月 21日閲覧）。

4　業種にもよるが、2017年以降、40％を超えている。負債が資産よりも多い状態を債務超過といい、自己資本比率はマイナスになり、非常に不健全な状態であるが、中小企業の 2 割程度が債務超過というのが実態である。自己資本は基本的に利益の積み重ねであり、毎年若干の利益しかない中小企業は自己資本がなかなか増えないため、自己資本比率が低い傾向にある。ただ、中小企業の場合、資産が法人と代表者で一体となっていることも多く、決算書の純資産額が少なかったとしても役員借入金でカバーしていることもあるので、自己資本比率が低いからといってそれだけで判断するのは早計といえる。

5　https://www.bizup.jp/member/netjarnal/repo_k48.pdf（2021 年 2 月 21日閲覧）。

6　川上義明〔2006〕、p.84。

参考文献

井上善海・木村弘・瀬戸正則編著〔2014〕『中小企業経営入門』中央経済社。

上林憲雄・奥林康司・團泰雄等〔2020〕『経験から学ぶ経営学入門』[第2版] 有斐閣ブックス。

川上義明〔2006〕『現代中小企業経営論』税務経理協会。

熊谷善彰〔2010〕『コンパクト金融論』新世社。

関智宏〔2020〕『よくわかる中小企業』ミネルヴァ書房。

中島真志〔2015〕『入門　企業金融論』東洋経済新報社。

細野薫・石原秀彦・渡部和孝〔2009〕『グラフィック金融論』新世社。

URL:

https://www.attax.co.jp/e-kaisha/%e4%bc%9a%e8%a8%88/cashflow0929（2021年3月18日閲覧）

https://www.bizup.jp/member/netjarnal/repo_k48.pdf（2021年3月20日閲覧）

https://column.common-bank.com/2020/03/19/financial-strategy/（2021年3月20日閲覧）

https://www.smc-g.co.jp/cashacademy/blog/archives/553/（2021年3月20日閲覧）

https://www.smbc-card.com/hojin/magazine/bizi-dora/accounting/limit_profit.jsp（2021年3月20日閲覧）

第 9 章

中小企業信用格付

【ポイント】

　与信の際、金融機関（銀行と総称する）による中小企業への信用格付は、一般的である。この格付作業の両輪は、債務者格付（企業格付）と案件格付（与信格付）であるが、格付にあたって最初に行うのは債務者格付である。

　格付付与のベースとなる個別債務者の信用度を評価する際に最も重要とされるのが、①足許の債務者の財務実態である。さらに、②業界の動向、企業の個別特性といった定性要因や、③格付機関による格付等外部情報である。

　一般社団法人CRD協会が、全国52の信用保証協会を通じて、借手の中小企業データを経年的に収集し、その統計分析を通じて、借手企業の倒産確率を導出することを行っている。

　金融機関の信用格付とは別に、スタンダード＆プアーズ等格付会社による「日本中小企業信用格付（SME：Small&Medium Sized Enterprise）」格付の進展も注目に値する。

9.1　金融機関が行う信用格付

　格付とは、債券（国債や社債など）への投資を行う投資家向けに、将来の元利払い（元本や利息の支払）が、どの程度、確実に行われるかを、AAA、BB、Cなどの記号で示したものである。つまり、債券の「デフォルト・リ

スク」（債務不履行のリスク）を示す指標である。[1]

　格付そのものはプロの投資家が債券投資をする際にその安全性を図る指標として始まったものであり、企業や団体が債務を元利金ともに返済できるかどうかという確実性を表した記号である。ただし、格付の対象となるのは主に「債券」という種類の債務である。

　信用格付とは、日本銀行の定義によると、「債務者または個別の案件について信用度に応じた分類を行うための制度[2]」である。

　信用格付作業には、二つの切口がある。[3]具体的には債務者格付（企業格付）と案件格付（与信格付）である。債務者格付は、融資先企業の財務状況その他の健全性を判断するためのものである。いわば企業を全体としてみたデフォルト確率の判定結果といえる。

　これに対し、案件格付は、その企業に対する個々の与信ごとに評価するものである。ある企業の業況が著しく悪化し企業格付も最低クラスに落ち込んでいても、預金が担保になっている貸出であれば、預金と貸出を相殺して回収することができる。したがって、流動性、安全性いずれも問題のない融資と評価できる。この例でも分かるように、案件格付は、債務者格付に保全を加味したマトリックスで決まると考えて概ね間違いない。

　債務者格付と案件格付は、格付作業の両輪であるが、格付にあたって最初に行うのは債務者格付である。与信リスク顕在化に至る道筋をみると、債務者格付の低下が引き金になる場合が多いため、まずこの債務者格付をしっかり固めることが格付作業の基本となる。

　格付の最初の作業である債務者格付は、通常、定量評価と定性評価を組み合わせて行われる。これに加えて、外部情報による分析もなされる。

　金融機関による信用格付は、取引先企業から提出を受けた決算書に基づき、営業店と本部が一体となって、当該企業の総債務償還力を行内の格付基準によって振り分けたものである。

　総債務償還力の分析に関しては、資金繰り表、キャッシュフローという概念を理解することが鍵となる。キャッシュフローは、企業内部で資金が１年

間でどう回ったかを可視化するものである。

　融資実務上は、企業が今借りている債務を利益（＋減価償却費）で返済する場合、何年を要するかといった総債務償還力（年数）が財務評価の重要なファクターとなる。分子を総債務、キャッシュフローを分母として計算する。

$$総債務償還力（償還年数）＝\frac{総債務（借入金等）}{キャッシュフロー－（当期純利益＋減価償却費）}$$

　例えば、ある企業の要返済債務が10億円で、許容される債務償還年数が10年であった場合、年間キャッシュフローは 1 億円である必要がある。過去の実績からみて、期待される将来の年間キャッシュフローが7,000万円とすると、事業計画や経営改善計画により、年間キャッシュフローを3,000万円上乗せする必要がある。年間キャッシュフローを引き上げるためには、収益性の向上が必要である。

　償還年数の評価は、業種によりばらつきが大きいので、業種特性を考慮する必要がある（不動産賃貸業や倉庫業は15〜20年超のケースもある）。

　中小企業が融資を受けるにあたっては、金融機関における審査プロセスと格付指標概要を理解しておかなければならない。一般的に審査プロセスは以下のような手順で実施される。

　(1)事業者の財務情報の収集

　(2)客観的な基準による財務情報の補正（減価償却費の修正等）

　(3)時下ベースでの財務情報の補正

　(4)財務指標分析

　(5)実地調査による事業者の事業環境や事象の評価

　(6)事業者（企業）の格付やCRD（中小企業信用リスク情報ベース）モデル等を用いたクレジット・スコアリング

　(7)事業者（企業）への融資・回収方針決定

　(8)融資するか（既存融資の回収を図るか）金利水準、担保条件など決定

具体的なプロセスは、以下のようなものがある。

第一、決算書の補正

決算書は、必ずしも公正妥当な会計慣行によって作成されているとは限らない。損益や財政状態に大きく影響する減価償却の実施、貸倒引当金等保有資産の適正な価値計上等不十分な評価を補正することが行われる。

第二、財務分析

審査システムに入力された決算書内容から財務分析が行われる。前述（第8章）の通り、主要な指標を図表9.1に掲げる。指標の視点は、究極には利息が払えるか、元本が回収できるかの2点であり、企業の成長評価とは異なる視点であることに留意しなければならない。

図表9.1 財務分析指標例示

視点	主要指標例示
安全性	自己資本比率＝純資産／総資産→総資産のうち、返済義務のない自己資本が占める比率を示す指標であり、安全性分析の最も基本的な指標の一つである。自己資本の増加はキャッシュフローの改善につながる。
収益性	営業利益率＝営業利益／売上高→本業の収益性を測る基本的な指標である。
健全性	EBITDA有利子負債倍率＝（借入金－現預金）／（営業利益＋減価償却費）→借入金がキャッシュフローの何倍かを示す指標であり、返済能力を判断する指標の一つである。
成長性	売上増加率＝（売上高／前年度売上高）－1→キャッシュフローの源泉を意味する。企業の成長ステージの判断に有用な指標である。
生産性	生産性＝営業利益／従業員数→成長力、競争力等を評価する指標。キャッシュフローを生み出す収益性の背景となる要因として考えることも可能である。

資料：筆者作成。

定量評価の財務分析においては、財務データをそのまま使うと誤った結果を導き出す場合があることを念頭においておく必要がある。特に、中小企業は注意が必要である。一般的な例としては、企業が抱えている不良在庫、関連会社への支援資金等の不良資産とその含み損が挙げられる。含み損が多額

にのぼると、表面的には自己資本が潤沢にあるようにみえるが、実質的な自己資本は傷ついているケースもある。債務超過に陥っていることもあり得る。このような場合、貸借対照表の数字をそのまま使った格付ではほとんど意味がなくなる。格付システムにデータを入力するときに実態に合わせた修正を加えるか、格付結果に不良資産等を加味した調整を加えることが必要になるわけである。

　貸借対照表の中で、特に金融機関が要注意とみているのは、仮払金とか貸付金といった中間（雑）勘定と呼ばれるものである。これは例えば社長が使って未精算の旅費、交通費を仮払金のままにしておくといったことである。これだと本来損益計算書の経費になるはずのものが仮払金という資産に計上されるので内容が正しく反映されない。

　中小企業の財務状態を見るうえでは損益計算書の勘定内訳ももちろん重要である。例えば、営業利益が同じようなケースでも減価償却費を法定分きちんと計上しているのか、福利厚生費や保険料をかけて従業員へのフォローや万一の備えは十分かといった違いで利益は大きく違ってくる。そもそも従業員の給与に比べ、経営者の給与が極端に高かったり、その逆だったりすると、それだけで収益は大きく変わってくる。つまり、利益は粉飾でなくても、やり方によって大きく「調整」できる。

　財務分析を行う上で注意しなければならないことは、2つある。

　第1に、財務諸表で分かることは限られる。決算書は、1年間もしくは決算期末という一時点を表す資料でしかない。金融機関においては、将来を見通すうえで現在に比べ過去はどうであったのかという時系列的な係数を参考にする。時系列比較においてはできれば財務諸表4期分並べてみることが望ましい。

　第2に、現在の会計システムには、会社側が都合よく利益を計上する余地があるから、中小企業の場合は、金融機関から融資を引き出すために、粉飾決算を行うケースが良く見られる。実際は、粉飾決算で利益が出ているように見せることで、金融機関に安心して融資ができる企業と錯覚させ、融資を引き出すことがある。

粉飾決算の方法は、「売上を増やす」か「経費を減らす」か、２つしか存在しない。[4]

（１）売上を増やす

・架空の売上を計上する

・売掛金を増やす

・翌年の売上を繰り上げて計上する

・在庫を増やす

・循環取引

（２）経費を減らす

・仮払金や貸付金で費用を計上する

・仕入や未払計上を先送りにする

・損失を非連結の子会社等に振り分ける

　そして、中小企業経営者はいくら儲かったかという損益計算書を重視していると思われるが、金融機関は、貸借対照表の方を重視しているといって過言ではない。その理由は、貸借対照表は前期末の残高が今期の期首残高として引き継がれるので簡単には消せないからである。いったん貸借対照表に計上されたら処理が終わるまで残るため、「今期の売上はいくら」といった１年で消えるものとはまったく異なる。

第三、実態調査による定性評価

　財務分析、時価評価による定量評価に加えて事業環境の実態調査による定性評価が行われる。中小企業は決算書が赤字であっても、定性的要因が良好であれば格付はアップするのである。

　定量評価に対し、定性評価は企業の営業方針や地域での信用、社長の人柄や健康状態等、数字に表しにくい材料を使って行う評価である。

　金融庁は2019年12月18日、銀行の経営を監督するために使ってきた検査マニュアルを廃止し、同日に「検査マニュアル廃止後の融資に関する検査・監督の考え方と進め方」を策定した。廃止後は、融資に関する検査・監督については、金融機関の個性・特性に即して行うべきとされた。また、従来のよ

うに過去の実績だけでなく、対話等を通じて把握した、将来を見据えた信用リスクについても勘案するという方針が示された。

金融庁によると、「中小・零細企業等の債務者区分については、当該企業の財務状況のみならず、当該企業の技術力、販売力や成長性、代表者等の役員に対する報酬の支払状況、代表者等の収入状況や資産内容、保証状況と保証能力等を総合的に勘案し、当該企業の経営実態を踏まえて判断する」、とされている。

定性評価の非財務分析に関しては、経営者・経営陣、経営環境、企業自身の競争力・強みという定量的に測定できない指標がポイントとなる（図表9.2）。

図表9.2　中小企業における定性評価指標

経営能力	
1	経営者の健康状態は良好か
2	社内外の信頼があり、リーダーシップを発揮しているか
3	経営理念や経営方針が明確で、従業員に徹底を図っているか
4	事業拡大、収益増収に意欲が高いか
5	後継者育成に配慮しているか
社内環境	
1	社内の風通しはよく、法令・規則などを遵守しているか
2	従業員の接客態度、電話対応は良好か
3	リスク回避のための適切な保険に加入しているか
企業力	
1	会社の業歴は10年以上あり、直前三期の決算は黒字を続けているか
2	業界間の競争は激しいか
3	現在の商品は今後も継続的に売上高を確保できるか
4	技術力が高く、将来にわたって売上に貢献する新たな取り組みがあるか
5	現在の販売ルートで今後の売上を確保できるか
6	現在の販売ルートは新商品や新サービスの拡販に活用できるか
銀行取引	
1	毎期の決算書を金融機関に提出し、業界動向、同業者の動きを説明しているか
2	経営計画を金融機関に提出し、会社の強みや長所を含め、今後の見通しを説明しているか
3	金融機関の信用情報の把握に協力し、必要な税務申告の付属明細書などを提出しているか

経営計画・財務管理	
1	業界の特性や動向などの現状分析を踏まえて、今後の売上高予測を検討しているか
2	業界の特性や動向を踏まえ、部門別、商品別の計画があるか
3	赤字の原因分析が十分にできているか
4	繰越損失は2年以内に解消できるか
5	金融機関と相談しながら策定した経営改善計画があり、金融機関の支援姿勢が明確か
中長期経営計画	
1	毎期の計画実績差異の分析をしているか
2	四半期に1回は業績を検討し、今後の対策を練っているか
3	部門別または商品別の計画と実績の差異分析をおこなっているか

資料：杉野泰雄公認会計士事務所「あなたの会社もいつの間にか格付けされている―これからの中小企業と銀行」http://www.sugino-jpcpa.com/cop-operation/rating.html〜2021年8月23日。

　経済産業省のローカルベンチマーク[7]においては、非財務情報として、(1)経営者への着目、(2)関係者への着目、(3)事業への着目、(4)内部管理体制への着目という4つの視点が挙げられている。これは、事業性評価と呼ばれている。財務指標からは、企業の過去の姿を知ることができ、この4つの視点からは企業の現在の姿と未来の可能性を評価することができる。事業性評価の「4つの視点」では、「経営者」においては、「経営理念・ビジョン」や「後継者」など、「事業」においては「強み」や「弱み」など、「企業を取り巻く環境・関係者」においては、「市場状況」や「競合他社」など、「内部管理体制」においては、「組織体制」や「人材育成」などと記述されている。

　図表9.3は、小売業を事例に中小企業の事業性評価をまとめたものである。

　定性評価には、評価者の主観や恣意が混ざりやすく客観性を維持することが難しいという難点がある。したがって、定性評価にあまりウエイトをかけすぎると、格付そのものの説得力が低下しかねないことも否めない。

　いずれにしても、金融機関が格付制度を導入するときに、定量評価と定性評価のウエイトをそれぞれどの程度にするかは難しい問題である。定量評価と定性評価のウエイトをそれぞれどうするかという決まりはない。金融機関が、独自の判断で決めているというのが実情である。[8]

図表9.3　中小企業の事業性評価項目（中項目）一例

大項目	中項目		評点(%)	コメント
①経営者	1	経営理念・ビジョン経営哲学・考え方	70	①最近社長として事業承継、ここ数年事業内容を変革しているとのことで、5年以内に、今までなかった経営理念を策定する予定である。現在は普段の業務を通じて、プロフェッショナルイズムを醸成している。経営者と従業員とで価値観が共有化されれば、尚一層の連帯感が期待できる。
	2	経営意欲（マインド）	100	②現在は社長の頭の中に経営（事業）計画があるが、社長自らが月別部門実績をExcelで見える化し、次月の対応策に反映している。計画と実績を従業員と共有化できれば、従業員に当事者意識が醸成され、尚一層の効率的な経営が期待できる。
	3	経営能力（スキル）	89.1	③社長は各部門を統率しており、トップ営業、売上・利益管理、資金管理、顧客管理、人事・労務管理、与信管理を行い、従業員にはタイムリーに社内ログにて双方向の情報受発信を行い、共有化を絶えず心掛けている。
	大計		86.9	
②事業	4	事業の強み・特色	94.4	①江戸時代創業で培われた信用力と技術力により、数万人の顧客に支持され、高級輸入雑貨に対するプロダクトライフサイクルをカバーするビジネススタイルは、同業他社では模倣できない強みである。その技術が伝承されているのは現社長の事業承継が物語っている。
	5	商品力	93.8	②Everyday Low Price志向。培ってきた海外ルートからの直接仕入により、顧客の要望に応じて、1万円から10億円までの品揃えができる。また、コンサルティングセールスを通じて、顧客からの要望に応える形で新デザインの受注製作をし、それが新商品としてネット展示され、ヒット率が高いことから効率的な商品開発が実現できている。
	6	営業・販売力	77.8	③従業員が20代〜30代と若く育成途上であることから、経営者（会長、社長）自らの人脈に技術力や営業力を活かして顧客開拓および新市場開拓を行っている。
	7	ITの活用	78.6	④従業員が20代〜30代と若く育成途上であることから、経営者（会長、社長）自らの人脈に技術力や営業力を活かして顧客開拓および新市場開拓を行っている。
	大計		86.4	
③企業環境・関係者	8	市場の規模・競合先の把握力	83.3	①所得のピラミッド型顧客層の中で高級雑貨の顧客は上層部の一部であることから、Webによる情報発信で境界のない商圏を意識している。この効果でWebサイト→電話→来店のスタイルができている。店舗も最寄り駅からアクセスが良く、ビルの高層階にも関わらず購買目的の来店顧客が多い。国内外への市場規模の拡大が期待できる。
	9	顧客維持・開拓力	100.0	②ホームページの販売促進により、来店した顧客が新規かリピート客かを毎日把握している。客数の半数以上は新規顧客であり、VIP顧客およびリピート顧客の開拓の余地がある。
	10	金融機関との関係	50.0	③金融機関からの調達を今まで積極的に行ってこなかったため、関係は希薄である。今後、新しいビジネスを展開する予定であり、資金調達の必要性が考えられることから関係強化が求められる。
	大計		87.5	

	11	顧客管理・情報管理	75.0	①ビジネススタイルを構築中であり、業務標準化を図る手前である。従って、販売促進以外の業務効率化に向けた内部管理の情報化はこれからである。
④内部管理体制	12	経営計画・販売計画・共有化状況	56.3	②経営計画、販売計画は社長の頭の中にあり、従業員も育成中であることから、計画段階からの共有化は図られていない。
	13	店舗運営管理	60.0	③季節に応じたデコレーションは行っている。各商品ごとのコーナー演出に変化があれば、尚一層の分かり易さや訴求力が増すと考えられる。
	14	労務管理・人材育成の仕組み	93.8	④女性スタッフが多い職場であり、子育て支援や産休取得支援などで長期に勤められる対応を図っている。また、店舗スタッフの能力開発に金銭的支援を行い、技術力・接客力向上を図っている。
大計			72.6	
計（総合）			83.2	

資料：一般社団法人福岡県中小企業診断士協会 事業性評価研究会・槇本健次「事業性評価としての非財務項目の「見えるか」への取り組み」〜ローカルベンチマークの非財務項目のレーダーチャート化〜『企業診断ニュース』2020.1

定性評価のマイナスポイントとしては、以下のような要素がある。

a．事業環境の悪化

b．主取引先からの取引停止

c．中期計画の進行の遅れ

d．内部統制の不備

e．社内のトラブル発生

f．社内の不正発覚

g．従業員の急激な退職

h．他の金融機関の融資引き揚げ

i．粉飾決算

j．法令違反　など

第四、格付/CRDモデル等を用いたクレジット・スコアリング

クレジット・スコアリング・モデル（倒産確率モデル）とは、主に財務指標とデフォルトとの相関関係を利用して、個別企業の信用リスクを推計する統計モデルである。事業性資金でいえば、企業の財務データや代表者等の属性情報をモデルに投入すると、デフォルト確率、あるいは与信の可否が結果

として示される（図表9.4）。結果の回答が非常に早く、融資の申し込みがあったその日のうちに申込者に結果を伝えることが可能なことが特徴として挙げられる。スコアリング・モデルの活用メリットは、人の目を介さないため恣意性を排除できる点と、職人的な能力を必要としない点、および結論を出すまでの時間が短くて済む点である。

図表9.4　クレジット・スコアリングを用いた銀行の実務例
（Ａ社の事業性資金融資の例）

財務情報（貸借対照表）			
現預金	2,000	買掛金	2,000
売掛金	1,000	借入金	3,000
棚卸資産	2,000	資本金	4,000
土地建物	5,000	利益剰余金	1,000
総資産	10,000	総資本	10,000

財務情報（損益計算書）	
売上高	20,000
営業利益	15,000
経常利益	5,000
当期純利益	1,000

定性情報
従業員数　　60名
設立　　　　2001年
業種　　　　サービス業・介護福祉施設
財務報告内の財務諸表以外の情報
CSR報告書
ガバナンス情報
経営理念・経営ビジョン
ビジネスモデルや経営戦略
無形資産（ブランド、特許、人的資本等）に関する情報

借入申込内容
金額　　　　1億円
借入期間　　5年
担保・保証人　　なし

クレジット
スコアリング
モデル

格付モデル

審査モデル

Input

Output

格付
予想デフォルト確率　0.100%
格付　　　　　　　　A格

貸出審査
貸出可否　　　OK
貸出金利　　　0.80%

情報として活用する

審査：数時間から数日で回答

資料：荒川研一「AIを活用した信用評価手法の現状とこれから」
　　　https://www.boj.or.jp/announcements/release_2019/data/rel190215d2.pdf〜
　　　2021年8月22日閲覧（一部筆者加筆）。

　上記財務分析や実地調査を含めて、金融機関は、事業者を一定枠の融資方針および融資額を決定するグループに層別する。これが信用格付である（図表9.5）。

図表9.5　金融機関の格付例示

債務者区分（金融庁）		金融機関の格付例示	
正常先 （業況が順調で、かつ財務内容にも特別の問題がないと認められる。債務超過解消年数＝1年以内；債務償還年数＝10年以内）	1	債務履行の確実性	極めて高い
	2		高い水準
	3		十分
	4	財務内容は一応良好で、債務履行の確実性に当面問題はないが、事業環境等が変化した場合、その確実性が低下する懸念がやや大きい。	
	5	債務履行の確実性は認められるが、事業環境等が変化した場合、履行能力が損なわれる要素が見受けられる。	
	6	債務履行の確実性が先行き十分とはいえず、事業環境が変化すれば、履行能力が損なわれる可能性がある。業況推移に注意を要する。	
要注意先 （元本の返済もしくは利息の支払いが延滞している債務者、経常利益が2年間連続赤字の会社、債務超過解消年数＝2年3年、債務償還年数＝10年〜15年）	7	金利減免・棚上げを行っているなど貸出条件に問題のある債務者、元本返済若しくは利息支払いが事実上延滞しているなど履行状況に問題がある債務者のほか、業況が低調ないしは不安定な債務者又は財務内容に問題がある債務者など今後の管理に注意を要する債務者	
		要管理先：要注意先の債務者のうち、当該債務者の債権の全部又は一部が要管理債権（「3カ月以上延滞債権」又は「貸出条件緩和債権」）である債務者。	
破綻懸念先 業況、財務内容に重大な問題があり、債務の履行状況に問題が発生しているかそれに近い状態（6ヶ月以上延滞）	8	事業を継続しているものの、実質的に債務超過の状態にあり、元本および利息の回収に重大な懸念がある。つまり、経営破綻の状況にはないが、経営難の状態にあり、今後経営破綻に陥る可能性がある債務者、債務超過解消年数＝5年以上債務償還年数＝30年超。	
実質破綻先 経営難の状態にあり、経営改善計画等の進捗も芳しくなく、今後、経営破綻に陥る可能性が高い	9	形式的には事業継続しているが、多額の不良債権が発生しており、債務者の返済能力より過大な借入金が残存。つまり、再建の見通しがつかない状況が認められ、実質的に経営破綻に陥っている。	
破綻先 深刻な経営難の状態にあり、実質的な破綻状態に陥っている、または法的・形式的な破綻の事実が発生している	10	法的・形式的な経営破綻の事実が発生している先をいい、例えば、破産、清算、民事再生、会社更生、手形交換所の取引停止処分等の事由により経営破綻に陥っている債務者。	

注1．この図表は一般化した例示であるが、金融庁の基準をベースにしているので各金融機関の格付区分に大差はない。

注2．利息の支払いが3ヶ月以上延滞している債務者、債務超過解消年数＝3年〜4年、債務償還年数＝15年〜20年の債務者は、要管理先（3カ月以上延滞歴）債務者区分に；金利の減免、利息の支払猶予、元本の返済猶予、債権放棄等の取り決めをおこなった債務者、債務超過解消年数＝4年〜5年、債務償還年数＝20年〜30年の債務者は、要管理先（貸出条件緩和債権）債務者区分にランキングされる。

注3．債務超過解消年数＝債務超過金額／経常利益

資料：①（https://www.boj.or.jp/research/brp/ron_2001/data/ron0110a.pdf）日本銀行「信用格付を活用した信用リスク管理体制の整備」；②金融庁「検査マニュアル廃止後の融資に関する検査・監督の考え方と進め方」、令和元年12月；③（http://www.nec.co.jp/soft/explanner/ex-seminar/33/2-3.html/2012/9/3）青柳六郎太「中堅企業における資金調達力向上のための情報整備」、専修大学大学院商学科を基に筆者作成。

　図表9.5の事例では、正常先が6区分、要注意先以下が4区分となっているが、仮に要注意先以下の資産が多く、より精緻に管理するニーズがあるのであれば、要注意先以下の区分を増やすことも必要であろう。

　企業査定の6分類はそれぞれ次のような内容のものである。

　正常先：格別問題のない健全な企業である。したがって、担保のあるなしに関係なく、査定与信にはならない。債務者格付はⅠ分類、つまり健全債権ということになる。決算書上は、①当期利益が黒字、②純資産の部にマイナス表示（累積損失）がない、という条件を基本的には満たしている融資先である。赤字であっても、創業赤字の場合、一過性の赤字の場合、会社に十分な余剰資金があるか、経営者に十分な資産があり、債務の返済能力に問題がない場合には、正常先とみなされる場合がある[9]。ただし、健全先も格付遷移によって、いずれ査定与信になる可能性はあるので、与信残高全体に対し一定比率で一般貸倒引当金を積むことになる。何％積むかは各銀行に任されており、過去のデフォルト確率等を参考にして妥当となっている水準を決めることになっている。貸倒引当率は、正常先で0.1〜0.3％である。そして、債務償還年数は10年未満である[10]。

　要注意先：何らかの形で業況や体力に問題を生じている企業等である。決算上は、①当期利益が赤字、②融資の返済が一ヶ月以上延滞、③純資本の部にマイナス表示（累積損失）がある、④債務超過、という条件の内一つでも満たす融資先は、該当する恐れがある。債務者格付は原則としてⅡ分類となる。ただし、直ちに相殺できる預金、換金が容易な上場会社の株等の優良担保が付されているものは正常債権（Ⅰ分類）とし、査定与信としない。要注意先は、原則として個別引当を行わない。正常先債権と同じように、過去のデフォルト確率等を参考にして、一般貸倒引当金を積むことになっている。要注意先の貸倒引当率は1〜数％、債務償還年数は10年以上20年以下である。

　要管理先：要注意先のなかでも、延滞が3ヶ月以上となっていたり、貸出条件の緩和が行われたりした債務者である。前述の10段階の格付評価では、7に相当する。貸倒引当率は、要管理先になると約15％に跳ね上がる。少な

くとも要注意先以上の区分に入らないと、融資は受けられない。要管理先以下が、いわゆる「不良債権」と呼ばれている。

　破綻懸念先：要注意先よりさらに状況が深刻な与信先である。決算書上は、①２期連続債務超過かつ融資の返済が３ヶ月以上延滞、②融資の返済が６ヶ月以上延滞、という条件の内一つでも満たす与信先は該当する恐れがある。実質的に債務超過の会社であり、いずれ破綻する可能性が高い企業等である。原則としてⅢ分類の査定与信となる。ただし、優良担保が付されている部分は非査定（Ⅰ分類）、一般担保が付されている部分はその評価額相当分がⅡ分類となる。破綻懸念先は、前述の10段階の格付評価では８に相当する。貸倒率は、約70％、債務償還年数は破綻懸念先以下は20年以上である。

　実質破綻先：法的・形式的な経営破綻の事実は発生していないものの、深刻な経営難の状況にあり、再建の見通しがない状況にあると認められるなど実質的に経営破綻に陥っている債務者。査定は原則としてⅣ分類となる。優良担保が付されている場合、非査定（Ⅰ分類）、一般担保が付されている場合、その評価額相当分をⅡ分類にするという扱いは破綻懸念先と同じである。実質破綻先は、前述の10段階の格付評価では９に相当する。

　破綻先：法的・形式的な経営破綻の事実が生じている債務者をいい、例えば、倒産・清算・会社整理・会社更生・和議・手形交換所の取引停止処分等の事由により経営破綻に陥っている債務者。すなわち実質破綻先と破綻先の差は、法的に破綻の要件を満たしているか否かの差であり、企業等の実態はほとんど変わらない。いずれも査定は原則としてⅣ分類となる。破綻先は、前述の10段階の格付評価では10に相当する。

　信用格付は個々の金融機関で、信用ランク別にどれだけの資金を貸しているかを測定することにも用いる。例えば、100億円の預金量のある金融機関において、信用格付ランク最上位のＡの企業に100億円貸すことができれば信用上のリスクは小さくなる。しかし、信用リスクの高い企業はさまざまな金融機関から資金を調達できることが多いうえ金融機関同士の貸出競争もあり、現実にはそのようになることは稀である。このような場合、ランクＢの

企業に、その次にランクＣ、ランクＤの企業に貸すということになる。格付が低い企業に貸出が偏ると、いざというときに「資金を返してもらえない」リスクが高まる。金融機関は信用格付を定期的に行い、こうした貸出ポートフォリオの全体をみながら、そのリスクを考え、貸出計画に反映させていく。[11]

第五、融資・回収方針決定

　格付結果では、融資を申請しても受け付けられず、また格付ランクが低いと新規融資どころか既存の融資を早期に引き上げられるリスクもある。そして当然のことながら、格付は融資と、このような関係にある（図表9.6参照）。

図表9.6　格付と融資との関係

融資実行の有無	格付が悪いほど、企業は融資を受けにくくなる
金利の水準	格付が悪いほど、金利は高くなる
担保物件の水準	格付が悪いほど、金融機関が要求する担保は厳しい
審査基準の差	格付が悪いほど、融資の審査基準が厳しくなる
審査プロセスの差	格付が悪いほど、審査が複雑になり時間もかかる

資料：杉野泰雄公認会計士事務所「あなたの会社もいつの間にか格付けされている」、http://www.sugino-jpcpa.com~2021/08/20

　なお、企業の格付はときが経過すると変化する。つまり、遷移していく。この結果、新しい情報を加味して随時更新していくことも必要となる。一般的に銀行は年２回、信用金庫は年１回、既存の貸出金を対象に「自己査定」[12]と呼ばれる評価を実施することになっている。

　金融機関が、まず債務者格付を行い、そのうえで、保全を加味し、与信をⅠ～Ⅳの４種類に区分し最終的な査定額を決める、つまり案件格付するというやり方をしている。[13]　Ⅱ、Ⅲ、Ⅳ分類とされた与信が査定与信である。不良資産と査定された与信という意味である。そして、このⅡ分類からⅣ分類までの案件格付のいかんによって償却、引き当て等不良資産処理の基準等も変わってくるわけである。

　上記の債務者区分は、債務者企業の信用力のみにより区分しているが、金

融機関からすれば、十分な担保・保証を取れていれば、債務者企業の信用力に関わりなく債権の回収が図れる。そこで、担保・保証による保全の状況を勘案して、さらに債権を分類する。具体的には、安全な方から順に非（Ⅰ）分類、Ⅱ分類、Ⅲ分類、Ⅳ分類、とする（図表9.7）。最後に、これらの債務者区分、債権分類に応じて、償却・引当を行う。

図表9.7　債権分類

債務者区分	優良担保の処分可能見込額、優良保証による回収可能額	一般保証による回収可能額	一般担保の処分可能見込額	優良担保・一般担保の評価額と処分可能見込額の差額	担保・保証なし
正常先	Ⅰ（非分類）				
要注意先	Ⅰ	Ⅱ			
要管理先	Ⅰ	Ⅱ			
破綻懸念先	Ⅰ	Ⅱ	Ⅲ		
実質破綻先	Ⅰ	Ⅱ	Ⅲ	Ⅳ	
破綻先	Ⅰ	Ⅱ	Ⅲ	Ⅳ	

注：
　Ⅰ（非分類）：回収の危険性又は価値の毀損の危険性について、問題のない資産。例えば、正常な営業を行っていく上で恒常的に必要と認められる運転資金、預金等及び国債等の信用度の高い有価証券等及び決済確実な商業手形等、公的信用保証機関の保証、金融機関の保証等。
　Ⅱ分類：債権確保上の諸条件が満足に充たされないため、あるいは、信用上疑義が存する等の理由により、その回収について通常の度合いを超える危険を含むと認められる債権等の資産。例えば、優良担保以外の担保で客観的な処分可能性があるもの。例えば、不動産担保、工場財団担保等。
　Ⅲ分類：最終の回収又は価値について重大な懸念が存し、したがって損失の可能性が高いが、その損失額について合理的な推計が困難な資産。例えば、優良保証以外の保証。
　Ⅳ分類：回収不可能又は無価値と判定される資産。具体的には、a.不渡手形、融通手形及び期日決済に懸念のある割引手形；b.赤字・焦付債権等の補塡資金、業況不良の関係会社に対する支援や旧債肩代わり資金等；c.金利減免・棚上げ、あるいは、元本の返済猶予など貸出条件の大幅な軽減を行っている債権、極端に長期の返済契約がなされているもの等、貸出条件に問題のある債権；d.元本の返済若しくは利息支払いが事実上延滞しているなど履行状況に問題のある債権及び今後問題を生ずる可能性が高いと認められる債権；e.債務者の財務内容等の状況から回収について通常を上回る危険性があると認められる債権。
資料：①金融庁「検査マニュアル廃止後の融資に関する検査・監督の考え方と進め方」、令和元年12月；②八田企業総合法律事務所「金融検査マニュアル・自己査定」を基に筆者作成。

　信用格付における外部情報については、日本では、CRDと中小企業庁「金融環境実態調査」という、大量の財務諸表を収集するデータベース、定性的な資金調達に関する情報を収集するアンケート調査に基づくデータベースが、2001年以降、それぞれ整備された。

　CRDに含まれているデータの項目は、貸借対照表と損益計算書に入っているものがほとんどであり、それ以外の情報は、設立年や社長の生まれ年、デフォルトの有無などに限られている。しかし、大量の企業の情報を一度に扱うことにより、中小企業全体の傾向を統計的に有意に捉えられる場合が多いという利点がある。

　大手金融機関では、独自の金融データを収集し、倒産確率を求めているが、個別金融機関のデータは、自分の顧客のみのデータであり、CRDが収集しているような全国ベースのデータではない。このため、大手金融機関も自分のデータとCRDデータを比較分析している。中小金融機関では、独自のモデル分析も十分でないため、CRDによる統計分析も参考にしながら、貸出を行っている。現場での融資の担当者による「目利き」（事業性評価等）と、CRDによる中小企業データ分析とは、今後とも、貸出審査の両輪となると予想される。

　金融環境実態調査においては、株式会社東京商工リサーチ（TSR）は、中小企業が資金調達に際して直面する諸条件をアンケート調査にて尋ねるものがある。質問項目の内容は、企業の概要（業種、創業年、従業員数）、取引金融機関に関する情報（取引金融機関数）、メインバンクとの関係（メインバンクの有無、取引年数、資料提出頻度）、銀行借入以外の資金調達手段（ノンバンクの利用有無、リースの利用有無、企業間信用の状況）、担保・保証、信用保証の利用、資金繰りの状況、ペイオフへの対策、社債発行の有無、計算書類のディスクロージャーなどを含んでいる。この調査の特徴としては、情報が財務諸表にほぼ限られているCRDとは異なり、金融機関と企業の関係などの定性的な情報を多く含む点である。

　現在では、金融機関が融資を行う場合は、事業者から提出を受けた財務デ

ータと倒産情報等をもとに構築したクレジット・スコアリングモデルを財務評価に用いて、格付を行っているケースが多い。特に、信用保証協会を中核として構築された、CRDの基づく、CRDスコアリング・モデルは、金融機関が保証協会の保証付で、中小企業に対する融資判断を行う際等に用いられている。

　また、金融機関が中小企業に融資を行う場合は、事業者から所定のデータを提出させ、信用保証協会を中核とするCRD協会が運営する全国ベースのCRDを構築し、倒産件数等をもとにクレジット・スコアリングを導出している。そして、金融機関では、融資案件に対して中小企業の決算データなどからクレジット・スコアリングによる融資判断を行っている。

　一方、日本最古の信用調査会社である株式会社東京商工リサーチ（以下TSR）が、企業信用調査を通じて会社の特徴、業績、財務内容、経営理念などに基づいて「TSR評点」（100点満点）を総合的に算出している。この評点は、大きく「経営者能力」、「企業成長性」、「企業安定性」、「公開性・総合世評」に分かれ、さらに各々の分野で配点を細かく設定されている（図表9.8）。TSRでは約152万社の企業に評点を付与しており、その中でも55点以上の企業は約12万4,000社、構成比では8.2％となっている。つまり、55点以上の企業は、全国上位8％しかない。[14]TSRの付与する評点は企業と取引する際に一つの基準として金融機関、商社、メーカーなど民間企業から公共機関まで幅広く利用されている。

　中小企業の信用格付は、金融機関の融資審査の判定材料（内部資料）として、公表を前提としない性格を持つ。経営内容が不安定でデフォルト確率が高い融資先には、それにふさわしい高い金利を適用しないと金融機関の経営が成り立たない。金融機関が行う格付の客観性を融資先の企業にいかに理解してもらうかも、課題のひとつといえよう。

図表9.8　TSR評点（100点満点）

項目	評点
経営者能力：資産担保余力や経営姿勢、事業経験から経営者の実力を判断	20点
企業成長性：扱う商品や技術、サービスの善し悪しを売上高伸長率や利益伸長率で判断	25点
企業安定性：取引先との関係性や、トラブル時の対応力などを業績・自己資本・経済状況・金融取引・担保余力から判断	45点
公開性・総合世評：対外的な資料公開性があるか、風評などの有無を判断	10点

資料：株式会社東京商工リサーチ『エラベル2022年』北海道版、令和 3 年 4 月30日、pp. 2 - 3 。

9.2　格付会社による中小企業信用格付の概要

　格付会社による信用格付は、事業体、与信契約、債務又は債務類似証券の[15]将来の相対的信用リスクについての、格付会社の現時点の意見である。格付会社は、信用リスクを、事業体が契約上・財務上の義務を期日に履行できないリスクおよびデフォルト事由が発生した場合に見込まれるあらゆる種類の財産的損失と定義している。

　格付会社による大企業への「格付」はあるが、中小企業に関してはまったく格付がないと言っても過言ではない。ここでは、中小企業における格付の推進を目的とし、その手法を考察する。

　日本中小企業信用格付（略称「SME（Small & Medium Sized Enterprise）格付」）とは、日本国内の非上場の中堅・中小事業会社（売上高 5 億円～100億円）を対象とした「債務の履行能力」に関する有料で付与する格付である。誰にでも分かりやすいアルファベット 7 段階からなる格付記号（小文字：aaa～ccc）を用いて、企業からの依頼に基づき、各種信用情報、企業情報を統合して、企業の信用度合いに応じた信用格付を付与する。

　SME格付は、スタンダード＆プアーズ（S&P）と日本リスク・データ・バンク株式会社（RDB）が共同で開発した中小企業クレジットモデルをベースに、スタンダード＆プアーズが独自に開発したノウハウを活用し、システ

マティックに付与されるもので、スタンダード＆プアーズが伝統的に手掛けているAAAからDまでからなる信用格付とは異なった新しい体系の格付である。

2005年12月、世界的な格付会社であるS&PとRDBは、S&Pの100年にわたる「企業格付けノウハウ」とRDBが保有する中小企業の「財務データベースの知見」とを数理的に有機結合し、"世界でも初となる"中小企業専用の格付サービス『日本SME格付』のサービスを開始した（図表9.9）[16]。

図表9.9　日本SME格付の概要

対象先	・直前決算期における売上高が５億円以上100億円以下の国内非上場の企業 ・税理士が関与した決算書（連続した５期分）を提出できる企業 ・取扱金融機関に申込確認書の発行依頼が可能な企業 ・金融業（リース業、レンタル業も含む）、医療法人、学校法人、宗教法人以外の一般事業法人
格付	aaa、aa、a、bbb、bb、b、cccの７区分 S&Pが従来より取り扱っている「アナリストによる個別企業の分析・評価に基づくグローバルな格付け」とは異なる（S&Pグローバル・レーティングによる従来の格付けは、大文字のアルファベットで表記される）。
格付公開方法	S&Pのウェブサイト上で公開 （希望により非公開扱いとすることも可能）
格付取得費用	50万円（消費税別）

注：S&Pは、信用格付の付与と特定の信用関連分析の提供に対する報酬を、通常は発行体、証券の引受業者または債務者から受領することがある。S&Pは、その意見と分析結果を広く周知させる権利を留保している。

資料：https://www.kakuduke.co.jp/about/index02.html～2021/08/08

SME格付は企業経営にとって必要な資源「ヒト」「モノ」「カネ」のすべてをサポートする商品である。

SME格付取得によるメリットは、次のようなものが挙げられる。

第１、提供される「企業診断リポート」により自社分析機能の強化が図られる。

第２、客観的な企業信用力の説明が可能となる。特に、域外や海外への事

業展開を検討されている企業において、「S&Pブランド」である本格付けの開示は、信用力をアピールするための有効な手段として期待できる。

　第3、人材採用や広告宣伝に際し、自社の信用力・健全性のアピールが可能である。

　第4、金融機関や金融機関からの資金調達のツールとして用いられる。そして、取引先金融機関の拡大や金利交渉の材料ともなる。

　第5、SME格付けは、従業員が企業を財務面から評価する際に有用な情報として機能し、従業員の労働意欲の維持・向上に貢献することが期待される。

　一方、ムーディーズの格付けは、格付け対象について投資家が被りうる期待損失率をもとに付与される。ムーディーズは、裏付債権プールのデフォルト率および分散度を評価した上でモデリングを行い、各取引の特徴を考慮して格付分析を行う。

　日本SME格付取得の申込は、複数の銀行で受け付けられている。2005年12月8日時点で申込ができる銀行は、愛知銀行、鹿児島銀行、埼玉りそな銀行、静岡銀行、荘内銀行、スルガ銀行、千葉銀行、東京都民銀行、東京三菱銀行、西日本シティ銀行、百十四銀行、福岡銀行、もみじ銀行、UFJ銀行、りそな銀行（50音順）等であったが、2021年6月時点で61の金融機関と提携関係にあり、"日本全国全ての都道府県"で申込ができる。[17]

　格付の申込にあたっては、取扱金融機関が発行する「確認書」を格付会社であるSME事務センター（S&P・RDB）へ提出することが必要であり、この「確認書」の発行は、格付会社と業務提携している金融機関のみに限られている。取扱金融機関一覧は、S&Pのウェブサイトに掲載されている。

　SME格付事務センターでは、必要書類が揃い、SME格付の付与対象企業であること（売上高、業種等のチェック）が確認でき次第、請求書を発行、申込書に記載の担当者宛てに送付する。申込企業は費用支払い後、SME格付の結果と正式付与の書類を郵送にて受領するのみである（図表9.10）。

図表9.10　「日本SME格付」取得の流れ

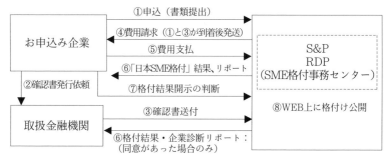

資料：日本SME格付けホームページより筆者作成
（https://www.kakuduke.co.jp/about/index09.html）。

　日本SME格付は、S&Pが伝統的に手掛ける格付とは全く別の格付手法に基づく新しい格付体系であり、最も信用力の高い「aaa」から「ccc」までの７段階で示される（図表9.11）。

図表9.11　日本SME格付の定義と符合

符号	定義
aaa	スタンダード＆プアーズの見方では、日本の中小企業間の比較において、債務を履行する能力は極めて高い。S&Pが付与する日本SME格付の中で最上位の格付。
aa	日本の中小企業間の比較において、債務を履行する能力は非常に高く、最上位の格付け（aaa）との差は小さい。
a	日本の中小企業間の比較において、債務を履行する能力は高いが、上位２つの格付けに比べ、事業環境や経済状況の悪化からやや影響を受けやすい。
bbb	日本の中小企業間の比較において、債務を履行する能力は適切であるが、事業環境や経済状況の悪化によって債務履行能力が低下する可能性がより高い。
bb	日本の中小企業間の比較において、債務を履行する能力がやや脆弱である。事業環境、財務状況、または経済状況の悪化に対して大きな不確実性、脆弱性を有しており、状況によっては財務を期日どおりに履行する能力が不十分となる可能性がある。
b	日本の中小企業間の比較において、債務を履行する能力が脆弱である。事業環境、財務状況、または経済状況が悪化した場合には、債務を履行する能力や意思が損なわれやすい。
ccc	日本の中小企業間の比較において、現時点で脆弱であり、その債務の履行は、良好な事業環境、財務状況、および経済状況に依存している。事業環境、財務状況、または経済状況が悪化した場合には、債務を履行できない可能性が高い。

資料：スタンダード＆プアーズ「日本SME格付」https://www.towabank.co.jp/whatsnew/SME
　　leaf.pdf〜2021/08/08

　日本SME格付は、RDBの誇る100万件を超える中小企業に関するデータとS&Pの格付のノウハウを融合して開発された画期的な格付であり、日本の中小企業の信用力を図るベンチマークとして広く受け入れられていくものと考えており、金融機関の同マーケットに対する取引の推進や中堅・中小企業のビジネス活性化に大きく貢献するものと言えよう。

　格付に当たっては基準となる評価項目の選定とそのウエイトづけがポイントになると考えられる「格付リポート」で記載されている指標の中から安全性、収益性、成長性、生産性、返済能力を示す評価項目を選択し、中小企業に適した「5つの財務指標」を抽出した。その指標値範囲と指標ランクは図表9.12のようにまとめることができる。

　但し、SME格付ではこれらの指標だけではなく、さまざまな指標とそれらの関係推移や業種の特性を総合的に判断している。従って、5つの財務指標の評価が総合評価としての格付結果とは一致しないことに留意が必要である。これらの指標値範囲およびランクは、SME格付を理解するため本書で取り上げたものであり、実際のSME格付では、このような財務指標評価は実施しておらず、より構造網羅的なものである。

図表9.12　財務指標ランク

財務指標	指標値範囲	財務指標ランク
自己資本比率	55%以上	aaa
	35%以上55%未満	aa
	1%以上35%未満	a
	0%以上1%未満	bbb
	0%未満	bb以下

	指標値範囲	財務指標ランク
総資本経常利益率	20%以上	aaa
	6%以上20%未満	aa
	－2%以上6%未満	a
	－13%以上－2%未満	bbb
	－13%未満	bb以下

	指標値範囲	財務指標ランク
	55%以上	aaa
	35%以上55%未満	aa
売上高変化率	1%以上35%未満	a
	0%以上1%未満	bbb
	0%未満	bb以下

	指標値範囲	財務指標ランク
	9%以上	aaa
	6%以上9%未満	aa
EBITDA売上高率	1.5%以上6%未満	a
	0%以上1.5%未満	bbb
	0%未満	bb以下

	指標値範囲	財務指標ランク
	28.5以上	aaa
	7.0以上28.5未満	aa
EBITDAインタレスト・ カバレッジ	2.0以上7.0未満	a
	0.1以上2.0未満	bbb
	0.1未満以上	bb以下

資料：大久保豊、稲葉大明〔2008〕『中小企業格付け取得の時代―中小企業専用「日本SME格付け」の効用とその実際』（第2版）、金融財政事情研究会、pp.76-82。

演習問題

1. 中小企業格付における定量評価と定性評価の意味について述べなさい。

2. 債務者格付と案件格付の違いについて述べなさい。

3. 日本SME格付取得の流れについて述べなさい。

注

1 中島真志〔2015〕、p.214。

2 日本銀行「信用格付を活用した信用リスク管理体制の整備」
https://www.boj.or.jp/research/brp/ron_2001/data/ron0110a.pdf～2021
年8月14日閲覧。

3 小泉保彦〔2010〕、pp.131-139。

4　荻原達也「粉飾決算とは？健全な経営のためにすべきたった一つのこと」
　　（https://best-legal.jp/financial-results-20652/〜2021年 8 月 3 日閲覧）。

5　大和総研「金融検査マニュアル廃止後の対応」2020年 2 月19日
　　（https://www.dir.co.jp/report/research/law-research/regulation/
　　20200219_021329.pdf〜2021年 8 月15日閲覧）。

6　金融庁「検査マニュアル廃止後の融資に関する検査・監督の考え方と進め
　　方」、令和元年12月。

7　ローカルベンチマーク：「財務情報」（ 6 つの指標）と「非財務情報」（ 4 つ
　　の視点）に関する各データを入力することにより、企業の経営状態を把握
　　することで経営状態の変化に早めに気付き、早期の対話や支援につなげて
　　いくものである。

8　「金融機関による信用格付は、決算書でほぼ70〜90％決まる。100点満点の
　　評価の中で、定量評価＝決算書などの実績数値を中心にした評価は80点、
　　定性評価＝銀行の融資担当者の数値に表れない評価は20点を占める」とい
　　う言い方もある。

9　工藤公認会計士税理士事務所「銀行はいかに会社を評価するか？格付けとは？」
　　（https://www.kaigyou-sougyou.com〜2021年 8 月 6 日閲覧）

10　借入期間が長期化する業種（ホテル業・不動産賃貸業等）では、債務償還年
　　数30年以上を正常先と要注意先の見極めラインとしている金融機関も多い。

11　岡室博之〔2016〕、pp.219-234。

12　「自己査定」とは、金融機関が自行の債権を、債務者企業の信用力や担保・
　　保証による保全状況等に応じて細かく分類し、回収の危険性に応じて償却・
　　引当をあらかじめしておくことである。

13　とくに地銀の顧客の中で大多数を占める中小零細企業や個人事業主の格付
　　けは、大きく分けて 2 つの方法がある。 1 つは、機械による自動格付であ
　　る。例えば「総与信額（その債務者に貸出している融資総額）が○千万円
　　未満」とか「年商が○億円未満の債務者」などといったように、その銀行
　　独自の基準を設定し、基準に満たない小規模な債務者については、機械が
　　格付し債務者区分を決めている。もう 1 つは、決算書の中身を人間が検証
　　して行なう格付である。一定の規模がある事業者に対しては、しっかりと
　　決算書の中身を人間が検証して格付を行い債務者区分を決める。この、決
　　算書の中身を人間が検証することを「補正」という。いろいろな補正はあ
　　るが、代表的なことは 2 つに集約される。 1 つは経営者と企業を一体と判
　　断；もう 1 つは、定性評価である。

14 株式会社東京商工リサーチ『エラベル2022年』北海道版、令和3年4月30日、pp. 2 - 3。

15 日本で活動している格付会社としては、R&Iのほか、JCR（日本格付研究所）、ムーディーズ・インベスターズ・サービス・インク、S&P（スタンダード＆プアーズ）、FITCH（フィッチ・レーティングス）といったところが有名。格付会社と同様に帝国データバンクや東京商工リサーチなどの大手信用調査会社も企業のランク付けを行っているが、0〜100点の点数やA〜Eといった記号で企業評価を発表している。しかし、ランク付けする対象が企業そのものであり、格付会社のランクはその企業が発行する債券の格付である違いがある。

16 大久保豊、稲葉大明〔2008〕、p. 1。

17 提携金融機関（窓口）については、2021年6月現在61社となっている（http://www.kakuduke.co.jp/about/index08.htmlを参照されたい）。

参考文献

岡室博之〔2016〕『中小企業の経済学』千倉書房。

大久保豊、稲葉大明編著〔2008〕『中小企業格付け取得の時代—中小企業専用「日本SME格付け」の効用とその実際、（第2版）』金融財政事情研究会。

小泉保彦〔2010〕『SEのための金融入門（第2版）—銀行業務の仕組みとリスク』、金融財政事情研究会。

坂内正「金融機関は中小企業のどこを見て融資しているのか」—決算書のポイント『情報と調査』速報・解説版　2010年3月05日号。

中島真志〔2015〕『入門企業金融論〜基礎から学ぶ資金調達の仕組み』東洋経済新報社。

渡辺努・上杉威一郎〔2008〕『検証　中小企業金融』日本経済新聞社。

吉野直行「日本・アジアの中小企業金融の現状と中小企業のデータ分析」、証券経済学会第74回大会共通論題、2010年11月6日。

第10章

中小企業金融システム

【ポイント】

　中小企業金融は、銀行借入を主体とした商業銀行モデルと、市場調達を主体とした投資銀行モデルに大別することができる。そして、地域金融、政策金融、金融監督・規制、金融政策、金融技術など、金融の極めて広範囲な領域と繋がりを持っている。

　日本では、大手のメガバンク、地銀、信金、信組などの民間金融機関からの貸出、政府系金融機関である日本政策金融公庫による融資、信用保証協会による保証など、さまざまな資金提供、保証制度が存在する。

　信用や担保不足のために金融機関からの借入が困難な中小企業に対しては、地方自治体と信用保証協会、それに民間金融機関の協調によって行われる貸付がある。これは、制度融資と呼ばれる。

10.1　中小企業の資金需要

　金融とは、最終的な借手（企業）が、最終的な貸手（家計）に対して借用証書、社債や株式という本源的証券を発行して資金調達することを言う。

　資金調達を論じる前に、まず企業がどのような資金を必要とするかについてみることとする。企業が必要とする資金のことを企業の資金需要という。景気が良くなる局面では、企業は在庫を積み増したり、生産能力を引き上げ

ようとするため、資金需要が増加する。逆に、景気が後退する局面では、資金需要は縮小する。

　企業の資金需要は、大きく運転資金と設備資金に分かれる。運転資金とは、企業が事業を継続するために行う商品の仕入や販売の際に生ずる資金の収入・支出の時間的なズレや立替金、あるいは人件費その他の経費などに充当されるもので、企業の資金需要の内大きな割合を占める。

　運転資金には、経常運転資金、増加運転資金、在庫資金などの種類がある。

　企業が一定規模で事業を継続していくために必要な運転資金のことを経常運転資金という。同じ仕入先から、一定の額を仕入れて、販売先に一定の決済条件で一定額を販売していくときに必要となる運転資金のことである。計算式で示せば、次のようになる。

経常運転資金＝売掛債権（売掛金＋受取手形）＋在庫－買入債務（買掛金＋支払手形）

　この式からも、第1項（売掛債権）と第2項（在庫）については、増えれば増えるほど、必要となる運転資金が膨らみ、資金繰りが苦しくなることがわかる。一方、第3項（買入債務）が増えると、その分、運転資金は少なくて済み、資金繰りが楽になることがわかる。

　必要な運転資金の水準については、「月商（1カ月の売上）の何カ月分」という形で表現されるのが一般的である。計算式で示せば、次のようになる。

平均月商×(売上債権回転期間＋棚卸資産回転期間－買入債務回転期間)

　例えば、月商2,000万円であるA社が、通常、月商の3カ月分の運転資金が必要であるとすると、必要な経常運転資金は、6,000万円（2,000万円×3カ月）ということになる。

　「月商の何カ月分」の数字は、業種によって異なる。商品の回転が速い業

種や、現金販売の業種など、代金の回収が速い業種の場合には、少なくて済む。一方、売上債権回転期間が長い業種の場合は、この数字は大きくなる。

　経常運転資金は、長期運転資金として証書貸付で実行される例も多いように見受けられる。

　企業が、生産や売上を増やすために必要となる運転資金のことを増加運転資金という。企業の売上が伸びたり、手形による支払いが現金による支払いに変わるといった決済条件の変更が生じたりしたときに必要になる、増加運転資金が最も一般的な資金需要の発生要因である。

　通常、企業の売上が伸びると債権超過額、すなわち受取未了が拡大することになる。その分資金不足も拡大することになる。その資金不足を埋めるための借入が、売上増加に伴う増加運転資金である。

　また、手形で支払ったものが現金に変わる、例えばこれまで３カ月手形で支払ったものが現金払いに変わるとすると、当月、翌月、翌々月の３カ月は従来不要であった現金の支払いが発生する。その資金を新たに手当てしないと資金繰りが回らなくなる。これが決済条件変更に伴う増加運転資金ということになる。

　運転資金のうち、在庫を保有するために必要な資金のことを在庫資金という。製造業の場合、在庫としては、①仕入れた原材料である「原材料在庫」、②半製品の段階の在庫である「仕掛け品在庫」、③完成品の在庫である「製品在庫」などがある。また小売業の場合、商品を仕入れてそのまま販売するため、「商品在庫」が在庫となる。

　在庫が増える場合、以下の２つのケースがある。１つは、将来の売上増加に向けて、生産や仕入れを増やして積極的に在庫を積み増す場合である。もう１つは、生産量や仕入れは増えていないのに、売上が落ち込んで結果的に在庫が増えてしまう場合である。

　そのほか、仕入が一時期に集中することに伴う季節資金とかボーナスや納税といった大口の支払いに充てるための一過性の運転資金需要もある。

　設備資金は企業が事業継続、もしくは事業拡大のために必要とする事業用

設備に投下される資金のことで、設備の内容としては工場・事務所・店舗取得、機械・車両購入、社宅建設などがある。

　企業が活力を維持し、成長・発展していくうえでは、設備投資を継続的に行って競争力を維持していく必要がある。また、設備資金は必要な資金の額が大きいことが特徴であり、このため、設備資金は資金需要全体の中で大きな割合を占める。

　設備投資はその目的によって新しい工場の建設、製造ラインの増設など増産投資、老朽化した設備を新しい設備に取り替えるための更新投資、生産を効率化してコストを下げるための合理化投資に分類される。

　設備投資は、その設備を長期間にわたって利用することによって、時間をかけて投資資金を回収する。そのため、設備資金には返済期間が１年超の長期資金をあてるべきとされている。銀行から融資を受けて実行した設備投資がうまくいかなかった場合、その企業の存続にかかわるようなことにもなりかねない。設備資金が必要となる背景を把握するためには、日常の取引先との話の中で、過去（５～10年）にどのような設備投資を行ってきたか、現状の設備内容についてどんな評価をしているか、今後の設備投資計画をどのように考えているかといった点を確認し、事業計画の中身を十分に検証したうえで融資を実行するのが審査の基本になる。

　運転資金は短期資金として対応し、設備資金は長期資金として対応するというケースが多いが、底溜りの資金需要である経常運転資金は、長期運転資金という名目の証書貸付として実行することも行われている。銀行が審査するとき、本当に大事なことは、そのお金が貸借対照表のどの部分を補塡しているのか判断することである。在庫を補塡しているのか決済条件のミスマッチに伴う資金不足を補塡しているのか等々という点である。資金需要はお金が必要な本当の理由によって判断されるものである。

10.2　中小企業の資金調達の形態

　企業金融、すなわち企業の資金調達は、図表10.1のように、企業の内部資金を活用する内部金融と企業の外部から資金を調達する外部金融とに大きく分けることができる。つまり、カネを自分で生み出すか、他人から調達するか、である。

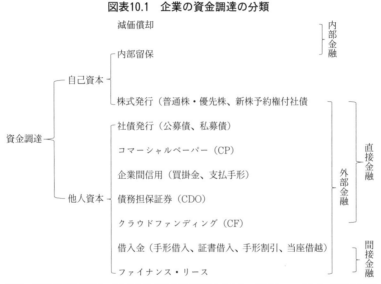

図表10.1　企業の資金調達の分類

資料：清田匡編著（2006）『中小企業金融をどう理解するか』、創風社、p.126（一部筆者加筆）。

　内部金融とは内部留保や減価償却費など企業内部で生み出される資金を用いることである。当期純利益は株主配当と利益剰余金とに分けられ、後者が内部留保となる。収益性に優れた企業で株主への配当が少ないほど、企業は内部に資金を蓄積できる。減価償却とは、その「価値の減少分」を、毎年、「会計上の費用」（コスト）として計上する仕組みである。建物、機械、パソコンなどの設備の種類ごとに、償却年限（耐用年数）が決められており、これに従って減価償却を行う。

内部資金による調達は、金融機関や投資家との間で資金の貸し借りが行われることなく、自分で保有している資金を使うだけであるため、金融の定義からすると、厳密な意味での金融とはなっていない。一般的に中小企業では内部金融で調達できる資金の量や安定性に限界がある。

　外部金融とは社外から資金を調達することであり、さらに直接金融と間接金融に分けることができる。

　直接金融とは、株式や社債、コマーシャルペーパーのように資金提供者から直接的に資金を調達する方法を指す。直接金融は、規模の大きい中小企業に用いられ、小規模の企業の利用は限定される。その代表的な方法は、株式と社債に加え、伝統的な方法である企業間信用と、新たな資金調達手法として、クラウドファンディング（後述、第11章）がある。

　株式発行は、他人からカネを調達する手段（外部金融）であるが、株式発行によって得たカネは、返済する義務はなく（元本と利息を返済する契約をしているわけではない）、自己資本とみなすのである。

　株式は、上場している株式と、上場していない株式（未公開株）とがある。中小企業が上場できる日本の株式市場には、JASDAQ（スタンダード、グロース）やマザーズがあるが、これらへの上場企業数は、2021年5月6日時点でJASDAQ（スタンダード）665、同（グロース）37、マザーズ357と、全体でも1,059社程度である[1]。

　中小企業の出資者は、現実には企業の所有者である経営者が大半である。多くの中小企業は、株式を公開していないため、経営者やその一族など既存の株主以外に対して公募で募ることは容易ではない。そのため増資を行う際は、第三者割当といった縁故者や利害関係者に対して株式を発行することで引受手になってもらうことができる。具体的には、役員、従業員、役員や従業員の家族や親族、仕入先・外注先、取引先などの社長や役員、優良顧客（個人や企業）、店舗やオフィスの所有者（オーナー）、などである。これが、いわば私募増資である[2]。2015年5月には非上場株式に一定程度の流動性を付与することを目的に「株主コミュニティ制度」が創設された。

新株発行による増資は、長期的な目的の設備投資などに活用されることが多い。また、純資産（自己資本）比率の向上につながり、対外的な信用力を付けることもできる。

社債は、確定利子付きの有価証券を発行して、債券市場で売買することで資金を調達する方法である。社債による資金調達は、公募債と私募債に分かれる。公募債は、上場会社が発行した「事業債」であり、不特定多数の投資家を対象としている。私募債は、さらにプロ私募債と少人数私募債（後述、第11章）に分かれる。私募債では、有価証券報告書等の情報開示が免除される等、発行資格要件が緩和されている。社債は、償還期間が決まっており、満期一括返済が多いため、企業の長期的な資金が調達可能になる。しかし、企業規模の小さい企業は信用力が低いことや一括返済が条件であることにより、社債の活用が限定的となっている。

コマーシャルペーパー（CP）は、1年未満の短期資金を調達するために発行される無担保単名の約束手形（証券取引法上は有価証券に分類される）である。CPを購入する側に立つと、信用度の高い企業でないと購入しづらい。そのため、一般の中小企業では、この方法による資金調達は困難である。

企業間信用とは、出資の受入や借入のように資金を入手するのではなく、取引先の了解を得て支払いを一定期間猶予してもらう方法である。原材料の仕入れ代金など商取引で生じた債務の支払いを買掛金や支払手形の形で猶予してもらう商業信用と、機械設備など固定資産を購入した際に代金の支払いを猶予してもらう延べ払いがある。この仕組みは、買い手が売り手から信用を供与されている場合に成り立つ。

企業間信用は、特に中小企業にとっては、金融機関から十分な借入ができない場合に、重要な資金調達手段の1つとなっており、「自ら生み出した資金ではない」という点では、外部資金にあたる。また、企業間信用における受取条件と支払条件が変更されると、企業の資金繰りに大きな影響を及ぼす。

債務担保証券（CDO）とは、企業が発行した社債を証券化したCBO（社債担保証券）と、金融機関が企業へ貸し出している貸出債権を証券化したCLO

（ローン担保証券）の総称である。CDOでは、企業は銀行等の金融機関からの融資を受けた上で、金融機関は貸付債権をSPC（特別目的会社）に譲渡して証券化し、市場で投資家から資金を得る。投資家に販売する際に多数の債権をプールするため、個別債権のリスク分散がなされる[3]。

間接金融とは、銀行や信用金庫・信用組合など、預金の形で個人から資金を集めて、企業や個人に貸し付ける金融機関から資金を調達する方法を指す。大きくは、借入金、支払手形、買掛金などを含む。

銀行など金融機関からの借入金は、1年以内に返済する短期借入金と、1年を超える長い期間で返済する長期借入金があり、元本を期限までに返済し、決められた金利を支払う義務がある。借入期間、金利、担保など借入条件については、借入企業と金融機関との間で、相対の交渉によって決められる。金融機関から融資を受ける場合には、支払を保証するために、担保や保証が求められる場合が多い。

外部金融としての企業間信用とは、取引関係の中で発生する企業間の貸し借りの関係のことであり、一種の支払い猶予期間が与えられた広義の資金調達手段である。日本では、大企業が与信超過（売上債権が買入債務を上回ること）、中小企業が受信超過（買入債務が売上債権を上回ること）となっていることが多く、大企業が取引先の中小企業に対して、取引関係の中で信用を与える形となっている。

ファイナンス・リースとは、借手の中小企業が選んだ機械設備などを、貸手であるリース会社が借り手の中小企業に代わって購入して貸与することを指す。設備調達の際に、リースであれば多額の資金を準備する必要がなく経営資金を有効活用することができる。つまり、中小企業が機械や設備など物件をお金で借りるという形をとっているが、実質は、分割払い購入と同じものであり、資金調達形態として広く利用されている。

ファイナンス・リース取引は、さらに「所有権移転ファイナンス・リース取引」（リース契約上の諸条件に照らしてリース物件の所有権が借手に移転すると認められるもの）と、「所有権移転外ファイナンス・リース取引」（所有権移転

ファイナンス・リース取引以外のファイナンス・リース取引）に分類される。

　戦後の日本は、極度の資金不足に悩まされたが、とりわけ中小企業においては深刻であった。戦前から中小企業金融機関として無尽会社や信用組合があったが、少数の資金融通組織では、とうてい旺盛な資金需要に応えることはできなかった。そこで1952年には、無尽会社には預貸業務を認めて相互銀行とし、また信用組合には員外貸付を認め信用事業に特化させて信用金庫とし、銀行に準じた中小企業専門金融機関としたのである。

　政府は、銀行組織の再編成によって民間の間接金融システムを整える一方で、政府金融機関も設置した。1951年には日本開発銀行、1950年には日本輸出入銀行が設立され、また、1949年には国民金融公庫、1950年には住宅金融公庫、1953年には農林漁業金融公庫と中小企業金融公庫が設立されている。こうして戦後わずかな期間において、長短金融の分離、中小企業専門金融機関、そして財政投融資計画という日本に特徴的な官民挙げての間接金融体制が整備されたのである[4]。

　間接金融を担う金融機関を整理すると、国内銀行（都市銀行、信託銀行、地方銀行、第二地方銀行、その他銀行）や信用金庫、信用組合、労働金庫、農林中央金庫、農業協同組合などの民間金融機関と、商工組合中央金庫（商工中金）、日本政策金融公庫、日本政策投資銀行、国際協力銀行といった政府系金融機関がある（図表10.2）[5]。

　このうち、信用金庫、信用組合、労働金庫、商工組合中央金庫、日本政策金融公庫は中小企業専門金融機関である。これら金融機関の規模をみるとその格差は大きく、総資産額では都銀ランキング上位の三菱UFJ銀行が348兆4,282億円（2021年3月期中間期連結）[6]なのに対し、地方銀行では、地銀ランキング上位のふくおかフィナンシャルグループが27兆1,793億円（2021年3月期連結）[7]となっている。

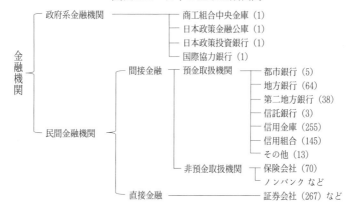

図表10.2　日本の主な金融機関

注1．（https://www.nikkin.co.jp/link/backnumber/backnumber2020/202003.html）。
　　　金融機関数は、株式会社日本金融通信社2020年3月末の業態別金融機関数である。
注2．「その他銀行」は、新生銀・Pay Pay銀行（旧ジャパンネット銀）・セブン銀・ソニ
　　　ー銀・楽天銀・あおぞら銀・住信SBIネット銀・イオン銀・auじぶん銀・大和ネク
　　　スト銀・SBJ銀・ローソン銀行・GMOあおぞらネット銀行。
注3．ノンバンクとは、銀行以外の金融機関のことで、預金の受け入れを行わずに、お金
　　　を貸すなどの与信業務に特化した金融機関のことを指す。お金を貸すために必要な
　　　資金を、銀行から借りて利用者へ貸すため、銀行と利用者との間に立つ商社的な役
　　　割を果たしているのがノンバンクである。日本のノンバンクは、信販会社、クレジ
　　　ットカード会社、消費者金融会社、リース会社、事業金融専門会社、不動産金融専
　　　門会社などがある。
資料：安達明久ほか（2018）『理論と実践 中小企業のマネジメント』p.39（一部筆者加筆）。

　都市銀行や地域金融機関のほか、保険会社、ノンバンク、地方自治体、ネ
ット銀行（新形態銀行）、外国銀行も中小企業への間接金融の役割を担ってい
る。

　預金取扱機関である都市銀行と地方銀行は、銀行法に基づいて設立された
最低資本金10億円の株式会社である。銀行の営業区域に制限がなく、全国的
な規模で営業している。特に都市銀行は、日本の金融機関の中核であり、大
都市に営業基盤を持っている。

　信用金庫は、信用金庫法に基づいて、会員出資で設立された共同組織の非
営利法人であり、銀行と同様に預金取扱に制限がない。全国各都市に営業基
盤を持つ信用金庫の最低資本金は2億円（その他は1億円）であり、営業区

域も広域に限定される。そして、会員以外への貸出は全体の20％以内に制限
されている。

　信用組合は、中小企業等協同組合法に基づいて、組合員などの出資で設立
された協同組織の非営利法人であり、大都市に拠点を持つ場合、最低資本金
2,000万円（その他1,000万円）とされている。そして、営業区域は、狭域に限
定され、組合員以外からの預金の受入は、全体の20％以内、組合員以外への
貸出は、全体の20％以内に制限されている。[8]

　2020年3月末の時点では、国内銀行109行の総貸出金残高は、476兆6,224
億円、中小企業等向け貸出は326兆4,355億円で、このうち民間金融機関貸出
が66.3％、公的金融機関貸出は7％、その他貸出は11.5％、事業債は11.3％、
CPは1.6％、その他債務証券は2.3％となっている。[9]

　金融機関別中小企業向け貸出残高は、図表10.3が示す通り、3月期では
2013年同期から5年連続で伸びている。金融機関は、低金利の下、金利の高
い貸家向け不動産貸出を積極的に推し進め、中小企業等向け比率は2018年3
月期に69.68％まで拡大している。[10]

図表10.3　金融機関別中小企業向け貸出残高

（単位：兆円）

金融機関	年 月	2013				2014			
		3	6	9	12	3	6	9	12
国内銀行銀行勘定合計		172.0	168.0	171.1	173.2	174.9	170.8	174.5	176.8
国内銀行信託勘定他		0.5	0.5	0.6	0.6	0.6	0.7	0.8	0.7
信用金庫		40.9	40.4	40.9	41.3	41.2	40.8	41.6	42.1
信用組合		9.6	9.5	9.6	9.7	9.8	9.7	9.9	10.0
民間金融機関合計		222.9	218.3	222.1	224.8	226.5	222.1	226.7	229.5
民間金融機関合計（信託勘定他を除く）		222.4	217.9	221.5	224.2	225.8	221.4	225.9	228.8
（株）商工組合中央金庫		9.5	9.5	9.4	9.5	9.4	9.5	9.4	9.6
（株）日本政策金融公庫（中小企業事業）		6.5	6.4	6.4	6.4	6.3	6.3	6.3	6.2
（株）日本政策金融公庫（国民生活事業）		6.4	6.4	6.4	6.5	6.4	6.3	6.3	6.4
政府系金融機関等合計		22.4	22.4	22.2	22.4	22.2	22.1	22.0	22.2
中小企業向け総貸出残高		245.3	240.7	224.3	247.2	248.6	244.2	248.6	251.7
中小企業向け総貸出残高（信託勘定他を除く）		244.8	240.3	243.7	246.6	248.0	243.5	247.9	251.0

年		2015				2016			
金融機関 月		3	6	9	12	3	6	9	12
	国内銀行銀行勘定合計	178.9	176.1	179.7	182.4	184.7	181.9	185.0	188.3
	国内銀行信託勘定他	0.8	0.9	1.0	1.1	1.2	1.2	1.4	1.4
	信用金庫	41.9	41.5	42.3	42.8	42.7	42.4	43.3	44.0
	信用組合	10.0	10.0	10.1	10.2	10.3	10.3	10.4	10.5
民間金融機関合計		231.7	228.5	233.1	236.5	238.9	235.8	240.2	244.2
民間金融機関合計（信託勘定他を除く）		230.9	227.6	232.1	235.4	237.6	234.6	238.8	242.8
	（株）商工組合中央金庫	9.5	9.5	9.5	9.6	9.5	9.5	9.4	9.4
	（株）日本政策金融公庫（中小企業事業）	6.2	6.1	6.1	6.0	5.9	5.9	5.8	5.8
	（株）日本政策金融公庫（国民生活事業）	6.3	6.2	6.2	6.2	6.1	6.1	6.1	6.2
政府系金融機関等合計		21.9	21.8	21.7	21.9	21.5	21.5	21.4	21.4
中小企業向け総貸出残高		253.5	250.3	254.8	258.4	260.4	257.3	261.6	265.6
中小企業向け総貸出残高（信託勘定他を除く）		252.7	249.4	253.8	257.3	259.1	256.1	260.2	264.2

年		2017				2018			
金融機関 月		3	6	9	12	3	6	9	12
	国内銀行銀行勘定合計	191.9	190.9	194.6	196.9	199.5	198.3	200.1	202.2
	国内銀行信託勘定他	1.7	1.6	1.6	1.6	1.6	1.7	1.7	1.7
	信用金庫	43.9	43.7	44.8	45.3	45.2	45.0	45.7	46.1
	信用組合	10.6	10.6	10.8	11.0	11.1	11.1	11.3	11.4
民間金融機関合計		248.2	246.9	251.8	254.7	257.5	256.1	258.8	261.4
民間金融機関合計（信託勘定他を除く）		246.5	245.2	250.2	253.1	255.9	254.4	257.2	259.7
	（株）商工組合中央金庫	9.3	9.0	8.9	8.8	8.6	8.5	8.4	8.4
	（株）日本政策金融公庫（中小企業事業）	5.7	5.7	5.6	5.6	5.5	5.5	5.4	5.4
	（株）日本政策金融公庫（国民生活事業）	6.1	6.2	6.2	6.3	6.2	6.2	6.2	6.3
政府系金融機関等合計		21.1	20.9	20.7	20.7	20.3	20.2	20.0	20.0
中小企業向け総貸出残高		269.3	267.7	272.5	275.4	277.8	276.3	278.9	281.4
中小企業向け総貸出残高（信託勘定他を除く）		267.6	266.1	270.9	273.8	276.2	274.6	277.2	279.8

注1．信用金庫における中小企業向け貸出残高とは、個人、地方公共団体、海外円借款、国内店名義現地貸を除く貸出残高。

注2．信用組合における中小企業向け貸出残高とは、個人、地方公共団体などを含む総貸出残高。

注3．2019年3月初時点での資料による。数字は遡及して改定される可能性がある。

資料：中小企業庁（原資料：日本銀行「金融経済統計月報」他より中小企業庁調べ）。

　金融機関と中小企業の日常の接点についてみると、地方銀行・第二地方銀行をメインバンクにしている企業が最も多く、その割合は約50%、信用金庫・信用組合は約25%、都銀は約20%、その他は約5%で推移しており、企業の売上規模が変化してもその比率は大きく変わらない。売上規模が大きくなるにつれて、都市銀行をメインバンクにしている企業が増えていく一方で、信

用金庫・信用組合をメインバンクにしている企業が減少していくことが分か
る[11]。

　資金調達構造を借手サイドからみると、中小企業は負債調達が中心である。
また、負債の中でも金融機関への依存度が高い。借入金依存度は、貸借対照
表で言えば、総資産に占める借入金の比率を指し、企業が保有する資産のう
ち、どの程度借入れに依存しているかを示すものである。その計算式は、借
入依存度＝総借入÷総資産×100である。総借入とは、短期・長期の借入金、
短期・長期の社債、転換社債、コマーシャルペーパー、割引手形の合計であ
る。借入依存度が50％を超えると、全体平均よりも倒産確率が高くなること
から、50％を注意が必要となる境界だと考えることができる。

　中小企業の借入依存度は、製造業・非製造業共に低下傾向にあるが、依然
として高く、負債のうち「貸出＋債務証券」に占めるCPと社債（事業債）の
比率は低い。これは、自分で生み出せる資金の量が相対的に少ないこと、直
接金融市場が中小企業には利用しづらい状況にあること、中小企業専門金融
機関が整備されてきたこと、大企業の銀行離れによって大手行が中小企業融
資を増加させたことなどが原因となっている。このような負債構造を勘案す
ると、企業の資金調達という点では、金融機関からの借入がより重要である
と考えられる。借入金依存度は企業の健全性を測る指標として用いられるた
め、中小企業は、利益の積み増し等により自己資本比率を上昇させることが
最重要と思われる。

　ところで、中小企業金融は、銀行借入を主体とした商業銀行モデルと、市
場調達を主体とした投資銀行モデルに大別することができる（図表10.4）。

　商業銀行モデルは、銀行にとっては、融資審査などのための大きな労力を
必要とし、また、バーゼルⅢに定められた自己資本比率規制により、所要自
己資本が求められるので、ファンドや証券会社などのビジネスモデルと比べ
ればレバレッジが低く、低金利下においては、低収益となる。

図表10.4　企業金融の各ビジネスモデルの特徴

	金融機関にとってのメリット・デメリット	
	好況時・平常時	不況時・危機時
商業銀行モデル	●低収益・高コスト	○市場混乱時にも機能する →安定的な資金供給
投資銀行モデル	○ハイリスク・ハイリターンの追求 →アップサイド・ポテンシャルの獲得	●市場混乱時には機能しないこともある →危機に対して脆弱
リレーションシップバンキング	●銀行の干渉によりビジネス機会を逸失する可能性もある ●高コスト	○安定した資金供給 →ダウンサイド・リスクの回避
トランザクションバンキング	○規定条件に合えば資金調達が可能	●規定条件から外れると取引が途絶 →倒産リスクが高まる
	好況時・平常時	不況時・危機時
	企業にとってのメリット・デメリット	

資料：杉山敏啓（2009）「世界的に金融危機から見つめ直す日本型金融」『政策・経営研究』2009年4号、三菱UFJリサーチ＆コンサルティング、30頁。

　金融機関による中小企業向け金融の手法としては、情報の非対称性を緩和するリレーションシップバンキングとトランザクションバンキングがある（図表10.5）。リレーションシップバンキングでは短期継続融資、トランザクションバンキングでは新しい融資手法であるクレジットスコアリングとABL（後述、第11章）が注目されている。

　情報の非対称性とは、取引相手の一方が、取引の性格を決定づける重要な情報を十分に所有していないことであり、金融取引においては貸手が借手の情報を借手と同レベルに把握することは難しいということである。この情報の非対称の緩和こそが、中小企業金融の最大の課題といえよう。

　リレーションシップバンキングとは、金融機関が顧客との間で親密な関係を長く維持することにより顧客に関する情報を蓄積し、この情報をもとに貸出等の金融サービスの提供を行うことで展開するビジネスモデルを指すのが一般的である。欧米では1980年代後半、日本では2003年に金融分析によって本格化したのである。

図表10.5 リレバンとトラバンの貸出手法の比較

	リレバン	トラバン
担い手	小規模～中規模銀行 （地域限定的）	中規模銀行～大規模銀行 （地域横断的）
重視する情報	経営者などに関するソフト情報（人柄・能力・経営判断・業界での評価・地域での風評など）マネージメントリスクを重視	信用履歴等のハード情報 ビジネスリスクを重視
経営者に関する情報	フェイス・トゥ・フェイスで入手	個人の信用履歴を活用
審査方法	面談重視 （コスト）	クレジットスコアリング （初期投資は大きいが低コスト）
融資の判断	顧客の取引店 （分散型）	ローンセンター （中央集権型）
顧客のメリット	個別ニーズへの柔軟な対応。一行取引	効率化による低金利・審査スピードの速さ。複数行取引
課題	高コスト、ソフトな予算制約問題、ホールドアップ問題など	自由度が低い。競争激化、価格低下圧力

資料：内田聡『明日をつくる地域金融―イノベーションを支えるエコシステム』昭和堂、2017年、p.88。

日本では、中小企業向け貸出は、財務諸表などのハード情報によるトランザクションバンキング（以下、トラバン）では、実行が難しい場合も多いので、しばしばソフト情報によるリレーションシップバンキング（以下、リレバン）で行われる。

ソフト情報には、ハード情報には表れにくい経営者の人柄、能力、経営判断、業界での評価や地域での風評などがあり、リレバンでは、この情報を利用して借手と貸手の間にある情報の非対称性を低下させて貸出を実行する。

銀行は、長期的な視点から、顧客企業との取引の採算性を考慮する。例えば、不況期に企業業績が悪化して、信用リスクを考慮した取引採算性が多少悪化しても、好況期には、取引採算性の改善が見込まれるので、平準化してみれば、当該企業との取引採算性は確保される。リレーションシップバンキングに該当するビジネスモデルとして、代表的なものは中小企業向け融資と考えられる。

金融取引は、そもそも異時点間の取引であるので、将来生起する状況につ

いて現時点ですべてを契約で取り決めておくことは困難である。しかし、リレバンであれば、「貸手が毎期ごとに貸出を実行する場合（短期貸出のロールオーバー）、返済期限の期ごとに借手と再交渉し、状態が悪ければ非効率なプロジェクトを清算すること[12]」ができるという利点もある。

　さらに、リレバンは「相対取引である」ということから、借手の情報が外に漏出するおそれはない。このことから、借手は、他の競争相手に知られたくない情報でも安心して開示することができる。それゆえ、貸手も正確に借手の信用リスクを把握することが可能になるという利点もある。

　このような利点があることから、リレバンは、日本の金融機関とくに地域金融機関において主たる貸出手法であり、広く活用されてきたと考えられている。とくに中小企業の場合は、企業情報が広く市場で共有されている大企業に比べて、情報のギャップが大きい（つまり、審査コストが非常に高い）ことに特徴があり、地域的にも多様である。

　しかし、リレバンは融資先が経営危機に陥ったときに、銀行は、追加融資を拒否できるのかという問題である。リレバンには、多くのコストがかかっているため、取引企業とのこれまでの融資全体が赤字でも、銀行は、追加融資で少しでも利益が出るのであれば、損失を取り戻そうとして追加融資をするなどが起こりうる。安易な追加融資は、企業のモラルハザードを誘発するので、対策としては、追加融資の実行に際して、より多くの担保を徴求するなどが考えられる。

　さらに、取引先企業は、銀行に情報を占有されるため、他の資金調達機会を逃し、借入を躊躇するという問題もある。こうした問題を軽減するには、複数行との取引を行うことが考えられるが、一方でリレーションシップの形成・維持ができなくなる可能性があるので、難しい問題ともいえる。したがって、リレーションシップバンキングは金融機関の個々の担当者の「目利き能力」が重要で、マニュアル通りの対応では実行が難しい手法でもある。この意味で人材の確保と育成にコストがかかるしくみであることは間違いない。

　また、リレーションシップバンキングにおいては、近年、「事業性評価」

という考え方が重要になってきている。つまり、これまでのような担保・保証人への依存から脱却し、ビジネスモデルと持続的な成長性に着目して企業を評価しよう、という戦略である。事業性評価は、今後の中小企業評価の新たな軸となる。

トラバンは、財務諸表貸出、資産担保貸出（ABL）、クレジットスコアリングに細分化できる。財務諸表貸出は、その名の通り企業の財務諸表からの情報評価に重点を置く貸出手法である。資産担保貸出（ABL）、利用可能な担保の質に重点を置く貸出手法で、具体的には売掛金や在庫を担保にする。なお、リレバンを行う際にも担保を取るのが普通であり、担保の種類は資金使途によって決まり、不動産貸出であれば不動産を担保にとり、運転資金であれば商品在庫などの動産を担保にする。クレジットスコアリングは消費者金融で用いられる手法を応用し、事業主の財務状況と経歴に重点を置き統計的分析を行う貸出手法である。トラバンの担い手は大手銀行であり、ローンセンター（中央集権型）がその特徴である。

10.3　制度融資

信用や担保不足のために金融機関からの借入が困難な企業に対して、各地方自治体と信用保証協会、それに民間金融機関の協調によって行われる貸付が、制度融資である（図表10.6）。地方自治体は融資に必要な資金の一部を指定金融機関に預託し、金融機関が地方自治体の定める条件で低利な資金を中小企業者に融資する[13]。

もし、なんからの事情で保証付き融資を受けた中小企業が、債務を返済できなくなった場合、信用保証協会は、中小企業に代わって保証した債務を民間金融機関に弁済（代位弁済）し、当該中小企業と相談しながら、代位弁済した額を回収する。債務を回収できずに損失が生じた場合、予め結んでいた日本政策金融公庫からの保険でカバーする。

すなわち、各自治体等により設立された信用保証協会が金融機関に対して、

中小企業の債務を保証する「信用保証」機能と、これを日本政策金融公庫に
よって再保険される「信用保険」機能とを連結した制度である。

図表10.6　信用補完制度の仕組み

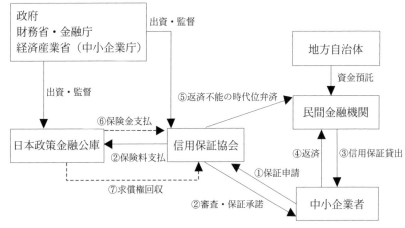

注：①〜④は保証申し込みから返済まで、⑤〜⑥は事故による代位弁済から弁済まで。
出所：全国信用保証連合会HP（http://www.zenshinhoren.or.jp/）より筆者作成。

　通常の信用保証制度に加えて、地方自治体と保証協会の提携、または地域
の金融機関と保証協会の提携による制度融資がある。各自治体による制度融
資は、保証料補給、損失補塡を行うことで通常の信用保証制度よりも保証料
率を低く設定している[14]。

　制度融資には二つの機能がある。一つは、緊急避難的な機能である。例え
ば、1998年にみられたような急激な「貸し渋り」に対応して新設された「中
小企業金融安定化特別保証」は、その最たるものであろう。また、2020年度
上期末時点における取引先中小企業のうち、融資を行った企業の割合は38.4
％、そのうち信用保証付き融資を利用した割合は71.6％、新型コロナウイル
ス感染症対応資金を利用した先の割合は56.0％となっている[15]。もう一つは、
構造改革政策としての機能である。これは、たんに金融の問題としてとらえ
るのではなく、公的資金を使った産業政策であると理解する必要がある。

　ここで、融資というのは、いくつかの業務の集合体であり、①事前的段階（貸出方針・審査基準・回収方針の決定、マーケティング、貸出の開拓など）、②審査・決定段階（貸出先の審査・貸出条件の決定・貸出の決定）、③貸出実行段階（資金供与、保証・担保設定など、リスクの引受・管理［金利リスク・信用リスク］）、④期中監視段階（貸出先のモニタリング［期中審査］）、⑤事後的段階（貸出の返済金受領・回収・担保処分）、などに分解（アンバンドリング）されるものと理解される。

　この融資のうち、③の貸出実行段階でのリスクの引受・管理を外部化することを担うのが、中小企業金融における公的な信用補完制度である。信用リスクが生じたときに一定の契約に基づき、貸出債権の代位弁済をおこなうことによって、リレーションシップバンキングの遂行を円滑化すると考えられる[16]。

　図表10.6にみられるように、各地域の信用保証協会は、地域内の中小企業から保証料を徴収して、その借入を保証している。基本保証料率（年率）は、9段階に分けられ、推定デフォルト（債務不履行）確率の低い優良企業は区分⑨に当たり、0.45％の低い保証料率で保証が受けられる。一方、推定デフォルト確率の高い企業は、区分①（1.90％）に近づき、保証料率が高くなる。

　個々の協会は、保証の金額や期間、保証の種類などに応じて基本料率（1.35％）と異なる料率を定めることができるが、実際は、基本料率と同じ料率が用いられるケースが多い。その結果、協会ごとの保証料率の差異は小さい。

　個々の協会は、全国レベルの信用保険に加入しており、中小企業から受け入れた保証料の中から公庫に保険料を支払う。保険料率は、保険の種類ごとに定められており、例えば、一般向けの「普通保険」や無担保保険では、保証金額のうち保険でカバーされる部分の0.87％（年間）である。

　ちなみに、中小企業金融の特徴としては、一般に自己資本比率が低く[17]、外部からの資金調達に頼らざるを得ないこと、株式や社債の形で資本市場から資金を調達することが困難なため、主に金融機関からの借入によって資金を賄う必要があり、1件当たりの資金ロットが小さいという「小規模性」があること、などがあげられる。これは、資金供給側の銀行などにとっては融資

のコスト上昇とリスクの高さ、中小企業サイドにとっては資金調達の困難化や資金コストの上昇につながることを意味する。制度融資は、このような中小企業の金融機関からの資金調達を補完するものである。

演習問題

1．リレーションシップバンキングが中小企業向け融資において有効なのはなぜか説明しなさい。
2．中小企業専門金融機関について述べなさい。
3．信用補完制度について述べなさい。

注

1　日本取引所グループ（https://www.jpx.co.jp/listing/co/index.html/2021年5月11日アクセス）。
2　塩見哲〔2021〕、pp.238-239。
3　関西学院大学岡村ゼミナール岩橋班「国内非上場会社の資金調達について」（http://shougakuren.jp/mwbhpwp/wp-content/uploads/7b5fa8069dd4d629951c401bfe6b0d8e.pdf）
4　大坂良宏「中小企業金融と金融制度改革―未公開株取引の解禁とその限界―」（https://www.u-bunkyo.ac.jp/center/library/image/KEIEI41-58_343.pdf）。
5　岡室博之〔2016〕、pp.197-215。
6　https://www.mufg.jp/dam/ir/fs/2020/pdf/summary2009_ja.pdf（2021年4月29日閲覧）。
7　http://www.fukuoka-fg.com/investor/finance.html（2021年4月29日閲覧）。
8　関智弘〔2020〕、p.75。
9　大和総研「新型コロナ禍の企業の資金調達環境にみられる特徴と今後の展望」2020年9月10日（https://www.dir.co.jp/report/research/capital-mkt/securities/20200910_021761.html）。
10　「地方公共団体・中小企業等向け貸出金残高」調査銀行109行（2020年3月期決算）：東京商工リサーチ（tsr-net.co.jp）。
11　中小企業庁委託「中小企業の資金調達に関する調査」（2015年12月、みずほ

総合研究所（株））。

12　村本孜〔2005〕、pp. 6 - 7。

13　渡辺幸男ほか〔2006〕、p.281。

14　制度融資には各都道府県のものと、各市町村が用意する2種類あるが、これらを同時に利用することはできない。そして保証協会の保証を使う場合、融資の金利とは別に信用保証料がかかる。それに金融機関・保証協会と2つの機関で審査が必要なため、直接融資を行う日本政策金融公庫などと比べて融資がおりるまでに時間がかかる。

15　株式会社日本政策金融公庫 中小企業事業本部 保険企画部 保険分析グループ（2020年4月20日）。

16　村本孜「イノベーションと中小企業金融」、『中小企業総合研究』第2号、2005年1月、p.12。

17　清田匡〔2006〕によると、日本の中小企業における自己資本比率の低さは、必ずしも中小企業の安全性が常に低いことを示すものではない。税制等の制度的環境から、資本金を少なくしておく方が有利であるという判断も働いていたのである。このため、経営者からの借入を資本に繰り入れない、また、金融機関から継続的に借り入れることができる資金を「疑似資本」としてみなすといった状況も背景にあったのである。

参考文献

内田聡「金融危機後のメインストリート金融」『日本政策金融公庫論集』日本政策金融公庫、pp.71〜96、2010年11月。

清田匡編著〔2006〕『中小企業金融をどう理解するか』創風社。

小泉保彦〔2010〕『SEのための金融入門』［第2版］、金融財政事情研究会。

塩見哲〔2020〕『中小企業の資金調達大全』、日本法令、p.10より引用。

関智弘編著〔2020〕『よくわかる中小企業』、ミネルヴァ書房。

岡室博之〔2016〕『中小企業の経済学』、千倉書房。

中島真志〔2015〕『入門 企業金融論』、東洋経済新報社。

高田亮爾ほか〔2011〕『中小企業論』〔増補版〕、同友館。

村本孜「イノベーションと中小企業金融—ベンチャー・ファイナンス、信用補完、市場型間接金融—」、『中小企業総合研究』第2号、2005年11月、pp. 1 -11。

薮下史郎・武士俣友生〔2006〕『中小企業金融入門』〔第2版〕、東洋経済新報社。

渡辺幸男ほか〔2001〕『21世紀中小企業論—多様性と可能性を探る』〔新版〕、有斐閣アルマ。

第11章

中小企業金融実務

【ポイント】

内部金融と外部金融は、貸借対照表上の資本の部と負債の部による調達手法である。さらに、第3の手法として資産の部がある。これは、企業が保有する債権や不動産などの資産を流動化することなどにより資金を調達する手法である。具体的には、ABL（動産・債権担保融資）などである。

外部金融としては、保証付き少人数私募債やクラウドファンディングという新たな資金調達手段の登場により、小口・多数の資金融通が可能となっている。

11.1　中小企業の資金繰り

企業の経営資源の中でも資金は、倒産に直結する経営資源であり、その意味では、「資金をいかに融通するか」という問題、つまり、金融問題は企業にとってまさに死活問題といえる。

仮に1,000万円赤字でも、お金があれば倒産しない。しかし、反対に1,000万円黒字であっても、お金が続かなければ即アウトである。

中小企業の資金調達の最も重要な要素として、「必要な資金量を確保できるか」ということがある。これは、いわゆる資金繰りに近い。日本の中小企業は経営活動に必要な資金の多くを金融機関からの借入と、外部の企業からの信用という形で調達している。そして、中小企業の資金調達の大半は短期

の借入である。

　中小企業の資金繰りD.I.（前期比季節調整値）は、リーマン・ショック後に大きく落ち込み、その後は東日本大震災や2014年4月の消費税率引上げに伴い一時的に落ち込みが見られたものの、改善傾向で推移してきた。2019年以降は、やや低下傾向で推移する中で、感染症流行による売上げの急激な減少と、それに伴うキャッシュフローの悪化により、2020年第2四半期に大きく下落した。これは、リーマン・ショック時を大きく上回る下落幅となったが、第3四半期には大きく回復した。足元では、資金繰りD.I.は再び低下している[1]。

　2020年4月1日に公表された日銀短観の「資金繰り」判断D.I.では、産業全体の悪化は限定的であったものの、「宿泊・飲食サービス」「業務用機械」「自動車」など、一部の業種では顕著な悪化が見られた（図表11.1）。また、東京商工リサーチが2020年3月27日から4月5日にかけて実施したアンケートでは、企業の約半数が資金繰りに懸念を有しており、「1カ月以内」で決済に不安が生じると回答した企業は5％強、「3カ月以内」と回答した企業は4割弱に上った。今後、自粛要請が長期化する事態となれば、資金繰りに窮する企業が、一段と増えることは間違いないと見られる[2]。

図表11.1　中小企業の資金繰り（D.I.）

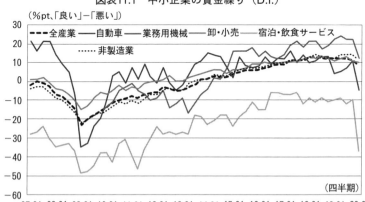

資料：https://www.nli-research.co.jp/report/detail/id=64252?site=nli
（原資料：日本銀行「短観」）

　スモールビジネスを行う事業者に向けて金融・財務サービスを提供する freee finance lab 株式会社が2020年6月に行った調査結果によると、中小企業・小規模企業が過去1年間に調達した資金の使途は「賃金・経費の支払」が最多回答であった（図表11.2）。

　この調査結果によると、資金繰り状況が悪かった理由の上位は「売上減少」と「経費の増加」となっており、今後1年間に「資金調達が必要」と答えた事業者42.1％のうち、「資金調達の目途が立っていない」と答えた割合は59.1％となっている。資金繰りに困らないために最低限必要な手元資金は、「平均月商の2～3カ月分」といわれている。

図表11.2　中小企業が調達した資金の使途

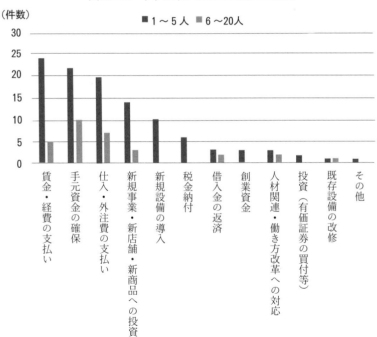

資料：freee finance lab 株式会社｜スモールビジネスの資金繰りに関する調査
（https://www.freee.co.jp/finance/contents/01/2021/07/29）

11.2 資金調達の優先順位

　中小企業は、慢性的な資金不足の中で資金繰りを行っているのが実態なのである。したがって、中小企業は、資金調達の優先順位を探ることが極めて重要である。

　資金調達を大別すると、8つの方法がある。この8つには、優先順位がある。優先順位を含めてマトリックスとしてまとめたのが、次の図表11.3である。[4]

　この優先順位は、当然のことながら次のような背景をベースとして順位付けられている。

①自由に使える上に、返済の義務がない。

②返済義務はあるが当面の返済はない。

③調達した資金にコスト負担がない。

④コストはかかるが負担は少ない。

図表11.3　中小企業の資金調達を考える場合の財務関係図

Cash	Asset	Debit		Equity
		Short	Long	
No cost	3	6	5	1
Cost	4	8	7	2

1. 利益
2. 増資
3. コストのかからない資産
4. コストのかかる資産
5. コストのかからない長期債務
6. コストのかからない短期債務
7. コストのかかる長期債務
8. コストのかかる短期債務

資料：塩見哲〔2021〕『中小企業の資金調達大全』日本法令、p.11。

　つまり、企業経営にとって返済義務のない、かつ、コスト負担がない資金を調達するのが最善なのは当然である。逆に、最も効率の悪い資金調達は、調達した資金の全額を早期に返済しなくてはならない上にコスト負担が大きいというケースである。

　昨今の資金調達方法は、多様化しているが、大きく分けると「自己資金」「出資を受ける」「融資を受ける」「補助金・助成金」「その他」がある[5]。融資は、「安定性」、出資は「成長性」が期待されている。

(1)　自己資金・自由に使える上に、返済の義務がない。

　・法人の預貯金の他、役員の個人資産

(2)　出資を受ける・自由に使える上に、返済の義務がない。

　・ベンチャー・キャピタル（VC）や個人投資家（エンジェル）からの出資

　・親や親族などからの出資

(3)　融資を受ける・早期返済の義務があり、コスト負担も大きい。

　・民間金融機関や公的金融機関からの借入

　・親や親族などからの借入

(4)　補助金・助成金・自由に使える上に、返済の義務がない。

　・国や地方自治体などの補助金・助成金

(5)　その他・返済義務はあるが、当面の返済はない。

　・社債の発行

　・クラウドファンディング

　「2017年版中小企業白書」には、実際に創業間もない企業がどのような資金調達方法を利用しているかを、企業の成長タイプに分けて調査した結果が出ている。成長タイプとは、創業後5年以上10年以内の企業を、次のように分けたものである。

（1）高成長型

　新興市場上場企業の創業期以上に売上高伸び率が高い企業

（2）安定成長型

　小規模事業者から中規模企業と、創業時に比べて現在の企業規模が拡大し

ている企業

（3）持続成長型

　小規模事業者から小規模事業者、中規模企業から中規模企業または小規模
事業者といったように、創業時と現在の企業規模を比較して、企業規模が変
化していないまたは企業規模が縮小している企業

　安定成長型を例に取ると、図表11.4の通り、創業期は、「経営者本人の自
己資金」の割合が最も高く、次いで「家族・親族、友人・知人等からの借入
れ」、「民間金融機関からの借入」の順になっている。一方、成長初期と安定・
拡大期は、「民間金融機関からの借入」が第1位、政府系金融機関からの借
入が第2位となっている。このことからも、安定成長型の企業は、創業期に
は経営者の自己資金や家族・親族等からの借入により資金調達をしているが、
成長初期、安定・拡大期と成長段階が進むにつれて、経営者の自己資金や家
族・親族等からの借入で資金調達を行わずに、金融機関や公的補助金・助成
金等の外部から資金調達を行う企業が増加していることが見て分かる。

図表11.4　安定成長型企業が成長段階ごとに利用した資金調達方法

	第1位	第2位	第3位	第4位	第5位
創業期に利用した資金調達方法（n＝677）	経営者本人の自己資金（82.3%）	家族・親族友人・知人等らの借入（39.3%）	民間金融機関らの借入（39.3%）	政府系金融機関からの借入（28.2%）	公的補助金・助成金の活用（12.6%）
成長初期に利用した資金調達方法（n＝646）	民間金融機関からの借入（72.9%）	経営者本人の自己資金（46.4%）	政府系金融機関からの借入（40.9%）	家族・親族、友人・知人等からの借入（22.0%）	公的補助金・助成金の活用（19.8%）
安定・拡大期に利用した資金調達方法（n＝546）	民間金融機関からの借入（78.4%）	政府系金融機関からの借入（42.6%）	経営者本人の自己資金（40.2）	公的補助金・助成金の活用（22.9%）	家族・親族、友人・知人等からの借入（13.8%）

注1．安定成長型の企業の回答を集計している。
注2．各成長段階で利用した、利用している資金調達方法について、それぞれ回答割合が高い
　　　上位5項目を表示している。
注3．複数回答のため、合計は必ずしも100%にはならない。
資料：中小企業庁：『中小企業白書（2017年版）』p.201。

　次の図表11.5は、安定成長型企業が成長段階ごとに利用したかった資金調達方法を示している。

　安定・拡大期に利用したかった資金調達方法として、第1位はベンチャー・キャピタル、投資組合・ファンドからの出資、第2位はクラウドファンディングの活用等、図表11.4には出てなかった項目が出ており、希望と現実にギャップがあるといえよう。特に、成長初期に補助金・助成金や出資を希望していたものの、実際には金融機関からの借入や自己資金で調達するケースが多いことが分かる。これらが資金調達の際の社会的制度のあり方としての今後の課題とも言える。

図表11.5　安定成長型企業が成長段階ごとに利用したかった資金調達方法

	第1位	第2位	第3位	第4位	第5位
創業期に利用したかった資金調達方法（n＝179）	民間金融機関からの借入（45.3%）	政府系金融機関からの借入（41.3%）	公的補助金・助成金の活用（36.9%）	ベンチャー・キャピタル、投資組合・ファンド等からの出資（34.6%）	民間企業、基金、財団その他の団体からの出資（31.8%）
成長初期に利用したかった資金調達方法（n＝126）	公的補助金・助成金の活用（44.4%）	民間企業、基金、財団その他の団体からの出資（43.7%）	ベンチャー・キャピタル、投資組合・ファンド等からの出資（42.9%）	個人投資家からの出資（39.7%）	クラウドファンディングの活用（38.1%）
安定・拡大期に利用したかった資金調達方法（n＝546）	ベンチャー・キャピタル、投資組合・ファンド等からの出資（44.5%）	クラウドファンディングの活用（44.5%）	公的補助金・助成金の活用（42.7%）	民間企業、基金、財団その他の団体からの出資（40.0%）	個人投資家からの出資（37.3%）

注1．安定成長型の企業の回答を集計している。
注2．各成長段階で利用したかったができなかった、利用したいができない資金調達方法について、それぞれ回答割合が高い上位5項目を表示している。
注3．複数回答のため、合計は必ずしも100%にはならない。
資料：中小企業庁：『中小企業白書（2017年版）』、p.202。

11.3 負債による資金調達：私募債の発行

　私募債とは、特定の投資家、または少数の投資家のみを対象として発行される債券のことであり、発行体と特定の関係にある者を対象として発行されるという意味で「縁故債」とも呼ばれる。

　このうち、銀行、証券会社、保険会社などの適格機関投資家のみを対象とする私募債を、プロ私募債、あるいは、銀行引受私募債と言う。また、50人未満を対象とする私募債のことを少人数私募債という。

　少人数私募債は、親族、従業員、取引先など、自社にとって身近な人たち（「縁故者」という）を対象として発行され、少数（50人・社未満）の投資家が直接引き受ける社債である。

　銀行引受私募債は、銀行が100％保証を行うケースと信用保証協会が80％保証するケースの2つがある。銀行引受私募債は、全額を1つの金融機関が引き受ける。発行企業は、引受銀行に対して財務代理人や引き受けの手数料を支払う必要があるが、少人数私募債では、基本的に銀行が関与しないため、手数料は特に必要がない。また、銀行引受社債では、銀行が設定する財務条件などの資格要件を満たしていないと発行することはできないが、少人数私募債では、身近に引き受けてくれる縁故者がいれば、資格要件に関係なく、発行することができる。

　このように、私募債は、引き受ける投資家が少数または特定の投資家に限定されていることから、発行企業の資格要件が緩和されているほか、経営内容を開示するディスクロージャーの義務が免除されており、また発行の手続きも簡素化されている。このため、中堅・中小企業に適した発行の形態となっている[6]。

　中小企業にとっての私募債の位置づけは、一様ではないが、大体図表11.6のようになっている。近年、特に信用保証協会保証付私募債の発行が注目されるようになっている[7]。

図表11.6　企業の成長ステージと私募債の位置づけ

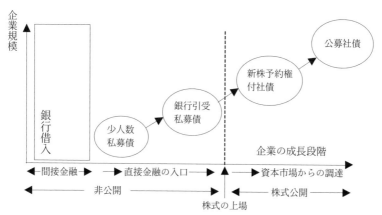

注：この図はあくまで、企業規模・成長段階と社債の対応のイメージである。
資料：中島真志〔2015〕『入門企業金融論』東洋経済新報社、p.200と株式会社青森銀行
　　　ホームページより筆者作成。

（1）信用保証協会保証付私募債の特徴

・「無担保」「無保証人」で利用できる。経営者の個人保証や第三者保証の
　必要がない。

・長期固定金利による安定した資金調達が図れる。

・一定の要件を満たす会社が発行できるので、この制度の適用を受けた企
　業の評価の高まりが期待できる。

・資本市場への入口として活用し、株式上場上に向けての第一歩としても
　活用できる。

（2）保証の要件

　信用保証協会保証付社債発行の保証要件は図表11.7の通りである。発行額
の80％が限度となり、保証金額が2億円を超えると担保が必要となってくる。

図表11.7　信用保証協会保証付私募債保証制度の概要

保証形態	保証協会80％、金融機関20％の共同保証方式
発行額	1回の最低発行額は3,000万円で、発行最高限度額は5億6,000万円
発行形式	振替債（ペーパーレス化された債券）
資金使途	運転資金又は設備資金
保証期間	2年以上7年以内
返済方法	一括償還もしくは定時償還（分割償還、6カ月ごと償還）
保証料率	信用保証協会所定の料率
社債金利	銀行所定の金利
担保	保証金額2億円（発行額2億5,000万円）を超える場合は、担保が必要
保証人	不要（金融機関が社債元利金の償還について共同保証人となる）

資料：東京信用保証協会ホームページより筆者作成。

（3）信用保証協会保証付私募債のスキーム

　信用保証協会の保証付私募債のスキームは、図表11.8に示す通りである。

　「信用保証協会保証付私募債」は、一定の適格基準を満たすお取引先が発行する社債（私募債）について、その元利金支払いを信用保証協会と銀行が全額保証するものである。銀行は、その社債（私募債）を総額引受し、発行手続きから償還までの一連の事務を代行する。

　初めて私募債を発行する場合、通常の借入とは異なる勘定科目を設定するなど、会計処理が変更となる可能性がある。そして、私募債の発行には、社債利息のほか、社債発行関連手数料、保証料、"ほふり"への新規記録手数料等の費用が発生する。私募債の利用にあたっては、保証機関（銀行）の審査が必要となる。また、信用保証協会保証付私募債については、銀行および信用保証協会の審査が必要となる。

　銀行の保証付私募債については、大手のメガバンク、地銀などが数年前から取り組んでおり、東京都では、複数の保証協会保証付融資をまとめて債権化する、債権の証券化スキーム組成の実績もある。

図表11.8　信用保証協会保証付私募債のスキーム

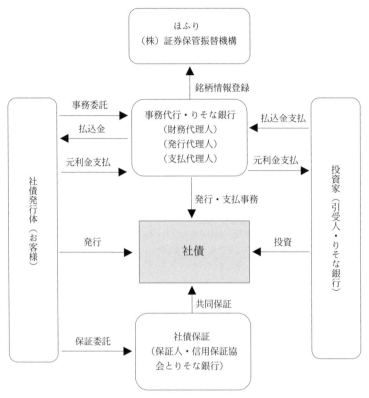

注：上記スキーム図を基に、各関係者の役割を紹介すると、以下のようになる。

1．中小企業が、私募債を発行する。銀行は、中小企業が発行された私募債を買い受ける。

2．発行実務のほとんどは銀行が代行する（発行代理人・支払代理人・資金決済業務については銀行が選任した第3者に委託する場合がある）。

3．保証機関（銀行および信用保証協会）は、発行される私募債に保証を付けることで、私募債の信用補完を行う。信用保証協会が80％、銀行が20％連帯保証を行う。

4．振替機関（ほふり）は、社債権者の権利を登録・管理する機関である。（株）証券保管振替機構（略称ほふり）は、国債の振替機関である日本銀行を除き日本では唯一の振替機関で、昭和59年12月に法務大臣、大蔵大臣（現財務大臣）より設立許可を受け財団法人として発足、平成14年に株式会社化され、「振替債」の銘柄管理、残高管理等を行っている。

資料：りそな銀行ホームページより筆者作成。

（4）私募債の適債基準

　「信用保証協会保証付私募債」を発行できる企業は、以下の適債基準を満たし、信用保証協会の保証が受けられる会社に限られる（図表11.9）。

図表11.9　私募債の適債基準表

1	純資産額	5千万円以上 3億円未満		3億円以上 5億円未満		5億円以上	
2	自己資本比率	20％以上	何れか1項目以上	20％以上	何れか1項目以上	15％以上	何れか1項目以上
3	純資産倍率	2.0倍以上		1.5倍以上		1.5倍以上	
4	使用総資本事業利益率	10％以上	何れか1項目以上	10％以上	何れか1項目以上	5％以上	何れか1項目以上
5	インタレスト・カバレッジ・レシオ	2.0倍以上		1.5倍以上		1.0倍以上	

注1．純資産額→企業の基礎体力を図る指標＝自己資本
注2．自己資本比率→企業の財務的安全性を図る指標＝自己資本（純資産額）/資産×100（％）
注3．純資産倍率→企業の財務的な健全性を図る指標＝自己資本（純資産額）/資本金
注4．使用総資本事業利益率→企業の総合的な収益力を図る指標＝営業利益＋受取利息配当金/資産×100（％）
注5．インタレスト・カバレッジ・レシオ→企業の金利負担能力を図る指標＝営業利益＋受取利息配当金/支払利息割引料
資料：　株式会社愛知銀行ホームページより筆者作成。

（5）A社の事例

　東京信用保証協会共同保証付（A銀行との共同保証）の中小企業（A社）の社債による資金調達の事例をみることにする。

　A社は、2004（平成16年）8月10日、A社第5回無担保社債（A銀行・東京信用保証協会共同保証付）の発行を、取締役会で決議した。その主要項目は、それぞれ図表11.10、図表11.11、図表11.12、図表11.13において示している。A銀行引き受けの私募債によりA社は、4年満期の1億円の資金調達に成功している。

　A社によれば、私募債のメリットは、期日一括返済（分割返済ではなく）も可能であるため、安定した資金を確保できることであった（一般の銀行引受私募債は、半年毎償還、つまり、5年なら10回分割である）。デメリットは、表面金利は低いが、オールインコストは、一般融資金利より若干高いことである。

図表11.10　A社第5回無担保社債主要項目の表示

（1）発行体名	A株式会社（以下諸契約において甲という）
（2）取締役会決議日	平成16（2004）年8月10日
（3）社債の名称	A株式会社第5回無担保社債（株式会社A銀行・東京信用保証協会共同保証付）
（4）社債の総額	金1億円
（5）各社債の金額(*)	1,000万円の1種
（6）利率	年0.95%
（7）払込期日（発行日）	平成17（2005）年8月29日
（8）利息支払い日	毎年2月27日および8月27日
（9）償還期日	平成22（2010）年8月27日
（10）共同保証人 （以下　保証人という）	株式会社A銀行（以下諸契約において乙という）：保証割合100% 東京信用保証協会（以下諸契約において丙という）：保証割合90%
（11）財務代理人及び連絡先	株式会社A銀行 〒100－000　東京都千代田区　　町　丁目　番号　資本市場部
（12）保証債務履行事務代理人	株式会社A銀行
（13）総額引受人	株式会社A銀行
（14）登録機関	株式会社A銀行
（15）元利金支払い場所	株式会社A銀行　東京営業部
（16）社債権者集会開催地	東京都

注1．取材先の意思に従い、図表11.10において、私募債発行例を匿名にて示している。筆者が過去に取材したケースで見ると、少人数私募債のポイントが、社債総額の決定、投資家の選定、社債1口の金額の決定であった。そして1口100万円の私募債がほとんどであった。
注2．(*) 社債の総額が5億円の場合のみ1億円のI種と記入。
資料：A社の資料より筆者作成。

図表11.11　A社の社債発行手数料に関する表示

（1）財務代理手数料	155万円
（2）元利金支払い手数料	元金償還の場合　支払元金の10/10000
	利金支払の場合　支払利金の20/10000
（3）引受手数料	50万円（引受金額の50/10000）
（4）応募者登録手数料	10万円（登録額面金額の10/10000）

注：応募者登録手数料を除く手数料には、別途消費税がかかる。
資料：A社の資料より筆者作成。

図表11.12　A社の社債発行コスト

発行額：1億円　　　　　　　　　　　　　　　　　　　　　　（単位：千円）

平成16（2004）年8月4日付 インディケーション		料率 （%）	5年債
条件	利率(%)	―	0.95
	発行価額(円)	―	100.00
当初費用	財務代理手数料	0.30％＋0.25％×年限	1,550
	当初登録手数料	0.10%	100
	引受手数料	0.50%	500
	保証協会保証料	0.85％×年限	3,825
	当行保証料	0.85％×年限	425
	小計（A）	―	6,400
中期費用	利金支払手数料	都度0.20%	10
	元金償還手数料	0.10%	100
	支払利息	―	4,750
	小計（B）	―	4,860
総費用（A）＋（B）			11,260
オールインコスト【額面ベース】【手取額ベース】（%）			2.252（2.406）
ランニングコスト【額面ベース】【手取額ベース】（%）			0.972（1.039）

（参考）コスト算定式

オールインコスト【額面ベース】[【手数料ベース】](%)＝(当初費用＋期中費用)×100/発行額×年限[(当初費用＋期中費用)×100/(発行額－当初費用)×年限]

ランニングコスト【額面ベース】[【手取額ベース】](%)＝期中費用×100/発行額×年限[期中費用×100/(発行額－当初費用)×年限]

資料：A社の資料より筆者作成。

図表11.13　A社の5年債のキャッシュフロー（試算）

時期	元金	当初費用*	利金	利金支払手数料	消費税	保証料	元金償還手数料	消費税	合計
発行時	100,000,000	−2,252,500				−4,250,000			93,497,500
6か月後			−475,000	−950	−47				−475,997
1年後			−475,000	−950	−47				−475,997
1年6か月後			−475,000	−950	−47				−475,997
2年後			−475,000	−950	−47				−475,997
2年6か月後			−475,000	−950	−47				−475,997
3年後			−475,000	−950	−47				−475,997
3年6か月後			−475,000	−950	−47				−475,997
4年後			−475,000	−950	−47				−475,997
4年6か月後			−475,000	−950	−47				−475,997
償還時	— 100,000,000		−475,000	−950	−47		— 100,000	−5000	— 100,580,997
合計	0	— 2,252,500	−4,750,000	−9,500	−470		— 100,000	−5000	−11,367,470

注1．発行代り金の入金日：発行日の2営業日後。利金並びに利金支払手数料引落日：支払日の3
　　　営業日。保証料引落日：支払日当日。償還資金並びに償還手数料引落日：償還日の3営業日
　　　前。
注2．当初費用の内訳は以下の通りである。

＊当初費用の内訳	手数料額	消費税	合計
財務代理手数料	1,550,000	77,500	1,627,500
当初登録手数料	100,000	0	100,000
引受手数料	500,000	25,000	525,000
合計	2,150,000	102,500	2,252,500

注1．上記キャッシュフローの試算は、図表7−11に記載した条件例を前提として作成している。
注2．私募債発行に伴うキャッシュフローは、手数料の支払いを中心にA社の支払が発行時にウェ
　　　イトが高くなってるのが特徴である。
注3．A銀行の保証料は日割で計算するため、実際の支払額は実日数に応じ変動する。
注4．上記キャッシュフローの試算には各手数料に関わる消費税も含まれている。なお、登録手数
　　　料については、消費税は非課税である。
資料：A社の資料より筆者作成。

11.4 資本による資金調達：クラウドファンディング（CF）

　クラウドファンディングとは、資金を調達したい個人や企業と、資金を運用したい不特定多数の個人とを、運営会社がインターネット上のプラットホームでマッチングさせるサービスである。資金調達者が必要な金額を申し出て、資金提供者が資金使途やリスクを勘案して提供に値すると考えれば実行される。

　概念としてのクラウドファンディングの歴史は長く、直接的なルーツは18世紀に遡るとも言われている。ただ、クラウドファンディングが世界的に広く認知されるようになったのは、2008〜2009年にかけて米国のINDIEGOGO（インディゴーゴー）やKickstarter（キックスターター）といったインターネットを活用したかたちのプラットフォームが登場してからである。

　日本では、2011年３月にReady for（レディフォー）が初めてクラウドファンディングサービスを開始し、金銭的見返りを求めない非金融系のクラウドファンディングを中心に認知が広がった。その後、2015年に金融商品取引法の改正の中で、金融取引としてのクラウドファンディングに係る制度や事業環境の整備が行われ、電子募集取扱業務という枠組みが定められ、投資型のクラウドファンディング事業のうち、ファンドに関する募集または私募の取り扱いが可能になった。[8]

　2015年５月29日からはインターネットで手軽に中小企業の株式が購入できるようになったことで、クラウドファンディングが強い注目を集めた。

　クラウドファンディングの特徴は、①資金使途に商品開発から地域振興や社会問題解決までを含み、幅広い点、②資金の必要性をプラットフォームやフェイスブック、さらにはオフライン（対面）を使ってアピールする点、③資金調達後も、これらを利用して資金提供者へ活動の進捗状況などを報告したり、時には交流したりする点などである。[9]また、とくに商品開発では、資金の調達を通じて当該商品の潜在的需要を推し量ることもでき、直接的なコ

ストがかかることなくマーケティングとして機能している点も特徴である。資金提供者が好みや要望を述べることで、クラウドファンディングは、顧客と企業が協働して価値を生み出す仕組みとなっている。

　次に、資金提供者側からクラウドファンディングの特徴をみると、提供者が金銭的リターンばかりでなく、提供した資金がどのように使われるのかという、社会的リターンにも興味を持っている点にある。そして、時には（商品開発に限らず）事業活動そのものを応援し、参加することさえある。資金の受け手と出し手の間に仲介が入ることなくソーシャルメディアを利用したこの新しい金融手法の登場によって、小口・多数の資金の融通を専門領域とする信用金庫・信用組合の存在意義はますます揺らぐこととなる。

　クラウドファンディングには、寄付型、購入型、投資型という3つのタイプがある。投資型は、また貸付型、株式型、ファンド型の3つに分けられる（図表11.14）。

　寄付型とは、ウェブ上で寄付を募るもので、基本的に支援者にリターンはなく、プロジェクト起案者、支援者ともに社会貢献を目的としている傾向がある。資金の提供先は、主に非営利団体であり、災害復旧、環境保全、海外の難民救済、病気のこどもたちへの支援といった、共感性が高いプロジェク

図表11.14　クラウドファンディングの仕組みと種類

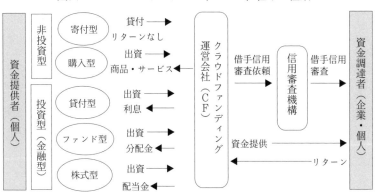

資料：創業手帳株式会社『創業手帳』Ver.82、p.19（2021年1月29日）より筆者作成。

トが多いのが特徴である。資金調達規模は、数万円から数百万円までとされている。

購入型とは、ウェブ上でモノづくりなどのプロジェクトに対して資金調達が行われ、購入者から前金で集めた代金を元手に製品・サービスを開発し、その対価としてプロジェクトの成果となるモノやサービスが購入者に還元される仕組みである。出資した資金は、返還されない。音楽制作事業、ゲーム制作事業、電気製品、雑貨、地酒、衣料品製造等がプロジェクト起案者となり、数万円から数百万円まで調達できる。2017年度の国内クラウドファンディングの新規プロジェクト支援者数全体の58％が購入型クラウドファンディングである。[10]

投資型クラウドファンディングは、さらに貸付型、株式型、ファンド型の３つに分けられる。その資金調達者は、音楽関連事業、食品、酒造、衣料品、電気製品、雑貨等の事業、システム開発事業等であり、貸付型の資金調達規模は数十万円から数億円；ファンド型と株式型は数百万円から１億円までとなっている。

貸付型（融資型）は、ソーシャルレンディングとも呼ばれ、クラウドファンディング運営会社が複数の個人から小口の資金を集めて大口化し、借り手企業に融資する仕組みである。基本的に募集時点で利率が決まっていて、毎月金利が支払われることになる。

貸付型は、購入型や寄付型と異なり、支援者は金銭的なリターン（利息）を得ることが可能である。ただ、金融商品になるため、「貸金業法」や「金融商品取引法」などによる法規制を受ける。

ファンド型とは、プロジェクト起案者は、特定の事業に対して出資者を募る仕組みである。匿名の出資者は、クラウドファンディング運営会社を通じて出資し、ビジネスの売上や出資額に応じた金銭的なリターンを得ることが可能である。ただ、売上に応じて分配金が変動するため、支援者の収益は出資したビジネスがうまくいくかどうかで大きく異なる。

株式型とは、出資者がインターネットを通じて未公開企業の株式を受け取

るタイプである。出資者が通常より少額の株を購入する形で出資できる。M&A（企業の合併・買収）やIPO（新規公開株）を視野に入れている企業であれば、大きな売却益を狙える可能性がある。

　日本では、2015年5月の法改正に伴い、2017年4月から株式投資型クラウドファンディングが始まった。その一例としては、日本初の株式会社立小学校と幼稚園を経営している株式会社エデューレエルシーエーは、東京都の英語村にソフトを提供し、新しい学校スタイルを浸透させながら新株予約権付社債や少人数私募債などを発行するなど、21世紀型の資金調達法を上手に活用している。[11]

　株式型の特徴としては、購入型と比較するとまとまった資金の調達がしやすいこと（購入型は1プロジェクトの平均調達額が100万円程度に対し、株式型は2,000万円程度）、貸付型やファンド型と異なり、返済不要で、長期安定資金として活用できること、株価を将来の収益に基づいて算定する等の方法や種類株式の活用をすることで、創業経営者の持株比率を維持できること等が挙げられる。

　ベンチャーが、クラウドファンディングを活用する場合、投資型が中心になるが、購入型による資金調達も可能である。自社の業務形態や、資金調達方針を踏まえたうえで、クラウドファンディング運営会社と十分協議を行い、適切な類型を採用する必要がある。運営会社には業界に特化したものもあり、多様な選択肢がある。通常、調達金額の10〜20%程度の運営手数料を運営会社に支払う必要がある。[12]

　同じクラウドファンディングでも、購入型や貸付型ならデットファイナンスになるが、株式型ならエクイティファイナンスとなる。ただし、購入型は前受金となるため、理想的な資金調達ともいえる。そしてタイプによって資金調達側も投資側も会計処理が異なってくる。また、会計処理の取扱いから類型別の内容が分かりやすくなる。

　クラウドファンディング・インダストリー・リポートによると、「寄付型」「投資型」「融資型」「購入型」の4タイプの中でも、「購入型」のプラットフォーム数は最も多く、世界的に中小企業が資金調達に採用しているため急成

長を遂げているとされている。

　2017年度の国内クラウドファンディングにおける、類型別構成をみると、貸付型が90.2%、購入型5.9%、ファンド型3.0%、株式型0.5%、寄付型0.4%となっている。その市場規模をみると、購入型は2017年の77億円から2019年の169億円、貸付型は2017年の1,316億円（2017年）から1,113億円、株式型は2017年の3.7億円から2019年の5.6億円に推移している。[14]

　日本では、購入型と寄付型は原則的に金融商品取引法の規制対象ではないため参入障壁が低いことや、個人や団体・企業が手軽に起案しやすいという特徴から、サイトの数・調達金額ともに近年急伸している。

　2015年の内閣府地方創生推進事務局の手引きでは、クラウドファンディングは、個人・中小企業・ベンチャー企業にとって新たな資金調達や運用手段であることに加え、新たなマーケティング手段として可能性が拡大するとされており、このシステムによる資金調達の可能性については日本政府も注目している。

　特に購入型への期待は大きく、大阪府などの地方自治体も地元の中小企業に対して、クラウドファンディングを用いた資金調達支援に乗り出している。[15]

11.5　資産による資金調達：動産債権担保融資（ABL）

　動産債権担保融資とは、動産債権等の事業収益資産を担保とし、担保資産の内容を常時モニタリングし、資産の一定割合を上限に資金調達を行う手法であり、一般にはABLと呼ばれる（図表11.15）。[16]ABLは、「Asset-Based-Lending（アセット・ベースト・レンディング）」の頭文字からうまれた略語である。

　ABLにおける担保としては、大きく動産と売掛債権の2種類がある。動産とは、①商品担保（販売用の商品を担保とするもの：牛、羊、リンゴ、ワインなど；現在つくっている最中の商品の原価・仕掛品、原材料）、②生産財担保（工場内の機械設備、特殊車両等）のことである。売掛債権とは、受取手形、売掛金、工事の請負代金などを指す。売掛金を担保とする場合には、原則として、

図表11.15　ABLの基本的な仕組み

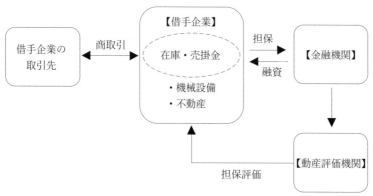

資料：海上泰生「米国のABL（Asset Based Lending）を支える「ある種のインフラ」の
　　　存在とその機能—動産・債権担保融資の進展を促すもの—」『政策公庫論集』第１号
　　　（2008年11月）より筆者作成。

売掛金の支払義務を負う「第三債務者」への通知または承諾が必要となる。

　動産・売掛金を担保に提供すると所有権は貸手に移るが、実物資産は借手
に残っている。このような担保を譲渡担保といい、原材料を加工したり、商
品を販売したり、債権を回収することは自由に行うことができる。例えば、
原材料の在庫の場合製造、販売、代金回収までサイクルを回すのに相応の時
間がかかる。ABLを活用すれば、原材料の状態で資金調達が可能になる。

　ABLの利用にあたっては、企業は、まず融資申し込みを行い、それに対
して銀行は、売掛金や在庫の担保評価を行って、その評価額をもとに融資枠
を決定する。企業では、銀行に対して売掛金や在庫を担保として提供し、銀
行では融資を実行する。こうした形で、企業は、在庫や売掛金を担保とした
融資枠の範囲内で運転資金の融資を受けることができる。

　一般的に企業が持っている原材料・仕掛品・商品等の在庫、生産を行うた
めの機械設備等や売掛金等の債権は、企業にとって収益を生み出す大切な資
産（事業収益資産）と考えられている。事業活動の中で現金は仕入によって
在庫になり、やがて売上によって売掛金へとなり、最後に資金化により現金
へと変動する過程を繰り返す。この資産の状態の在庫や売掛金を担保として、

その資産である期間に対して運転資金を貸し出すのがABLである。

　日本で最初にABLを実行した商工中金では、ABLの事業資産について次のように定義している。ABLにおいて設定される譲渡担保権や質権の対象となる在庫や売掛金は、「原材料の仕入→商品（在庫）の製造→在庫販売による売掛金取得→売掛金の回収→回収金による原材料の仕入」という事業のライフサイクルに伴って絶えず循環・流動していくとする。[17] 伝統的な貸出が貸出先の信用状態やキャッシュフローを生み出す能力や貸借対照表の健全性等の評価に基づく信用力分析に注力した貸出手法であるのに対して、ABLは、売掛債権等の担保物の価値に依存して貸出額が決定されるものである。伝統的な融資では、企業の業績や財務体質が非常に重視されるが、ABLなら赤字決算や、多少の債務超過であっても前向きに融資検討してもらえる可能性がある。

　一方、回収が長期化している売掛債権（回収期間が90日以上）、借手の得意先の一部に回収が遅れている売掛債権、借手の得意先が同時に借手の債権者でもある場合の売掛債権は、不適格として担保から除外される。信用力が劣った企業の売掛債権は決済されないリスクが高いためである。売掛債権から不適格債権を除外した上で売掛債権を割引く。割引率は、主に回収にかかる弁護士費用等回収コストを吸収するためのものである。

　在庫等の動産については、適格担保には、いくつかの注意点がある。例えば、在庫が適格担保であるためには、借手が占有しているか委託契約を交わしている倉庫業者のもとに所有されている必要がある。よって、委託販売商品や関連会社所有物件は不適格な担保となる。

　動産担保融資については、次のような難しさもある。[18]

　第1に、担保の価値評価の困難性である。動産には、さまざまな種類・性質の動産があり、また、同じ商品でも、売れ筋であるときと流行遅れとなってしまった時では、その価値が大きく変わる。第2に、担保管理の困難性である。在庫の量は、日々変動していくため、これを効率的に管理していくことが必要となる。第3に、転売先確保の困難性である。借入が返済できなく

なった場合には、銀行では、動産を売却して資金の回収を図ることになるが、中古市場が存在しない商品もあり、担保物件の処分ルートをどう見つけるのかが課題となる。自行に評価ノウハウや管理体制が整備されておらず、外部に評価委託する銀行も存在する。

ABLの活用に向いている中小企業は、特に次のような企業であろう。

第1に、在庫や売掛債権などの流動資産の絶対量が多く、売掛金の入金サイトが長めで、手持ちキャッシュが不足がち企業。第2に、創業間もない、売上が急速に成長して増加運転資金が不足がちになる企業。第3に、不動産は少ないが、固定資産の中でも機械や設備、あるいは車両などの規模が大きい企業。第4に、競合企業により販売先を失い、在庫が膨らんできた企業。第5に、決算が思わしくなく、通常の融資の審査通過が難しい企業。

ABLは優れた資金調達方法のひとつであるが、向き不向きがあるので、利用にあたっては適切な判断が必要である。経済産業省のホームページにあるABLの適正チェックリストを企業の特徴、資金ニーズ、経営管理の3点からまとめると図表11.16のようになる。○の数が多いほど、ABLに向いている企業といえるだろう。

図表11.16　ABL適正チェックテスト

区分	No	チェック項目	○/×
企業の特徴	1	自社の商品・取扱い製品の品質に自信を持っている	
	2	市場性のある在庫や、信用力がある取引先の売掛金等流動資産を保有している	
	3	不動産がない、または少ないが、機械等の固定資産を保有している	
資金ニーズ	4	原材料を一定の時期にまとめて仕入れる必要がある	
	5	季節によって在庫の販売量に大きな差がある	
	6	原材料の仕入から、製品化し販売・回収するまでの資金の立替が必要になる	
	7	規模拡大や業種部門の転換等により、運転資金の必要性が高まっている	
経営管理	8	財務諸表を電子データで作成している/作成できる	
	9	在庫や売掛金等の残高について、パソコン等で正確なデータを管理している	
	10	貸手に事業内容を深く理解してもらい、信頼関係を強化したい	

資料：経済産業省「ABLのご案内―在庫や売掛金を活用した新たな資金調達の方法」

11.6　資金調達の望ましいあり方

　中小企業の金融戦略を考えると、大企業との格差が大きいのは信用力であり、その強化がキーとなる。そのためには、財務内容の改善、企業情報の公開、資金の効率的な運用、資金調達力の多様化・強化が不可欠である。

　図表11.17をみると、財務内容を改善し、情報公開すると、金融機関や投資家などの理解が得られて信用力が高まり、資金調達力が多様化・強化されることがわかる。

　資金調達の方法は、様々である。まず検討すべきなのは「融資」か「出資」である。融資と出資は、資金需要の時間軸と深さ、内容、会社自体が置かれている外部環境などの条件を踏まえた上で、適切に選択することが基本である。

　融資は、元本・金利を一定期間において返済することが義務となるので、金融機関が見るのは事業の安全性である。出資については、投資した株式の価値の上昇、もしくは投資に付随して得られる配当が見返りとして期待され

図表11.17　中小企業の金融戦略

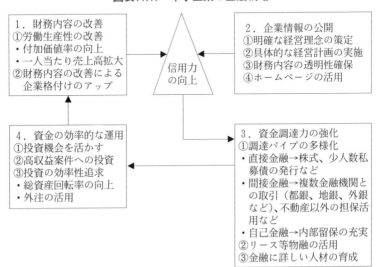

資料：高木健紀「金融環境の変化と中小企業」、『商工金融』、2007年6月、p.19より筆者作成。

ている。その源泉になるのは売上、および利益の大きな成長である。つまり、出資では「成長性」が評価軸となる。

　中小企業が資金調達を考える際、まず最初に検討したいのが日本政策金融公庫からの融資である[19]。日本政策金融公庫とは、政府が100％出資する金融機関で中小企業や個人事業主を支えることを目的としている。銀行よりも融資を受けやすく、金利も低めに設定されている。日本政策金融公庫からの借入を滞りなく完済すると、それが実績となり他の金融機関から資金を借りやすくなる点も魅力である。通常の貸付からセーフティネット貸付、新企業育成貸付など融資の使途も様々で、幅広いニーズに対応している。

　中小企業の場合は、日本政策金融公庫各支店の中小企業事業の窓口、もしくは電話や最寄りの商工会議所で借入の相談をする。相談の際は「会社案内」「決算書」「事業計画書」などを持参すると具体的な話ができるだろう。

　その後、具体的な申し込みを行う際に以下の資料を提出する。

・会社案内、製品カタログなどの参考資料

・法人の登記事項証明書

・最新 3 期分の決算書・税務申告書

・納税証明書

・最近の試算表（決算月から時間が経っている場合）

・見積書（設備資金を申し込む場合）

・担保の内容がわかる資料（登記事項証明書など）

日本政策金融公庫に次いで、各自治体による制度融資である。制度融資には時間がかかるが、地銀・信金を紹介してもらえたり、事業計画書作成の支援を受けられたり、利子率を下げてもらえたり等、メリットは大きい。

　一方、出資（株式）は、返済義務がなく、資金の用途も限られておらず、担保・保証人も不要であるが、買収・合併のリスクがある。また、出資の比率などをはじめとして、投資家との契約内容を決めていくには高度な知識や判断力が必要となる。出資のメリットを最大限に活かして会社を成長させられるかどうか、出資を受ける側の能力にかかっている部分も多い。

日本では、2017年4月に施行された改正資金決済法により、「暗号資産」の法的な定義が明確となり、円など各国通貨との売買に関するルールが定められた。中小企業にとっては、今後、暗号資産による資金調達も一つの選択肢としてありうる。

　最後に、国や自治体などには、中小企業を対象とした様々な補助金・助成金が用意されている。しかも、受けたお金は返済する必要がない。基本的に、「条件を満たす用途」で「使ったお金」に対して「後払い」で補填されるものである。

演習問題

1. 中小企業が私募債を発行できる可能性と是非について議論しよう。
2. 投資型クラウドファンディングのメリットとデメリットについて述べよ。
3. 中小企業の望ましい資金調達戦略について議論しよう。

注

1. 中小企業庁『中小企業白書』2021年版。
2. ニッセイ基礎研究所「資金繰り支援策の現状と課題」—「複雑な制度」「支給のタイムラグ」 https://www.nli-research.co.jp/report/detail/id=64252?site=nli （2020年4月15日）。
3. freee finance lab株式会社｜中小企業の資金繰り・資金調達に関する調査｜資金調達の目途が立っていない事業者は約6割（https://www.freee.co.jp/finance/contents/01/）
4. 塩見哲〔2021〕、pp.11-12。
5. https://resonacollaborare.com/finance/17090404/
6. 中島真志〔2015〕、pp.198-199。
7. 従来は株式会社しか発行が認められていなかったが、現在の会社法では、取締役会を設置しない株式会社、特例有限会社、合資会社、合名会社、合同会社でも社債の発行ができることになっている。

8　山下耕太郎「クラウドファンディングとは？仕組みとメリット、デメリットを解説」（https://www.crowd-realty.com/article/tips/crowdfunding/001/2021年8月1日アクセス）。

9　内田聡〔2017〕、pp.54-55。

10　株式会社矢野経済研究所「国内クラウドファンディング市場の調査（2018年）」。

11　塩見哲〔2021〕、pp.282-283。

12　安達明久ほか〔2018〕、p.172。

13　株式会社矢野経済研究所「国内クラウドファンディング市場の調査（2018年）」（年間の新規プロジェクト支援額ベース）。

14　http://safe-crowdfunding.jp/wp-content/uploads/2020/06/CrowdFunding-market-report-20200619.pdf

15　A-port（https://a-port.asahi.com/guide/2021年8月1日アクセス）。

16　経済産業省ABL研究会「ABL（Asset Based Lending）研究会報告書」（平成18年3月）。

17　相馬一天〔2016〕、pp.12-18。

18　中島真志〔2015〕、pp.154-157。

19　https://www.freee.co.jp/kb/kb-finance/public-corporation-borrowing/2021年8月5日アクヤス）

参考文献

安達明久ほか〔2018〕『理論と実践 中小企業のマネジメント』中央経済社。

内田聡（2017）『明日をつくる地域金融―イノベーションを支えるエコシステム』、昭和堂。

金城明子「中小企業の新事業資金調達における新しい手法の提案とその課題」、中小企業懸賞論文、関西学院大学、2007年2月（https://shokosoken.or.jp）。

塩見哲（2021）『中小企業の資金調達大全』日本法令。

相馬一天（2016）『中小企業金融としてのABL―課題と対策』、日本経済評論社。

中島真志（2015）『入門企業金融論』、東洋経済新報社。

第**12**章

中小企業問題と中小企業政策

【ポイント】

　中小企業政策とは、中小企業基本法によって定義される中小企業を対象に、政府が公的に介入することによって、中小企業を取り巻く困難の解消や、中小企業の発展可能性を追求するものである[1]。

　日本における中小企業政策の根幹となっているのが、「中小企業基本法」である。企業規模別に大企業と中小企業との間に存在する賃金格差、生産性格差、利潤率格差、利子率格差、付加価値率格差などについて、統計的に明らかにすることで、問題を有する企業を発見し、中小企業支援政策の対象を絞り込むことには、意義がある。

　中小企業政策は、国による政策と地方自治体による政策に大別される。そして、中小企業庁を司令塔として、地方経済産業局等政策実施機関を通じて中小企業に対して執行される。

12.1　中小企業問題の視点

　中小企業問題とは、中小規模であるが故に発生する問題、すなわち市場において個々の中小企業の自助努力のみでは克服・解決できない問題であり、市場の失敗による問題である。ここに、中小企業政策の意義がある。

　中小企業政策を論じる際の視点として、第1に、中小企業問題をどのよう

に認識するかが重要であり、第2に、その問題性に公共政策が如何に対応するかという課題が挙げられる。[2]

中小企業をめぐる「問題」は多様であり、また国により、時代により異なっている。したがって、中小企業を捉える視点も国により、時代によって多様とならざるを得ないのである。

日本での中小企業問題についての研究は、日本経済の歴史的経緯との関連で行われている。中小企業を企業一般から抽出し、研究することの意義は、「中小企業とは何か」を問うことであり、それは中小企業研究の出発点である同時に、その「到達目標」であると言えよう。それはまた、「中小企業問題とは何か」を問うことでもある。

日本における中小企業問題は、明治初期の1884年の主要産業である綿業、絹業、窯業、木材加工業等「在来産業」の窮乏化と分解の進行問題、1897年前後の産業資本主義の発展に伴い、低賃金を基盤とする過当競争、寡占大企業による搾取、近代的金融システムからの排除等「小工業問題」、戦時期の中小企業の保護・育成の対象からの除外という「中小企業（工業）問題」、そして戦後から高度経済成長期における大企業を頂点とした中小企業下請構造の定着化、いわゆる、大企業と中小企業の間の「二重構造問題」として捉えられてきた。

有澤廣巳は、1937年の著書において、一国の経済構造の内部において、「近代的大企業と前近代的な小企業・零細企業に二極化し、中間層の比重が低くなっている」二重構造問題[3]を指摘した。この問題は、さらに経済企画庁編『経済白書』（昭和32年度版）において、より詳細に把握、分析された。その後、高度成長期を経て中小企業が安定的に発展し、従来のような二重構造論は蔭を潜めたが、現在に至るまで大企業と中小企業の格差は厳然として残っている。

横倉尚〔1984〕は、中小企業が直面する主な問題として、①中小企業性業種への大企業の参入問題、②労働力（ヒト）、資本（カネ）、技術（情報）、原材料（モノ）の市場が不完全競争であることにより、中小企業が相対的に不利な状況にあること、③取引される財・サービス市場における大企業の売手

（買手）としての支配力の行使問題をあげている。いずれも、産業政策における市場の失敗（競争的市場機構の持つ欠陥）のために生じる資源配分あるいは所得分配上の問題といえる。

　黒瀬直宏〔2012〕は、中小企業問題については、大企業体制が中小企業に課す資本蓄積制約要因である、と定義している。そして、それは中小企業の企業家活動を廃絶しないが抑制する。中小企業問題には資本蓄積に対する抑制の仕方により、収奪問題、経営資源問題、市場問題の3つがあるとしている。

　清成忠男〔1997〕においても、標準的なテキストの視点から中小企業問題を中小規模なるがゆえに企業に生じている問題とし、市場において個々の企業が如何に努力を積み重ねても、中小規模なるがゆえに解決できない問題としている。そして、中小企業問題を次のように分類し、とりわけ「市場における問題」が重要と位置付けている（図表12.1）。また、こうした市場を通して生じる中小企業問題は、静態的状態における問題と内外経済の構造変動への適応問題をあげている。

図表12.1　中小企業問題の構図

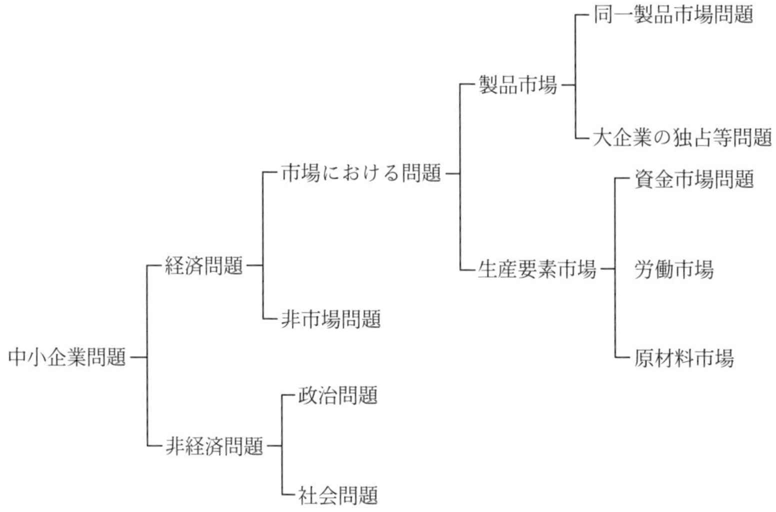

資料：清成忠男〔1997〕『中小企業読本〔第3版〕』東洋経済新報社、pp.215-240。

そうした視点からすれば、中小企業の役割・貢献を阻害する要因・条件の解明が重要であるが、それは、中小企業の「外部的要因・条件」と「内部的要因・条件」に大別される。図表12.1に示したように、中小企業の外部的要因には、主に企業を取り巻く環境がある。政治動向、景気・経済動向、社会動向等。一方、内部要因とは、人、物、金、情報等経営資源やノウハウといった会社固有のものが挙げられる。そして、そうした外部的要因・条件と内部的要因・条件の諸結果が、格差となって表象していると考えられるのである。中小企業政策は、中小企業だけ、すなわち、中小企業の内部的要因・条件を対象とするだけでなく、その外部的要因・条件を是正するための政策も含まれることになる。

　1990年代の中小企業政策研究を総括した三井逸友〔2003〕も、市場経済に対し公共政策の担う使命としての意味が大きいことを指摘している。[7]

　周知のとおり、1990年代央以降、日本経済において所得格差、教育格差、地域間格差、社会保障格差等、様々な側面で格差が問題となっている。とりわけ所得格差は90年代以降、さらには2008年秋以降の世界不況とともに、社会問題となってきている。こうした格差問題、特に所得格差問題は、大企業と中小企業間格差と深く関連しており、現代中小企業問題の重要な論点となっている。それは、単に企業間格差問題にとどまらず、企業間関係、さらに、企業内関係（雇用・労働問題）とも深く関連し、現代中小企業の構造的問題の中核と捉えられる。[8]

　こうした問題認識の根底には、中小企業の経営難・経営不安定性、相対的劣位の労働条件、相対的な低生産性等がある。しかも、この3つの問題は、相互に原因となり、結果となって、一体化し、「中小企業問題」の内容を形成してきたといえる。

　以上のような分析を踏まえて、1963年に制定された中小企業基本法第1条は、「生産性の向上」と「取引条件の向上」を目標として、それぞれの実現のために必要な政策プログラムを体系的に示しているのである。

12.2　中小企業の低生産性問題

　国や企業の経済パフォーマンスを最終的に集約する指標のひとつが、「生産性」である。中小企業基本法の示した政策プログラムの第一の柱も、中小企業の生産性の向上である。「低生産性」という場合、生産性の「水準」の低さを指す場合と生産性の「伸び率」の小ささを指す場合とがあるが、日本ではいずれも低いことが問題となっている。

　以下、2020年9月5日、日経新聞による菅官房長官（当時）へのインタビュー記事である。①中小企業は足腰を強くしないと立ちゆかなくなる。企業規模が小さくなればなるほど生産性が下がる傾向があるので、合併などで企業規模を大きくして、経営の効率化や生産性の向上、研究開発や投資の拡大などを図りやすくすべきである。②中小企業であることで税制優遇や補助金などが受けやすい面もあって、あえて資本金や従業員数を増やさないという例もあるので、中小企業基本法で定める人数や資本金の定義などは見直した方がよい。③中小企業の統合・再編を必要なら促進したい。④最低賃金の引き上げは検討に値する[9]。

　菅前首相の発言で注目されたのは、中小企業基本法の見直しに言及している点である。

　日本の労働生産性が低いのは、小規模な企業が多いことがしばしばその要因として指摘される[10]。

　生産性とは、労働や資本などの生産要素を投入して、どれだけの生産量または付加価値が生み出されるかを測る指標であり、その代表的な指標としては、労働生産性と全要素生産性がある。

　労働生産性は、次式のように、生み出された付加価値額を労働投入量（人×時間）で除した数字である。

$$労働生産性 = \frac{付加価値額}{労働投入量（人×時間）}$$

すなわち、労働者１人当たりの産出量（又は付加価値）、あるいは労働１時間当たりの産出量（または付加価値）と、比較的分かりやすいイメージで捉えることができる。労働生産性を向上していくため、分子の付加価値額（営業利益＋役員給与＋従業員給与＋福利厚生費＋支払利息等＋動産・不動産賃借料＋租税公課＋役員賞与＋従業員賞与）の上昇、分母（労働投入量）の減少、あるいはその双方の取組が広がることが必要になる。

　全要素生産性（Total Factor Productivity＝TFP）とは、上式の分母である生産要素をすべての生産要素としたものである。つまり、労働や資本の投入量の量的増加によらない生産（付加価値）の増加（技術進歩やイノベーションなど）を変化率で表す指標であり、次式で表すことができる。

$$全要素生産性 = \frac{付加価値額}{すべての生産要素の投入量}$$

　労働生産性とTFPの関係については、「労働生産性上昇率＝TFP上昇率＋資本装備率×資本分配率」で表すことができる。労働生産性はTFPに比べ計測が容易ということもあり、TFPの代わりに用いられることも多い。

　日本の全要素生産性（TFP）上昇率は、高度成長期の1960年代には高く、その後は基本的に低下傾向をたどりつつ現在に至っている[11]。TFPの向上のためには、生産設備の性能を高めること、企業のブランド価値などの無形資産の活用や労働者の能力を高めること、さらに、経営者の経営能力が高まれば付加価値が大きくなりTFPも上昇するということが考えられる。そして、企業の立地や政府の政策など、企業にとって外部的な要因であるが、TFPに影響を与えるものと考えられる。

　公益財団法人日本生産性本部が公表した2018年の就業者１人当たり労働生産性は、米国と比較すると約６割の水準であり、OECD加盟36か国中21位、G7の中では1994年以降最下位の状況が続いている。労働生産性の低さは、

国民への分配原資の小ささ、つまり「１人当たり国民所得」の低さに直結する課題である。

　図表12.2は、2019年現在、企業規模別に上位10％、中央値、下位10％の労働生産性の分布を示している。それぞれの中央値を見ると、大企業は585万円であるのに対し、中規模企業は326万円、小規模企業は174万円にとどまっており、企業規模が小さくなるほど労働生産性が下がる傾向がある。また、企業規模別に上位10％、中央値、下位10％の労働生産性の水準を見ると、いずれの区分においても、企業規模が大きくなるにつれて、労働生産性が高くなっている。しかし、中小企業の上位10％の水準は、大企業の中央値を上回っており、中小企業の中にも高い労働生産性の企業が一定程度存在していることが分かる。反対に、大企業の下位10％の水準は中小企業の中央値を下回っており、企業規模は大きいが労働生産性の低い企業も存在している。

図表12.2　企業規模別の労働生産性の分布

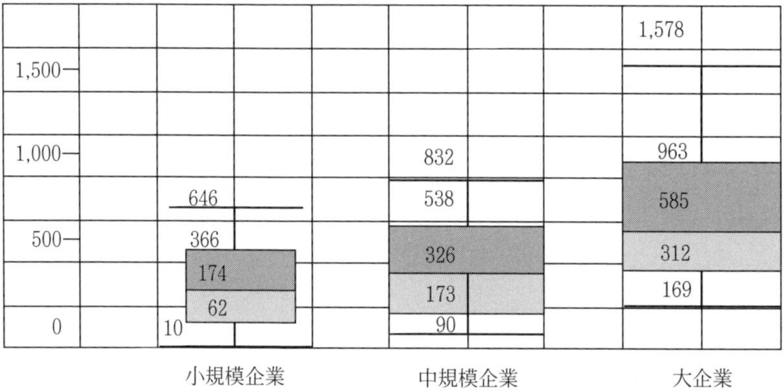

注１．非一次産業を集計対象としている。
注２．数値は、上から上位10％、上位25％、中央値、下位25％、下位10％の値である。
資料：中小企業庁『中小企業白書（2020年）』。

図表12.3においては、企業規模別に、従業員1人当たり付加価値額（労働生産性）を示したものである。大企業について見ると、リーマン・ショック後に大きく落ち込んだ後、緩やかな上昇傾向で推移している。一方で中小企業は、大きな落ち込みはないものの、長らく横ばい傾向が続いており、足元では大企業との差は徐々に拡大していることが分かる。

ちなみに、製造業、非製造業のいずれにおいても、日本の大企業の労働生産性は、中小企業の2倍以上である。労働生産性の規模間格差や企業間格差の状況は、業種によっても大きく異なる。特に、業種全体として労働生産性の水準が低い「小売業」や「宿泊業、飲食サービス業」、「生活関連サービス業、娯楽業」においては、個別企業の経営努力や企業規模の拡大のみによって、労働生産性を大幅に向上させることは容易でない可能性も示唆される。

図表12.3 企業規模別従業員1人当たり付加価値額（労働生産性）の推移

(万円)

	2003	2004	2005	2006	2007	2008	2009	2010（年）
中小企業製造業	517	557	533	518	552	536	501	524
中小企業非製造業	547	524	509	525	523	503	521	522
大企業製造業	1,301	1,365	1,418	1,456	1,460	1,044	999	1,172
大企業非製造業	1,247	1,264	1,270	1,283	1,285	1,150	1,080	1,186

	2011	2012	2013	2014	2015	2016	2018	2019
中小企業製造業	524	516	524	525	549	549	554	535
中小企業非製造業	534	529	535	546	558	558	543	534
大企業製造業	1,134	1,140	1,305	1,330	1,307	1,320	1,367	1,238
大企業非製造業	1,111	1,160	1,181	1,212	1,296	1,327	1,394	1,363

注1．ここでいう大企業とは、資本金10億円以上、中小企業とは資本金1億円未満の企業とする。
注2．2006年度調査以前は付加価値額＝営業純益（営業利益－支払利息等）＋役員給与＋従業員給与＋福利厚生費＋支払利息等＋動産・不動産賃借料＋租税公課とし、2007年度調査以降はこれに役員賞与、及び従業員賞与を加えたものとする。
資料：中小企業庁『中小企業白書（2020年）』（原資料：財務省「法人企業統計調査年報」）

　前述のとおり、日本は、GDPの7割、就業者数の7割をサービス産業が占める経済社会である。日本経済の生産性向上は、サービス産業にかかっているといっても過言ではない。しかし、生産と消費が同時に行われるサービス産業の生産性向上は、製造業とは違う難しさがある。サービス業には、所謂『手待ち時間』[12]が発生しがちであり、これは生産性を阻害する要因になる。他方、ITやビッグデータの活用は、こうした構造的課題を克服する可能性を有している。テクノロジーを活用し、サービス産業の生産性向上を促すことは重要な政策である。

　さて、2020年7月に閣議決定された新たな成長戦略でも、その生産性の向上率が新たなKPI（Key Performance Indicator：成果指標）として、次のように示されている。[13]

①中小企業の従業員1人当たりの付加価値額を今後5年間（2025年まで）で5％向上させる

②中小企業から中堅企業に成長する企業が年400社以上となることを目指す

③中小企業の全要素生産性を今後5年間（2025年まで）で5％向上させる

④開業率が米国・英国レベル（10％台）になることを目指す

⑤海外への直接輸出または直接投資を行う中小企業の比率を今後5年間（2025年まで）で10％向上させる

　新たなKPIは、個々の企業ではなく、総体としての中小企業の生産性（労働生産性および全要素生産性）の向上それ自体を政策目標としていることが大きな特色である。

12.3　中小企業政策形成のプロセス

　政策というのは、「誰が、何を目的に、誰のために、どのような規模で」遂行するかということが重要であり、当該国の経済民主主義の成熟度を反映する。一般に政策への参加主体は、政策の形成・決定・実行の3つに区別で

きる。政策の形成主体は、国民・住民、利害集団である中小企業者、経営者団体、労働組合、消費者・住民団体が中心となるべきであるが、政党・官僚に委ねられることが多い。

　中小企業政策とは、中小企業という特定規模以下の企業に対する何らかの公的支援（手段としては低利融資、補助金、減税、経営や技術のアドバイス、情報提供、規制の設置など）を行うことで、市場の競争を促進させたり、貧富の差が広がらないようにしたり、経済の安定化を図ることが目指されている政策のことである。¹⁴

　日本における中小企業政策の根幹となっているのが、「中小企業基本法」である。「新中小企業基本法」の基本方針は、中小企業の「創業の促進」、「経営基盤の強化」、「事業の転換の円滑化」、中小企業に対する「資金の供給の円滑化及び中小企業の自己資本の充実」を図ることであり、その認識は、従来の中小企業を問題群としてとらえるものではなく、中小企業を発展する積極的な経済の担い手としてとらえるものとなっている。要は、近年では、産業保護政策が採られる一方、市場原理の重視や中小企業の自立性が強調されるようになってきたということである。

　経済民主主義の定着度は、中小企業者、住民、労働者の利益を、中小企業政策の策定過程でどう確保するかに関わっており、政策形成主体の根幹をなしている。問題は、政策への参加・形成、決定実行の各過程が、いかに民主的に行われているかということであるが、とりわけ決定過程はもっとも重要である。¹⁵

　中小企業政策は、通常、政策主体の一国（政府）・諸国連合内、また一国（政府）との共同か単独施策での地方公共団体、そして政府系金融機関、政策主体から委託や協調・共同行動の依頼を受けた商工会議所・中小企業相談所・商工会・民間金融機関・保証協会などの全関係機関により施行と施策がなされる。¹⁶

　日本では、中小企業政策形成の第1の主体は、中央政府のなかの中小企業庁である。なお、中小企業庁は経済産業省の「外局」であり、中小企業政策

は、産業政策の影響を強く受けざるを得ない。

　第2の政策主体は、地方政府である。日本の場合、地方政府は都道府県と市町村・特別区の2層から成り立っている。従来、中央政府と地方自治体の間には、「上下・主従」関係がみられ、中小企業政策も、中小企業庁が策定し、地方自治体がその窓口として役割を果たしてきた。

　しかし、「地方分権一括法」（1999年）によって、中央地方関係が「対等・協力」関係に変わり、同年に改正された中小企業基本法（新基本法）でも、国と地方は、その役割分担に従って、それぞれ施策に取り組むこと、地方自治体は、中小企業政策を遂行する責務があることが定められ、徐々に地方政府による取り組みが増えてきた[17]。

　こうした政策主体のもとで、国による中小企業政策は、基本的に、まず経済産業省による産業政策ビジョンの策定、次に中小企業庁による中小企業政策ビジョンの策定、そして具体的な施策の立案というプロセスで策定されている。

　中小企業者の政治的圧力を背景に政策が策定されることもあるが、大まかにいえば、産業政策の枠組みの中で、学識経験者を交えた審議会で中小企業政策の方向性が決定される。その上で、中小企業庁が具体的な政策を法律案として作成し、それが国会で審議・承認されている[18]。

　具体的には、実態把握、政策検討、対外折衝、実施体制整備というプロセスで形成される。特に、以下の4段階を経てつくられている[19]。

　①中小企業・業界団体、商工会議所などの支援団体、政府系金融機関等への調査・ヒアリングを通じて中小企業の実態を把握し、中小企業等の意見・要望を聴取する。その一方で、政府の計画・ビジョンを研究して中小企業政策へ落とし込み、課題を抽出して基本的な対応の方向性を検討する。

　②新規政策やスクラップする政策の素案を作成し、中小企業庁内で承認を得て、予算要求を作成する。

　③財務省や与党との折衝・調整を行い、予算案や法案を国会で審議する。

　④政策の実施体制を整備する。また、この過程で政策実施方法の修正や、

運用改善が進められる。

　中小企業庁で策定された政策は、中小企業庁から直接中小企業に対して執行されているというよりは、中小企業庁から都道府県・市町村の経済産業局、中小企業基盤整備機構、経営革新等支援機関などの政策実施機関を通じて展開され、業種別組合か商工会議所・商工会などの経済団体をとおして実行される。

　まず、経済産業省の出先機関として全国8地区の経済産業局があり（沖縄には沖縄総合事務局が置かれ）、それぞれに中小企業課や中小企業支援室等があって中小企業政策のその地方での施策に当たっている。中小企業の人材、技術、情報、伝統工芸品、新規事業などに関してそれぞれの担当部署が担当している。

　そして、各都道府県には商工課または産業政策課といった部署（課）が置かれ、中小企業行政の窓口として実際に事務を行っている。

　加えて、全国各地に公設の技術センターや開発センター等が設けられ、中小企業の製品や製造技術についての実証や性能評価およびその他技術指導に当たっている。[20]

　自治体による中小企業政策とは、政策の主体が自治体（都道府県・市町村）であり、その自治体の区域の中小企業を対象に立案、検討、実施する政策のことである。実はその歴史は古く、明治時代に遡る。例えば、京都の近代化に向けた諸施策の中で、勧業、すなわち農・工・商の3業振興は非常に重要な政策課題だった。明治前期には、中央政府による統一した政策メニューが未確立だったとも言われている。

　戦後、日本国憲法で地方自治体の本旨（団体自治・住民自治）が保証され、首長公選制が導入されて地方政府が完全な自治体となり、地域中小企業の抱える問題を解決すべく、さまざまな施策に取り組んだ。その中には、企業診断（生産管理や技術の調査診断・指導）のように、もともと地方政府によってはじめられた施策が後に中央政府で制度化され全国で実施されるものもあった。[21]

　自治体による中小企業政策の現状をみると、「企業誘致」、「融資・信用保

証」、「地場産業支援」など施策が重点的に実施されている。中小企業振興基本条例を制定する自治体も増えてきているが、自治体における産業分野の予算、人員が非常に脆弱なため、国（中小企業庁）とは異なる独自の中小企業政策を展開する自治体が少ないといえる。

12.4　中小企業政策の概観

　社会政策と経済政策の二面性を持つ中小企業政策は、その歴史は古く、源流は明治期に遡る。戦後暫くは保護・育成色が強かったが、徐々に成長促進的に変わってきている。

　歴史的にみれば、前田正名の編纂による『興業意見』（1884年）のように、殖産興業振興による近代化を進める政策のあり方を批判し、小零細規模経営が中心の在来産業を育てていくことの重要性を説いたものがあることから、日本の初期の産業化の時代から、中小企業問題と中小企業政策はあったとみてよい。[22]

　第二次世界大戦後の復興期である1948年に「中小企業庁設置法」が制定され、商工省（当時）の外局として「中小企業庁」が設置された。中小企業庁の設立によって初めて「中小企業政策」という概念が確立した。以後、中小企業政策は、金融、組織、診断・指導の3分野を大きな柱として体系化された。

　その後、経済復興と高度経済成長の過程で、大企業と中小企業の間に生産性、企業所得、賃金等における格差が顕在化し、いわゆる「二重構造問題」が大きな問題となった。そこで、1963年に「中小企業基本法」が制定された。

　中小企業基本法は1963年7月の施行後、これまでに1973年および1999年に改正が行われた。いずれの改正時においても、中小企業者等を取り巻く経済情勢やそれを受けた事業環境・事業形態の変化等を踏まえて、定義の見直しが行われた。1999年の「新中小企業基本法」では、政策の理念、目的、目標、手段等、旧基本法とは大きく異なり、その評価なども含めて、多くの議論がなされた。

1999年以前の中小企業政策の理念は、「大企業との格差是正」であったのに対し、現在は、「独立した中小企業の多様で活力ある成長発展」となっているといえよう。つまり、「中小企業を弱者と捉えるのではなく、中小企業が持つさまざまな特長を生かしていこう」という考え方になったのである。その政策理念に基づき、中小企業に対する各種支援策（施策）が講じられた。

　1999年の中小企業基本法改正から約20年間における中小企業政策の変化をみると、「小規模企業」を重視する政策傾向にあることがわかる。中小企業庁の中で、最も早く「小規模企業」に注目したのは、2007年3月に設置された中小企業庁経営支援部長主催の小規模企業政策研究会中間取りまとめ「小規模企業政策の再構築〜人間サイズのスモールビジネスの発展に向けて〜」であった。

　2010年には、中小企業憲章が閣議決定された。これは、中小企業支援の「基本理念」「基本原理」「行動指針」をより明確化したものであるが、特徴的な点として、海外展開支援を中小企業政策として初めて盛り込んだ。[23]

　さらに、2013年6月、99年基本法が部分的に改正され、2014年には、小規模企業振興基本法が制定された。いずれにおいても、小規模企業は地域経済の安定と経済発展に寄与するものと規定され、小規模企業に焦点を当てた中小企業政策の再構築を図るという新たな方向が示された。中小企業が日本経済の今後のゆくえを左右するという点については、共通認識になりつつあるように思われる。

12.5　中小企業基本法の改正

　中小企業政策における基本的な考え方に変化が表れたのは、中小企業庁の『中小企業の再発見—80年代中小企業ビジョン—』（80年）においてである。[24]ここで、中小企業の持つ多様性が肯定的にとらえられ、その多様性を開花させることに政策の基本目標が置かれた。1980年代に入ると、ベンチャー企業の育成や異業種交流などが新たな施策として展開された。

　中小企業の担う役割を多面的に評価する姿勢は、中小企業庁『90年代の中小企業ビジョン』（1990年）でより明確になった。[25]

　創業支援に対する取り組みは、1990年代の半ばから本格化していった。

　1995年4月に「中小企業の創造的事業活動の促進に関する臨時措置法」が制定され、7月に赤字でも研究開発型企業であれば公開できる店頭登録特則銘柄市場の開設、1996年3月に中小企業事業団による「ベンチャープラザ」の開設などの施策が相次いで打ち出された。

　このように、中小企業政策の重点は、大企業との格差を是正するための設備の近代化、経営規模の拡大等中小企業の生産性の向上や取引条件の向上を目指す施策から、1980年代後半以降、開業率の低迷等を背景として、市場経済の活性化のために創業、新事業開拓、経営革新に取り組むような積極的な中小企業を支援する施策へと次第に変化していった。

　中小企業を取り巻く環境の変化に伴って、1999年には、中小企業政策審議会が中小企業政策の抜本的な見直しの必要性を指摘した。同年「中小企業基本法」の改正がなされた。この改正は、旧「基本法」に謳われた大企業と中小企業の格差是正という基本方針を抜本的に見直したものである。

　新「基本法」は、その基本方針を大きく4つあげている。

　中小企業の「創業の促進」、「経営基盤の強化」、「事業の転換の円滑化」、また中小企業に対する「資金の供給の円滑化及び中小企業の自己資本の充実」を図ることである[27]（図表12.4）。こうした基本方針を見ると、中小企業政策の基本理念は、従来の救済から自立支援に移行したとみることができる。

　改正「中小企業基本法」は、日本経済に占める中小企業の位置づけに対する認識を見直し、旧「基本法」の中小企業は大企業と比べて「弱者」であるという認識を改め、日本経済を活性化させる重要な切り札であるという認識を示したといえるだろう。

　このように、不況期に中小企業を重要視するという政策は欧米でもみられる。1970年代末から、アメリカやイギリスは、10％の物価上昇と失業率を経験し、スタグフレーションに悩まされた。こうした危機に対して、政府が経

図表12.4　中小企業基本法の新旧比較

		旧中小企業基本法	新中小企業基本法	
基本理念		①中小企業の経済的社会的制約による不利の是正 ②中小企業者の自主的な努力の助長 ③企業間における生産性等の諸格差の是正 ④中小企業の生産性及び取引条件の向上 →中小企業の成長発展、中小企業の従事者の経済的社会的地位の向上	中小企業が、創意工夫を生かして経営の向上を図るための事業活動を行うことを通じて、 ①新たな産業の創出 ②就業の機会の増大 ③市場における競争の促進 ④地域における経済の活性化の役割を担う →独立した中小企業の多様で活力ある成長発展	
基本的施策		①中小企業構造の高度化等 ・設備の近代化 ・技術の向上 ・経営管理の合理化 ・企業規模の適正化 ・事業の共同化のための組織の整備等 ・商業及びサービス業 ・事業の転換 ・労働に関する施策 ②事業活動の不利の補正 ・過度の競争の防止 ・下請取引の適正化 ・事業活動の機会の適正な確保 ・国等からの受注機会の確保 ・輸出の振興 ・輸入品との関係の調整 ③金融、税制等 ・資金の融通の適正円滑化 ・企業資本の充実	①中小企業の経営の革新及び創業の促進 ・経営の革新の促進 ・創業の促進 ・創造的な事業活動の促進 ②中小企業の経営基盤の強化 ・設備の導入、技術の向上等経営資源の確保 ・交流・連携及び共同化の推進 ・産業・商業の集積の活性化 ・労働に関する施策 ・取引の適正化 ・国等からの受注機会の増大 ③経済的社会的環境の変化への適応の円滑化 ・経済的社会的環境の変化に対する経営の安定及び事業の転換 ・中小企業者以外の者による不当な利益の侵害の防止 ・連鎖倒産の防止 ・再建・廃業のための制度整備 ④資金の供給の円滑化及び自己資本の充実 ・融資・信用補完事業の充実、適正な融資の指導等 ・投資の円滑化、租税負担の適正化等	
小規模企業への配慮		小規模企業の経営の改善発達に努め、金融、税制その他に必要な考慮を払う。	施策実施に当たって、小規模企業に必要な考慮を払う。	
中小企業の範囲	製造業その他	資本金1億円以下又は従業員300人以下（うち小規模企業は従業員20人以下）	製造業その他	資本金3億円以下又は従業員300人以下（うち小規模企業は従業員20人以下）
	卸売業	資本金3,000万円以下又は従業員100人以下（うち小規模企業は従業員5人以下）	卸売業	資本金1億円以下又は従業員100人以下（うち小規模企業は従業員5人以下）
	小売業・サービス業	資本金1,000万円以下又は従業員50人以下（うち小規模企業は従業員5人以下）	小売業	資本金5,000万円以下又は従業員50人以下（うち小規模企業は従業員5人以下）
			サービス業	資本金5,000万円以下又は従業員100人以下（うち小規模企業は従業員5人以下）

注1．中小企業の資本金額が名目値である。なぜなら物価変動の影響を控除できないからである。また、従業員数のあやふやな点も問題である。パートタイマーやアルバイトは含まれない。含める場合には、雇用保険との整合性が必要となる。また従業員数を用いることによって、産業別の生産性の差異を無視することになる。

注2．図表の旧中小企業基本法の中小企業の範囲は、1973年の改正による。1963年当初では、製造業の資本金は5,000万円、卸売業の資本金は1,000万円であった。

資料：経済産業委員会調査室〔2008.10〕No.287、p.41より筆者作成。

済の復興の鍵として期待をかけたのは中小企業であった。[28]

　イギリスでは、サッチャー政権が中小企業を、硬直的な国有大企業に代わる次世代の経済発展の原動力と捉え、中小企業支援策を大幅に拡張した。1960年代には、中小企業支援の担当部局すらなかったイギリスで、この時初めて信用保証制度が設置され、創業施策が着手されたのである。[29]

　日本でも、「中小企業基本法」の改正は、不況に陥った日本経済を立て直す鍵として中小企業を位置づけたということができるであろう。

　このような抜本的な法改正を受け、2000年以降、新連携や農商工連携といった異業種・異分野との連携や組織化の推進、ものづくり高度化支援、中心市街地の活性化といった政策が実施され、一つの潮流となっていった。これらの施策が中小企業の新たな経営の展開に役立ったことは確かである。

12.6　バブル崩壊後の中小企業政策

　バブル崩壊後の中小企業政策の推移について、金融対策を中心にみることができる。

　バブル崩壊後の日本経済では、3つの過剰（雇用、設備、債務）が大きな問題となった。企業は、人員の削減、過剰設備の廃棄、資産売却と債務返済（バランスシート調整）などを進めた。

　このような構造調整は、景気を低迷させ、期待成長率を低下させていった。特に、中小企業の回復の遅れに対応するために、数次にわたって大規模な景気対策が行われてきたが、その中で、中小企業経営基盤の安定・強化、構造改革の推進等が図られてきた。

　長期不況とデフレに対応して、日本銀行は段階的に金融緩和を進めてきた。特に、1999年2月以降、2006年7月まで、一時期を除いて、短期金利（無担保コール翌日物金利）を実質ゼロにした（図表12.5）。

図表12.5　バブル崩壊後の中小企業対策と金融政策

景気対策	時期	概要	
「緊急経済対策」	1992.3.31	低利融資制度の金利引き下げや貸し付け対象の拡大、倒産関連保証の対象業種の追加、設備近代化貸与の貸与損料・リース料率の引き下げ	
総合経済対策	1992.8.28	中小企業金融公庫及び国民金融公庫等の貸付限度額の別枠設定及び貸付規模の拡大、緊急経営支援貸付制度の創設、小企業等経営改善資金融資（マル経）制度の拡充	
緊急経済対策	1993.9.16	中小企業の新分野進出等の支援、運転資金支援特別貸付制度、緊急経営支援貸付制度の拡充、中小企業信用保険の特定業種（業況悪化業種）弾力的指定	
「緊急円高・経済対策」及び「震災対策」	1995.7.14	政府系の中小企業金融機関による超低利融資制度の創設、緊急経営支援貸付制度の適用期間延長、中小企業信用保険の特例の円高関係枠の創設、被災中小企業者等の資金調達の円滑化	
経済対策	1995.9.20	中小企業運転資金円滑化特別貸付の創設、政府系中小企業金融機関の既往債務の返済円滑化・負担軽減、無担保保証引受の促進	
ゼロ金利政策	1999.2〜00.8	誘導水準または当座預金目標はできるだけ低め	政策の継続性（時間軸）はデフレ懸念の払拭が展望できるまで
中断	2000.8〜01.3	誘導水準または当座預金目標は0.25→0.15%	政策の継続性（時間軸）は2001年2月28日に誘導水準引き下げるまで
量的緩和政策	2001.3〜03.3	(5)→(15-20)	政策の継続性（時間軸）はCPI前年比が安定的に0%以上まで
量的緩和政策	2003.3〜10	(15-20)→(27-32)	同上
量的緩和政策	2003.10〜06.3	(27-32)→(30-35)	量的緩和政策解除の3条件
ゼロ金利政策	2006.3〜7	ゼロ%	CPI0-2%：中長期的な物価安定の理解

注1．中央銀行が、金融緩和政策を継続する基準を明確にすることで、オーバーナイトの金利だけではなく、より長い期間の金利や、社債等の金利が低下することを、「時間軸効果」あるいは「コミットメント効果」と呼ぶ。

注2．量的緩和政策解除の3条件とは、①CPI前年比が安定的にゼロ%以上、②CPI前年比が先行き再びマイナスとなると見込まれない、③日本銀行の総合判断、である。

資料：財団法人商工総合研究所〔H23.3〕、pp.31-33およびISSUE BRIEF 550〔2006.10.6〕、p.1より筆者作成。

　バブル崩壊後は、ほぼ一貫して金融緩和状況にあった。政策金利は、過去最低の水準を更新し、大手金融機関の破たんなどから金融システム不安が発生すると、実質ゼロ金利政策や日銀当座預金を大幅に増やす量的緩和政策が実施され、日本は超金融緩和状態になった。[30]

　2007年夏に顕在化したサブプライム危機は、世界の金融市場に動揺を与え、2008年９月に米国の大手投資銀行リーマン・ブラザーズが破綻すると、世界金融危機が勃発した。

　こうした金融危機に伴って世界経済が減速し、日本の輸出や生産が減少し、景気は急速に悪化していった。このような内外経済の影響を受け、中小企業の業況が一段と悪化する中で、中小企業の資金繰りは厳しい状況になった。

　こうした状況の下、2009年12月４日に、「中小企業者等に対する金融の円滑化を図るための臨時措置に関する法律」（以下、「中小企業金融円滑化法」と称す）が施行された。

　この法律は、債務の弁済に支障が生じている、または生ずる恐れがある中小企業者または住宅資金借入者から債務の弁済に関わる負担の軽減の申し込みがあった場合には、金融機関はできる限り貸付条件の変更等の措置を取るよう努めるとともに、その実効性を確保するため、金融機関に対し条件の変更等の実施状況の開示・報告を義務付けること（行政庁は、これを公表）、これらの内容に虚偽があった場合は、罰則を科すことなどを規定している。[31]

　貸付条件の変更には、大きく分けて返済猶予、増額融資、返済期限の延長、金利の減免があると想定されている。[32]なお、同制度は、2011年３月までの時限措置とされたが、2012年３月末まで延長された。

　「中小企業金融円滑化法」に基づく貸付条件変更の承諾実績については、同法が施行された2009年12月４日から2010年３月末までに実行された貸付条件変更の状況を図表12.6にまとめている。

　審査中の案件や、借り手自らが申請を取り下げた案件も申込総数に含んで算出している実行率２をみた場合、条件変更に完全に応じているとは言いにくいものの、そうした案件を申込件数から除いて算出した実行率１に基づいて評価すると、業態による例外なく、ほぼすべての金融機関が、法案で定められている努力目標に十分に応じていると評価することができる。[33]

図表12.6　中小企業金融円滑化法の実行率

	実行率1（%）	実行率2（%）
主要行（11）	97.5	68.5
地域銀行（107）	98.2	76.6
その他の銀行（29）	97.0	78.0
信用金庫（273）	98.6	77.5
信用組合（160）	98.9	80.7
労働金庫（14）	100.0	100.0
信農連・信漁連（67）	99.1	91.2
農協・漁協（895）	99.0	87.9
合計（1,556）	98.3	76.5

注1．実行率1は、実行件数を実行件数と拒絶件数の和で除したもの。
注2．実行率2は、実行件数を申込件数で除したもの。
注3．埼玉りそな銀行は、地域銀行に含んでいる。
資料：金融庁公表資料より筆者作成。

12.7　中小企業政策の体系と現状

　前述のとおり、中小企業政策の本格的な展開は戦後、1948年に中小企業庁が設立されてからのことである。とはいえ、中小企業政策が体系化されたのは、これよりも遅れて1963年に「中小企業基本法」が制定されてからのことである。

　経済政策が経済全体を対象とするのに対して、中小企業政策は、経済政策の一構成分野であるものの、中小企業を対象に、産業政策、労働政策、社会政策、地域政策等の特殊政策分野と連携し、重なり合う性格を持っている。

　日本の中小企業政策は、「一般政策」と「特定政策」に分けることができる。

　一般政策とは、中小企業全般を対象とし、主として市場の不完全性（市場の失敗）による中小企業の不利を是正しようとするものである。その重要な柱のひとつになっているのが、各種金融的な施策による資金繰り支援である。具体的には商工会議所への相談の受付などである。いわば、金融政策は、中

小企業政策の中心である。

　特定政策とは、特定の中小企業グループを対象とするもので、業種別施策、構造不況業種対策、零細企業対策、下請企業対策などがその実例である。

　現在の中小企業政策は、基本的には1999年の改正中小企業基本法の考え方を踏襲している。基本は、個々の中小企業の取り組みへの支援策であり、中小企業基本法改正当時の政策体系にその後の中小企業を巡る環境変化を踏まえた新たな方向性を加えている[34]。

　具体的には、(1)創業、経営革新、海外展開などに取り組む中小企業の経営支援、(2)政府系金融機関等による金融支援、(3)税制支援、(4)商業活性化による商業地域支援（商店街支援）、(5)相談、情報提供事業、に大別され、『中小企業白書』や『中小企業施策総覧』に掲げられている。

　以下、図表12.7において、中小企業庁編『2021年度中小企業施策総覧』に掲げられた中小企業施策一覧のごく一部を例示する。

図表12.7　中小企業施策の一覧（2021年度）

１．経営力サポート
- ■　技術力の強化支援
- ■　創業・ベンチャー支援
- ■　経営革新支援
- ■　新たな事業展開支援
- ■　知的財産支援
- ■　再生支援
- ■　雇用人材支援
- ■　海外展開支援
- ■　取引・官公需支援
- ■　経営安定支援
- ■　小規模企業支援

２．金融サポート（日本政策金融公庫の中小企業向け融資制度を事例の場合）
- ■　新事業育成資金
- ■　女性、若者／シニア起業家支援資金
- ■　再挑戦支援資金（再チャレンジ支援融資）
- ■　新事業活動促進資金
- ■　中小企業経営力強化資金

3．財務サポート
- ■ 中小企業向け所得拡大促進税制
- ■ 中小企業経営強化税制
- ■ 中小企業投資促進税制
- ■ 中小企業者等の法人税率の特例
- ■ 中小企業会計
- ■ 事業承継の円滑化のための支援策
- ■ 事業承継総合支援事業
- ■ 事業承継円滑化のための税制措置（法人版事業承継税制）
- ■ 事業承継円滑化のための税制措置（個人版事業承継税制）
- ■ 経営承継円滑化法による総合的支援

4．商業・地域サポート
- ■ 地域商店街活性化法に基づく支援
- ■ 企業活力強化資金／観光産業等生産性向上資金
- ■ 中心市街地に対する税制支援措置・低利融資制度

5．分野別サポート
- ■ ソーシャルビジネス支援資金
- ■ 中小建設企業への支援
- ■ 食品の製造過程の管理の高度化に関する支援

6．相談・情報提供
- ■ 働き方改革支援
- ■ ITに関する専門家派遣事業
- ■ J-Net21中小企業ビジネス支援ポータルサイト

資料：中小企業庁「2021年度版中小企業施策利用ガイドブック」。

　中小企業政策の遂行には、「中小企業対策費」として、毎年およそ1,700～2,000億円の予算が充てられる。これは、国の一般会計歳出予算の0.2％程度である。[35] 所管する官庁は、経済産業省（中小企業庁）、財務省、厚生労働省の三省だが、そのうち経済産業省の割り当てが60％前後と最も多い。経済産業省に割り当てられた予算は、「株式会社日本政策金融公庫出資金等」が約50％、「独立行政法人中小企業基盤整備機構運営費」が約10％、「中小企業の経営革新・創業促進」が約10％、制度融資が約５％、という費目で執行されている。

　予算としての中小企業政策の規模が非常に小さいが、必ずしも予算に現れない中小企業法人税率の軽減と政策金融支援がある。[36] また、中小企業対策費の当初の予算は、年度のよって大型補正が行われる。例えば、中小企業対策

費の2021年度予算は、1,117億円、20年度第3次補正予算は2兆2,834億円だった。このうち1兆1,485億円を投じてコロナで打撃を受けた中小企業の事業継続や再構築を後押しするほか、事業再構築補助金を創設し事業の再構築に挑戦する中小企業に最大6,000万円を補助する方針だった。中小企業の資金繰り支援にも8,391億円を計上した。また、中小企業の構造的問題である事業承継の総合支援事業に95億円、生産性向上では設備投資や販路開拓、IT導入補助などに2,300億円、ものづくり基盤技術に関する研究開発支援に109億円を充てた。あわせて経営の下支えや事業環境の整備、災害からの復旧・復興、強靱化にも取り組む方針だった。[37]

　日本の中小企業政策は、大きな流れとしては保護的政策から成長促進策へ、また一般政策から特定政策へと重点を変えつつある。特に近年は、小企業への対応をはじめ、中小企業を一括りにせず、きめ細かく政策を進めるべく、再構築が模索されているように見受けられる。[38]

演習問題

1．1963年基本法と1999年基本法、2013年基本法の特徴と違いについてまとめてみよう。
2．中小企業政策において地方自治体と中央政府は、それぞれどのような役割を担うべきか考えてみよう。
3．中小企業の「経営革新・創業促進」を図るため、具体的には、いつから、どのような施策が講じられているのか調べてみよう。

注
1　関智宏〔2020〕、p.24。
2　有田辰男〔1990〕、p.175。
3　有澤廣巳〔1937〕、p.60。
4　横倉尚〔1984〕、pp.448-451。
5　黒瀬直宏〔2012〕、pp.111-112。

6　清成忠男〔1997〕、pp.215-240。

7　三井逸友〔2003〕、pp.51-68。

8　高田亮爾〔2012〕、pp. 1 -10。

9　『日経新聞』2020年 9 月 6 日「菅氏、中小企業の再編促す　競争力強化へ法改正検討」
　　（https://www.nikkei.com/article/DGXMZO63502940W0A900C2EA2000/）

10　例えば、デービッド・アトキンソン『日本企業の勝算』（東洋経済新報社2020. 4 ）において「大企業の生産性が次第に向上している一方、中小企業の生産性は長年低迷しており、成長や再編によって大きくなれない中小企業は消えてもらうしかない」との主張を繰り返している。これに対し、「むしろ、日本の生産性向上（特に中小企業では）が進まない大きな要因の 1 つは、情報通信技術への対応の遅れにあったのではないか。情報通信技術の急激な進展は、日本企業の競争優位性を相対的に低下させた。これが生産性低迷に結び付いている。」という反論がでてきている。鷲尾香一「デービッド・アトキンソン「中小企業は消えるしかない」論に異議あり」デイリー新潮、2021年 1 月25日。「デービッド・アトキンソン「中小企業は消えるしかない」論に異議あり」デイリー新潮（dailyshincho.jp）。

11　前田泰伸〔2019〕。

12　手待ち時間とは、「商店・飲食店の店員が、お客様の来ていない時間にひと休みする」「貨物積み込み係が自動車の到着を待つ間、休憩室で休んでいる」「タクシー運転手が利用客を待つ間、スマホを見る」など、従業員が業務時間中に手が空いたものの、労働から完全に離れずに待機している時間のことをいう。手待ち時間は、業務から離れある程度自分の好きに過ごせるにも関わらず、労働時間に該当する。

13　山口秀樹〔2020〕。

14　高田亮爾、上野紘ほか〔2011〕、pp.317-318。

15　福島久一「中小企業政策の国際比較」、『経済科学研究所紀要』、2002年、p. 188。

16　鈴木博〔2005〕、p.11。

17　安楽城大作〔2008〕、p.62。

18　同上。

19　植田浩史・桑原武志ほか〔2014〕、p.216。

20　川上義明〔2011〕。

21　植田浩史・桑原武志ほか〔2014〕、p.237。

22　関智宏〔2020〕、p.24。

23　商工組合中央金庫〔2016〕、p.264。

24　日本総研　http://www.jri.co.jp　1998年2月1日。

25　ここで中小企業の役割は、(1)競争の担い手、(2)豊かな国民生活への寄与、(3)創造的挑戦の場の提供、(4)個性ある地域づくりへの貢献、(5)草の根レベルの国際化の担い手として位置づけられた。また中小企業政策の基本的な考え方としては、(1)中小企業への自助努力への支援、(2)公正な競争条件の整備、(3)中小企業の多様性を踏まえた政策の展開、(4)ネットワークの重要性が高まる中での新しい組織化政策の推進、(5)効率的で分かりやすい政策体系の構築が挙げられ、中小企業政策の重点として、(1)ソフトな経営資源の充実、(2)創業の促進など、(3)積極的転換政策の推進、(4)個性と魅力ある地域の建設、(5)中小企業の国際化の促進、(6)小規模企業政策の方向性などが打ち出された。

26　経済産業委員会調査室〔2008.10〕No.287、p.40。

27　『中小企業基本法』第五条。

28　安楽城大作〔2008〕、p.52。

29　同上。

30　財団法人商工総合研究所〔2011.3〕、p.1。

31　銀行には四半期ごとに、信用金庫、信用組合等には半期ごとに貸出条件変更の実施状況の開示・報告が求められている（中小企業者等に対する金融の円滑化を図るための臨時措置に関する内閣府令第7条第1項、第10条第1項）。

32　第173回国会衆議院財務金融委員会議録第3号、p.22（平成21年11月18日）。

33　家森信善・近藤万峰「グローバル金融危機に対する日本政府及び日本銀行の政策対応とその効果の検章」、「会計検査研究」No.43（2011.3）、pp.21-22。

34　商工組合中央金庫〔2016〕、p.264。

35　関智宏〔2020〕、p.25。

36　後藤康雄〔2014〕、p.310。

37　J-Net21、2020年12月22日（https://j-net21.smrj.go.jp/news/）。

38　後藤康雄〔2014〕、p.312。

参考文献

有田辰男〔1990〕『戦後日本の中小企業政策』日本評論社。

植田浩史・桑原武志ほか〔2014〕『中小企業・ベンチャー企業論［新版］―グローバルと地域のはざまで』有斐閣コンパクト。

高田亮爾〔2012〕『現代中小企業の動態分析―理論・実証・政策―』ミネルヴァ書房。

玄田有史〔2007〕「若年雇用の新たな『内部化』」『一橋ビジネスレビュー』第55巻第3号。

玄田有史〔2008〕「内部労働市場階層としての非正規」『経済研究』第59巻第4号。

安楽城大作「日本経済における中小企業の役割と中小企業政策」、香川大学『経済政策研究』第4号（通巻第4号）、2008年3月、pp.49-63。

亀沢宏徳・内田衡純・笹井かおり「中小企業基本法改正後の中小企業政策の展開と最近の動向」―中小企業を巡る状況と活性化に向けた取組―、『立法と調査』2008.10、No.287、pp.37-63。

川上義明、福岡大学商学論叢/Fukuoka University Review of Commercial Sciences, 56（1）, 59-87（2011-06）。

清成忠男〔1997〕『中小企業読本〔第3版〕』東洋経済新報社。

黒瀬直宏〔2012〕『複眼的中小企業論―中小企業は発展性と問題性の統一物』同友館。

経済産業省『サービス生産性レポート「―サービス産業×生産性研究会」報告書』2022年3月。

齊藤正〔2003〕『戦後日本の中小企業金融』ミネルヴァ書房。

鈴木博〔2005〕『中小・ベンチャー企業の進展と政策課題』税務経理協会。

関智宏〔2020〕『よくわかる中小企業』ミネルヴァ書房。

商工組合中央金庫〔2016〕『中小企業の経済学』千草書房。

高田亮爾〔2007〕「中小企業問題と研究の視点（1）」『流通科学大学論集―流通・経営編』―第20巻第1号、pp.27-39。

高田亮爾「現代中小企業政策と課題」、『商工金融』、2009年7月、pp.5-19。

高田亮爾〔2012〕『現代中小企業の動態分析―理論・実証・政策―』ミネルヴァ書房。

瀧澤菊太郎〔1996〕『中小企業とは何か―中小企業研究55年』有斐閣。

寺岡寛「日本の中小企業政策の課題と展望」―わたしたちは責務を果たしたのだろうか―、『商工金融』、2009年6月、pp.5-25。

内閣府〔1957〕『経済白書』（現『経済財政白書』）日経印刷。

前田泰伸「TFP（全生産性）に関する一試論～経済マクロモデルによる実験的シミュレーションも含めて～」『経済のプリズム』No.183、2019.12。

三井逸友〔2000〕「中小企業政策の『大転換』？―『中小企業の不利の是正』の問題を中心に」『政経研究』第75号。

三井逸友〔2003〕「政策的研究」中小企業研究総合機構編・小川英次編集代表『日本の中小企業研究1990-1999　第1巻　成果と課題』同友館。

三井逸友〔2011〕『中小企業政策と『中小企業憲章』―日欧比較の21世紀』花伝社。

宮川努〔2018〕『生産性とは何か』筑摩書房。

山口秀樹「中小企業の生産性にまつわる課題について」経済産業委員会調査室『経済のプリズム』　No.189、2020. 8 。

山中篤太郎〔1948〕『中小企業の本質と展開』有斐閣。

山本康雄〔2008〕『商工にっぽん』日本商工振興会、p.23。

横倉尚〔1984〕「中小企業」小宮隆太郎・奥野正寛・鈴村興太郎編『日本の産業政策』東京大学出版会。

渡邊幸男・小川正博等〔2006〕『21世紀中小企業論―多様性と可能性を探る―』有斐閣アルマ。

著者プロフィール

藤井喜一郎（アハマド・ニアズ）

1964年生まれ。中国新疆ウイグル自治区出身。

1986年、中国陝西財経学院金融学部（現西安交通大学）卒業。

1986年〜2012年、中国新疆財経大学金融学部専任准教授。

この間、1989年、交換留学生として来日。

1991年、亜細亜大学大学院経済学研究科博士前期課程修了、経済学修士。

2012年、埼玉大学大学院経済科学研究科博士後期課程修了、経済学博士。

1998年、横浜国立大学客員研究員。

2002年、TAFE INTERNATIONAL EDUCATION CENTRE LIVERPOOL
短期留学。

2008年、一橋大学客員研究員を経て

現在、川口短期大学、埼玉学園大学、明治大学兼任講師。

専門分野：地域経済、金融関連。

2017年、日本に帰化。

中小企業論

2022年8月20日 第1版第1刷 定 価＝3300円＋税

編著者 藤 井 喜 一 郎 ©

発 行 人 相 良 景 行

発 行 所 ㈲ 時 潮 社

174-0063 東京都板橋区前野町 4-62-15

電 話 (03) 5915-9046

FAX (03) 5970-4030

郵便振替 00190-7-741179 時潮社

URL http://www.jichosha.jp

E-mail kikaku@jichosha.jp

印刷・相良整版印刷 製本・仲佐製本

乱丁本・落丁本はお取り替えします。

ISBN978-4-7888-0759-4

時潮社の本